中亚可控化民主研究

朱新光　苏　萍　著

上海三联书店

前　言

《中亚可控民主化研究》是2010年度教育部人文社会科学规划基金项目《中亚可控民主进程及其对我国的影响研究》(课题编号:10YJAGJW026)的最终成果。

随着民主全球化的衍进,民主政治正成为中亚各国普遍认同的价值理想与治国方略,并在理论和实践上不断得以推陈出新,形成各具特色的制度模式。冷战后,一种民主政治新“变种”——可控民主,在中亚悄然生成。这既是全球化背景下民主化浪潮使然,也是中亚社会制度变迁的客观要求。作为转型国家探索民主化道路的理论基础,可控民主是西方精英民主思想与东南亚威权主义共同修正的结果。本书以宪政民主为核心,通过政治制度、政治结构、政治经济等价值判断的有效性,设计具有控制政党和政治力量分布的选票分配机制,完成从专制主义向民主主义过渡。可控民主论虽形式上保持西方民主制框架,但实质上是以政权党为依托发挥作用,凸显强总统、弱议会的制度格局,倡导政府善治的社会责任。该论所蕴涵的国家刚性民主结构的内生性偏好,对中亚五国可控民主化进程具有指导意义。

可控民主化是中亚特定历史条件下形成的一种民主化道路,其形成与发展同中亚的政治、经济、社会、文化、国际等环境要素密不可分。本书通过探讨中亚传统政治社会一元体制和戈尔巴乔夫“新思维”的政治环境、中亚国家的经济发展战略和中亚经济多元化形成的经济环境、中亚族际结构的分裂与整合的社会环境、中亚伊斯兰政治文化及心理的文化环境、非西方文明社会的政治觉醒和全球民主化浪潮的国际环境,构筑中亚可控民主化的路径依赖,推动五国可控民主化道路的形成。

可控民主化是中亚国家自主选择的政治发展道路，基本适应现阶段该地区政治社会需要。本书运用可控民主的工具理性，一是研讨中亚政治结构中的吉国温和多党制、哈国一党据优多党制、乌国非竞争性多党制、塔国极端多党制、土国一党独大多党制等不同政党形态的演绎逻辑及其特质，解构中亚的领袖人物、宗教激进运动、非政府组织等势力消长对该政党形态的影响，突出中亚多党制运行中的政权党独大的地位和作用。二是探讨中亚政治制度中不同层次的宪政民主、哈乌土三国的超级总统制和吉塔两国的分权总统制的现实表现及其调整，揭示立宪主义语境下总统制与议会制的权力互动规律。三是探讨中亚政治经济中的五国经济发展和改革中的政治抉择，强化政府善治对各国的行政改革、经济发展、民生保障的引领作用，满足公民个人不断增长的利益需求。

中亚可控民主化是中亚地区社会转型期所特有的一种民主化形态。本书分析该形态在为各国政治精英放手施展政治抱负、用"猛药治沉疴"提供制度保障的同时，也面临着中亚民主政治发育不成熟、经济基础薄弱、社会结构裂变过度放大、地区安全多孔化引发大国的介入等方面的潜在风险。同时还阐述东南亚威权主义、拉美"授权民主"、俄罗斯"主权民主"等民主化模式，在强人政治对中亚"铁腕人物"的示范效应、军人干政传统会助长中亚各国强力部门势力的进一步膨胀、民主政体的本土精神有助于中亚本土价值观的塑造、政党体制建设推动中亚政权党的生成等方面，对中亚可控民主化造成的影响。

结合中亚可控民主化中理想与现实的冲突，本书预测该民主化在多大程度上、通过何种功能机制，对中国的和平崛起、国家经济利益、"和平演变"等主权安全，对中国的执政党执政地位、执政党"人权"状况等执政安全，对中国的主流意识形态、意识形态网络空间等意识形态安全，对中国的民族宗教关系安全等方面上所构成的挑战，做好前瞻研判。

本书受研究能力及时间的局限，还存在许多不足。尽管我们在研究过程中广泛收集资料，不断完善研究内容，但由于可控民主化是一个新兴领域，其内涵的不确定性、现状的复杂性、对策的多元性等，不可避免给研究带来很大难度，书中的不当之处，敬请学界批评指正。

本书在写作过程中，得到上海师范大学法政学院蒋传光院长、商红日书记的关心和支持，特此感谢。对马超同学、洪嫒嫒同学、陈印昌同学等在资料收集和整理方面所付出的辛勤工作表示感谢。本书还获得上海师范大学国际关系校重点学科建设的出版资助，在此对上海师范大学社会科学管理处的陈恒处长表示感谢。

朱新光　苏萍

2015 年 1 月

目　录

第一章　可控民主化

第一节　可控民主化的缘起

可控民主化就其源流看，可追溯到西方的精英民主思想。作为西方民主史上对民主反思最为深刻的政治思潮，精英民主思想是人们认识民主、重构法国大革命以来民主观念的重要环节。从人民民主到精英民主，民主的反面更多为人们所认识；从直接民主到间接民主，民主的方式更多为人们所熟悉；从“多数暴政”到保证“少数权利”，民主的实质更多为人们所揭示。精英民主思想的演绎轨迹，为我们深刻认识民主运行过程中出现与民主含义相悖的现象，提供一种方法论上的解释工具，有助于正确理解和把握可控民主化。

一　精英民主的若干观点

精英民主来源于西方精英主义政治思潮，是由莫斯卡、帕累托、米歇尔斯开创的，后经过熊彼特、达尔、萨托利、韦伯等人的发展得以完善。该政治思潮通过对精英民主概念的诠释，界定民主的选择机制、多重少数人的统治、多头民主论、科层制民主等，向我们展示这样一个事实，即任何社会的统治者都是由一些受过良好训练、并拥有禀赋的精英担当的，在民主国家也不例外。

（一）民主的选择机制

美籍奥地利学者熊彼特认为，自古希腊以来，民主是一种达到政治决定的制度安排，这种制度安排使人民通过选举将集合起来表达他们的意志的人，自己来决定争论的问题，从而实现公意。① 在这个定义中，民主的本体是人民，民主的实现方式是选举，民主的目的是达成公意。人民自己拥有理性决定自己事务的能力，同时人民可以通过一定的组织方式来达到一个普遍接受的方案，即公意。作为一种对民主概念分析，熊彼特对民主的界定，为考察西方民主历史提供一个分析视角。孰料，西方的民主发展进程用自身的发展轨迹推翻了熊彼特对民主的经典解释，法国大革命的疾风骤雨式的政治运动，向世人展示断头台下的人民“公意”的可怕一面。它“不仅要变革旧政府，而且要废除旧社会结构，因此，它必须同时攻击一切现存权力，摧毁一切公认的势力，除去各种传统，更新风俗习惯，并且可以说，从人们的头脑中荡涤所有一贯培育尊敬服从的思想”②。而各种有选举而无宪政的政权所造就的权威与极权人物，也充分证明选举不一定导致民主的实现。

为此，熊彼特开始重新审视西方民主的历史与民主的现状，对现存的民主体制做出一个新判断，为精英民主理论的确立奠定基础。熊彼特指出，现行民主体制作为一种方式，它无法上升到价值层面。如果把民主视为一种价值标准，势必会削弱运用民主手段对抗极权的作用。在现代政治社会，民主的决策机制多局限于一小群人，正如法国学者托克维尔所言：“当人民有选择自由时，它永远将行政权力委托给一个集体或民选的行政官。”③而相对于大众“公意”的决策，只存在于亚里士多德所谓的有限规模城邦国家，难以适应现代民族国家。所以，政治社会中的“民主方法是为达到政治决定的一种制度上的安排，在这种安排中，某些人通过竞取人民的选票而得到做出决定的权力”④。

换句话，在现代西方社会，民主只有在满足五个条件的情况下方

---

① [美]约瑟夫·熊彼特，吴良健译：《资本主义、社会主义和民主》，商务印书馆 1999 年版，第 370 页。

② [法]托克维尔：《旧制度与大革命》，冯棠译，商务印书馆 1992 年版，第 49 页。

③ 同上书，第 305 页。

④ [美]约瑟夫·熊彼特：《资本主义、社会主义和民主》，吴良健译，商务印书馆 1999 年版，第 396 页。

可能令人满意地运行，即政治家必须具备很高的才能；对立的领袖和政党之间必须在一个相对有限的政治问题范围内展开竞争，这种竞争受制于有关国家政策总体方向、合理的议会方案内容和普遍性的法律事宜的共识；必须存在具有良好的声望和传统并受过良好训练的独立的官僚，以协助政治家处理政策制定和行政管理的各方面事宜；必须存在着民主的自我控制，即在诸如选民与政治家混淆了他们各自的角色，在所有问题上过分地批评政府，以及不可预测和极端的行为等问题上，有着广泛的共识；必须有容忍不同意见的文化能力。①

由此可见，民主是一套制度性的选拔程序。通过这一选择机制，可以为一些人（政治精英）争取人民的支持（选民选票）。该民主界定，不仅为民主框定一个精英主义模式，而且也为民主设置崭新的检验标准，为人们理解政治就是争取权力这一现实提供直白的视角。在熊彼特眼里，“代表人民意志”的民主只是政治精英争取权力的口号，他们的竞选承诺，在其上台后就像资本家的广告一样，并不能完全满足选民所需的政治期盼。这表明，民主的意义在于提供一个竞争性的展示平台，让各种政治势力在该平台上展示自己的“产品”（政治主张），吸引“顾客”（选民）的关注与支持，最终获得政治权力。

（二）多重少数人的统治

美国学者达尔在对历史上的民主理论进行探讨，并对美国民主现实进行研究后认为，民主既不是麦迪逊式的防止多数暴政的民主，也不是大众主义对人民主权和政治平等两大核心价值追求的民主。在达尔看来，以往民主社会中追求选举程序性举措是无意义的，民主的事实是“选举没做什么”②。选民对选举的结果在大多数情况下是一种对过去政绩的打分，“选票更经常地惩罚过去的行动，而不是选择未来的政策”③。当选举对民主毫无意义之时，人们不能将选举视为实

---

①　[英]戴维·赫尔德：《民主的模式》，燕继荣等译，中央编译出版社2004年版，第239页。

②　[美]罗伯特·达尔：《民主理论前言》，顾昕译，东方出版社2009年版，第116页。

③　同上书，第119页。

现民主的一种手段,选举不代表着多数人的偏好。他指出:“选举和政治竞争并不以任何颇具重要意义的方式造成多数人的统治,但是却极大地增加了少数人的规模、数量和多样性”,这种多重少数人的统治,是民主与专制之间的基本差异。① 实际上,不管是实行直接选举制还是间接选举制,选民都不是从两个或更多个候选人中进行选择,而只有两种选择:要么选择自己支持的候选人,要么投弃权票。这种与选举表层意义上可供有多种选择方式相悖的现实表明,“我们不能根据多数人与少数人之间的对比来描述民主社会的实际运作”②。这意味着,选举尽管做不到显示多数人对一系列问题的意愿或偏好,但选举仍和个人、政党之间的政治竞争一样,构成社会控制的基本方法。正是由于选举和政治竞争的同时并存,民主才呈现出其本来的镜像,即多重少数人的统治。③

达尔断言,多元政体形态是民主的一个社会体系。在这个体系中,有存在民主的政治体系,同时也有存在其他直接地或间接地起着民主政治过程作用的次体系。④ 这里的次体系,主要指广泛存在于美国社会的各种公民组织。这种多元政体形态下的多重少数人的统治,是不会形成民主的多数暴政。究其原因,达尔强调了两个关键要素:

一是政治精英受到自己所处社会价值和选举周期制度的制约,不敢做出违背社会公益或社会共识的举动。由于社会共识“在争执中是第一位的,构成政治的基础,它包含着政治,限制着政治,构成政治的条件。没有这样一种共识,任何民主的体制都不会长久地经历选举和政党竞争所带来的无休止的刺激与挫折而依然能生存下来”⑤。而政治精英“所持的价值,特别对其可能采纳的政策以及仍

---

① [美]罗伯特・达尔:《民主理论前言》,顾昕译,东方出版社 2009 年版,第 181 页。

② 同上书,第 121 页。

③ 同上书,第 122 页。

④ [美]罗伯特・达尔:《现代政治分析》,王沪宁译,上海人民出版社 1987 年版,第 24 页。

⑤ [美]罗伯特・达尔:《民主理论前言》,顾昕译,东方出版社 2009 年版,第 122 页。

然可能再次当选的预期，设定了一定的限制。受选举制约的政治家们必定在这些限制的范围内行动”①。

二是在多元政体下，诸如新领袖的种类、合法与不合法的政治活动类型、政策向领袖们开放的范围和种类、传递信息与沟通的社会过程等方面，均有前所未有的进展，客观上拓宽少数人的数量、规模和多样性。由于多元社会不同利益诉求的存在，其结果必然产生彼此独立的社会团体和组织。随着社团组织的崛起，要求分享对政治参与和决策的权力的意愿逐步增强，一定程度上弱化政府对政治事务的裁决权，使得政府无法对社会实行垂直纵向的控制。这样一来，政府控制社会的成本则大幅提高。一旦政府的控制成本大于其获得的收益时，政府就可能放松甚至放弃对某些公共政策和公共事务的控制权。所以，在多元政体社会，政府不可能成为一个全能型政府，充其量不过是一个与社会组织不断互动的有限政府，从而大大降低出现集权政府的可能性。

当然，达尔在强调多重少数人统治的同时，也不否认民主是由少数人来作决定的游戏，即便有选举也不例外。达尔指出：“作为多数人偏好的指示方法，选举是相当无效的。”②因为在政治社会中，存在着相当一部分对政治保持冷漠的群体，他们拒绝参加选举，没有政治诉求，这样建立起来的人民主权和政治平等显然缺乏民众基础，在现实政治社会层面也无法真正实现。因此，民主需要多元体系下对政治决策的广泛参与，并由少数人做出决定。在这里，达尔特别强调，政治社会的“少数人”会由于“多重”社会组织的存在而在数量上大大扩展，从而为其所代表的大多数利益群体进行统治。

（三）多头民主论

美国学者萨托利通过对政治系统的输入和输出功能分析发现，民主是政治系统的择优多头统治和基于功绩的多头统治。基于此，萨托利认为，民主由两部分构成，即择优的方式（选举）和政治功绩的

---

① ［美］罗伯特·达尔：《民主理论前言》，顾昕译，东方出版社 2009 年版，第 122 页。

② 同上书，第 121 页。

反馈。在萨托利看来，民主是一个竞争——反馈式的政治过程。尽管该政治过程算不上是最完美的民主，它仍然是民主“最低限度”的诠释。萨托利认为，民主不仅是一种选择精英的过程，而且还面临着一个精英如何对选民负责的过程。萨托利反对把民主看作是人民的统治或多数人的统治，认为政治关系中的统治者总是少数人，被统治者总是多数人，强调民主是少数人的统治和多数人的被统治。当然，民主并不是少数人的专制和独裁的统治。民主与专制的区别不在于统治者是多数人还是少数人，无论是民主政治还是专制政治，统治者总是少数。问题在于专制政治不是人民授权的统治，不是权力受到有效限制的统治，而民主政治则是通过选举，使得少数人得到人民授权的统治，是权力受到有效限制的统治。

萨托利主张少数人统治而多数人被统治的民主，这个特定的少数人应该是社会的精英，即精英的统治。萨托利认为，一个政治体系即使不以普选为基础，仍然可以是多头统治。多头统治的确可以带来领袖之间的相互竞争，这种竞争构成领袖的相互影响和控制，但在领袖之间的竞争形成后，还应建立起对领袖的控制。当人民有充分且不受约束的权力通过选举去约束、控制和影响领袖时，这时民主将是可行的，也正是因为人民拥有对领袖的控制权，领袖会担心因为定期的选举丢掉职位的危险而“留心投票者如何看待他的行为”①。为此，萨托利提出竞争——反馈式多头民主论。萨托利指出，在政治系统的输入和输出功能中，尽管选举的输入功能是精英通过竞争获得政治权力，体现了民主，但从输出方面看，当选的统治者在其决策时，也要受到选民对统治者决策反应的制约。所以，不能忽视民心的向背、民众的意愿，选民的选举权就以反馈的方式制约着统治者的决策，这样选举就不但从输入意义上而且从输出意义上保证了政治过程的民主性质。

（四）科层制民主

德国学者马克斯·韦伯也反对把民主看作是人民的统治，但他并不完全否定民主理论。他认为，理性化是资本主义社会的精神特

① ［美］乔万尼·萨托利：《民主新论》，冯克利等译，上海人民出版社2009年版，第173页。

征，而理性化表现在政治生活中就是科层制，它必然导致官僚化。国家行政管理的合理性要求讲究效率的统治，才是合理的，而多数人的统治不符合理性化的要求。作为一种精英民主观，韦伯认为，民主可从三个层次理解：领袖层次的民主、管理层次的民主、民众层次的民主。领袖层次的民主主要体现在领袖统治的合法性是否来自人民大众；管理层次的民主一方面体现为所有人都参与公共事务的管理，另一方面体现在管理者权力范围的缩小；民众层次的民主包括直接民主和代议制民主。

由于多数人的民众是非理性的，无法正确理解公共事务，民众直接的统治会导致政治的低效率，而议会制民主又容易造成政治的僵化。韦伯理想的民主形式是把领袖统治与科层制结合起来的精英官僚民主制，其核心思想是使民众能够选举政治家，而政治家又能控制官僚。现代社会需要官僚的统治而不是人民的统治，也就是需要精英统治，但还必须有民众的有规则和秩序的参与，需要有普选制，有强大的民选议会来制约官僚政府，防止其演变为专制的官僚统治。这种将官僚统治与民主政治相结合的官僚民主论，为精英民主论的确立奠定了基础。

二　精英民主的本质

上述西方学界的洞见，尽管从表述上各有侧重、见仁见智，但他们基本认同这样一种观点，即精英民主的本质就是精英代表“公意”。对精英民主来说，现代民主不存在人民的公意，不存在人民的代表表达人民的公意。所谓的代议机构也不是代表人民进行统治，只不过是通过竞得人民的选票对人民进行统治而已。政治社会只限于两个阶级，即统治阶级和被统治阶级。统治阶级人数较少，掌握绝大多数权力。而被统治阶级人数较多，却受统治阶级的控制。

意大利学者莫斯卡指出：“一切社会，从非常原始、文明尚未成型的社会，到高度发展、实力雄厚的社会，都会形成两个人类的集团，即统治阶级和被统治阶级。前一个阶级总是人数较少，他们行使一切政治职能，垄断所有权力，享有权力带来的诸多特权；而被统治阶级在人数上处于多数，他们受到前一阶级的指导和控制，这种指导和控制有时通过不同程度合法的手段，有时则通过一定程度的专断和暴力手段实现。"[①]也就是说,在所有社会中,统治阶级常常是数量较少,但却行使了所有的政治功能,垄断权力,享受着权力带来的利益。而被统治阶级常常是数量较大,由统治阶级以一种或多或少的法治态度,或多或少的专断和暴力来指导和控制,并且至少从表面上,供给统治阶级生存所需的物质手段,以及提供为维持政治机体活动所必需的各种工具。[②]

在此基础上,莫斯卡通过"独裁原则"和"自由原则"的权威流向,以及贵族和民主的两种"招募"方式,来构建其复杂的政治系统。权威的独裁系统常常会同贵族式的招募办法相联系,世袭的君主倾向于从世袭的贵族中任命其官员,但一些独裁系统在招募统治阶级时也可能显示出民主的趋势。同样,自下而上的自由体系在招募统治阶级时,也会出现贵族或民主的趋势。在那些权威依靠于选举的自由社会中,人们常常或将选举人限于世袭贵族,或有规律地在贵族的政治家庭中重新选举成员。最后,自由原则可能同民主倾向重合,使来自各个阶级的人都可能被选到权威的位置上。但莫斯卡不认为自由民主的模式是真实的。他指出,统治阶级尽管可以从任何阶级中招募,但是这种系统总是由政治精英控制。政治精英无论来自哪个阶层,他们都倾向于将他们自己变成世袭的精英。这样,政治系统就形成"贵族—独裁"型和"贵族—自由"型两种类型。莫斯卡认为,所谓的民主是少数人将自己的意志强加给多数人的一种形式。在民主制度中,选民的选票并不起实质性的作用。因为选民的选择空间是有限的,他们的选举范围常常被限于两三个可能胜出的人中间,而这些人通常是那些由团体、委员会或是有组织的少数支持的人。有组织的少数将自己的意志强加给无组织的多数,这种状况即使在那些组织完善的政府中也会发生。

意大利学者帕累托也认为,精英阶级由出类拔萃、能力超群的社会集团中的精英组成,它分为统治精英和非统治精英,统治精英是社会的统治阶级,民主制国家也是由少数精英统治,不存在人民的统

---

① [意]加埃塔诺·莫斯卡:《政治科学要义》,任军锋等译,上海世纪出版集团2005年版,第119页。

② Mosca, *The Ruling Class*, McGraw-Hill, New York, 1939, p. 50.

治。人民按其意志进行的统治，其实只是一种幻觉。人民享有主权已经转化为议会享有主权，“到处都有统治阶级，在专制政府中显现为君主，在所谓民主政府中只是议会”①。帕累托强调，精英代表着社会中拥有良好禀赋和在各种社会活动中取得高分的人，“我们假设，在每一项人类活动中，对每人的能力都能打一个类似考试时候的分数。譬如，给最优秀的专业人员打 10 分；对门可罗雀者打 1 分，给笨蛋打 0 分”②。精英就是“在自己活动领域内拥有高分的人们”③。这些作为统治阶级的精英通常拥有大众不具有的某些品质，“这些品质给予他们某种物质的、智识的甚或道德上的优越性”④。这些品质在他们所统治的社会往往得到人们的敬仰，具有很强的影响力。⑤

虽然帕累托将精英分为统治精英和非统治精英，但他认为这些类型中的成员并不是一成不变的。他指出，不是所有在能力上拥有高分的人们都能够取得统治地位，那些非统治的精英虽然没有取得统治地位，但他们具有统治的能力，这就形成一种不平衡。那些具有超凡能力的人总会寻求确认和增加他们的社会地位。为了成为更高层的精英，低层群体的特权成员努力运用他们的能力并提高自己的地位。而在精英层中，正好呈现相反的趋势，一些统治精英越来越不适合统治。作为这种运动的结果，处于社会底层，但却具有更高水平的人开始崛起，向高层精英挑战。在下层阶级中优秀分子聚集，而在上层阶级中低劣分子聚集，从而使原本存在的不平衡进一步加剧，并成为破坏社会平衡的动因。帕累托特别强调，不但精英与非精英间存在循环，而且两种类型的精英间也存在循环，借助这种循环方式，一种类型的精英统治会被另一种类型的精英统治所取代。

与此同时，大众在政治生活中是冷漠的。他们的政治观点迥异，只有当参加定期选举时，在少数精英的动员下才会产生投票热情。

---

① [意]帕累托：《普通社会学纲要》，田时纲译，生活·读书·新知三联书店 2001 年版，第 359 页。

② 同上书，第 296 页。

③ 同上书，第 298 页。

④ [意]加埃塔诺·莫斯卡：《政治科学要义》，任军锋等译，上海世纪出版集团 2005 年版，第 122 页。

⑤ 同上。

实际上人民既不提出也不决定问题，决定他们命运的问题只是由别人为他们提出和决定的。换言之，大众容易受到感情影响并易于受到非理性驱动的。当大众聚集在一起时，容易随大流，产生群氓效应，形成法学者勒庞所谓的"乌合之众"，"他们表现出极少的判断能力，他们没有批判精神，轻信、易怒并且头脑简单"①。一旦大众进入政治领域，"他的精神状态就跌落到较低水平上，他会毫不犹豫地承认，他辩论和分析的方法是幼稚的，局限于他实际利益的范围，他又称原始人了"②。在这种情况下，"一个有组织的少数往往为某种动力所驱使，不可避免地主导一个无组织的多数。多数中的任何单个人在任何少数的权力面前是无能为力的。他面对的是一个有组织的作为整体的少数"③。由此，精英统治出现在标榜人民主权与自由选举中的现代民主社会中也就顺理成章了。

三　精英民主的形态

精英民主既然蕴涵于西方的民主政治体制当中，那么它就必然通过西方的政党政治、选举政治、金钱政治等形式表现出来，这成为精英主义指导下的民主体制运行的基础。

（一）政党政治

毋庸置疑，在政治社会中，政党存在的目的不是影响决策，而是通过选举或其他方式执掌政权。英国学者赫尔德指出："政党的目标也许在于实现理想的政治原则和纲领，但是如果它们的活动不以实现选举成功的一整套战略为依据，那么它们就注定是徒劳的。"④当政党产生后，便衍生出许多特有的功能，诸如聚集民意、代表本政党阶层的利益、培养并向国家输送政治精英、推动政治社会化、制定本

---

①　[法]古斯塔夫·勒庞：《乌合之众——大众心理研究》，冯克利译，中央编译出版社1998年版，第148页。

②　[美]约瑟夫·熊彼特：《资本主义、社会主义和民主》，吴良健译，商务印书馆1999年版，第386页。

③　[意]加埃塔诺·莫斯卡：《政治科学要义》，任军锋等译，上海世纪出版集团2005年版，第122页。

④　[英]戴维·赫尔德：《民主的模式》，燕继荣等译，中央编译出版社2004年版，第251页。

政党对于国家发展的纲领政策等。其中,最突出的功能就是通过选举,执掌国家权力。政党只有通过选举上台执政,才能将自身的政纲转变为国家政策,输出政治决定,以迎合支持者的选择,满足它所代表的选民的利益。在政党进行政治活动时,如参与全国性大选,个别选区议员补选,政党领袖往往召开全党性质的会议,提出最具有竞争力的候选人,推出政党纲领吸引选民,振奋本党支持者士气,为本党的选举活动筹款等。

政党中的政治精英是一个政党中最活跃的分子,他们通过一系列政治活动向本党支持者展现自己的实力与能力,期望获得本党以及本党支持者的认同,从而拥有资格代表本党进行政治抉择(各类选举)。政党精英的存在,一方面保持政党向上(政府职位,选民代表)竞争的持续动力,另一方面也成为本党支持者以及潜在支持者进行利益表达、权责代表的输入中介。一般情况下,政党承担着成为执政者荣耀下对选民与支持者负责的重担与压力,获得支持者的拥护,政党精英则有机会成为执政精英。反之,政党精英则下台。对政党来说,获得选民的支持,政党就获得执政的权柄,反之则失去执政的机会。所以,政党政治的存在,维护了精英在政治体系中的正常循环,带来周期性的有序变动,从而促进民主的有效运转。

(二) 选举政治

在民主社会,“选举不制定政策,选举是决定由谁来制定政策。选举不能解决争端,它只决定由谁来解决争端”①。任何性质的民主国家都有大量的选举活动、选举程序、选举规则和对选举进行保护的法律法规等。选举政治是政治政策输入的重要环节,作为国家政策的决定者,政治精英在推行政策时,往往会考虑选民对政策的态度和对他本人的态度。选民最直白的表达方式就是各式各样的选举,尤其是决定政治精英政治前途的选举。因此,选举被认为是对政治精英的政治表现、政治绩效和政治形象的打分行为。当选民认可政治精英的表现时,政治精英就有机会获得高分,赢得选举。反之就暂时或永久性地离开政治舞台。显而易

---

① [美]乔万尼·萨托利:《民主新论》,冯克利等译,上海人民出版社 2009 年版,第 123 页。

见，选举已成为政治精英循环的重要方式，选举不仅创造政治精英，为其提供新陈代谢的机制。更重要地，它还能锻炼政治精英，并通过各种竞选活动，诸如演说、辩论、筹款、选民互动等，来获得选民支持和信赖。

然而，必须清醒地看到，尽管选举制度实现普选、直选及公正公平选择等，但它作为"择优"机制仍未摆脱"贵族"和"寡头"的性质。在民主社会，每个公民不可能实现人人担任公职的夙愿。选举虽是自由、竞争、公平的，然不是每一个符合选举条件的公民都有能力与机会实现平等的"被选择"。这表明，选举本身就是一种不平等，它不可能把所有公民都看作公职的潜在候选人，因而不可能给所有人提供担任公职的平等机会。由此，精英民主需要通过选举来作为民主的合法性来源，也需要选举来保证精英民主政策过程的开放性，避免精英民主因政策过程的封闭而沦为寡头统治和专制独裁政治。可以这样说，选举政治为精英政治听取人民意愿、输入公民意志、反馈公意表达等创造了条件，促成精英民主运行模式的达成。

（三）金钱政治

作为民主政治运行的重要保障，金钱政治不可或缺，它已成为民主政治的润滑剂，在今天的民主政治国家中发挥越来越大的作用。民众通过选票获得对政治的控制权，而普选导致的高成本又为资本提供影响政治的空间，使得民权和资本的权力事实上主导了西方国家。① 虽然普选制的推行为每一个公民提供平等选择权，但这不代表每一个公民有平等的"被选择权"。日益复杂的选举技术，耗时颇多的竞选，幅员辽阔的国家面积等因素，决定了作为候选人必须拥有充足的体力和财力，让选民了解自己。这一切都显示，选举的每一步都离不开金钱的支撑。候选人的包装，需要大量的专业人员进行；候选人的政策宣传，需要报纸、电视、网络等传媒技术作为平台；候选人与选民交流，离不开造势场所，也需要大量的金钱作为支撑。意大利学者莫斯卡指出："财富而不是在战争中是否勇猛成为统治阶级的显

---

① 参见宋鲁郑："中国创造新的制度文明"，载《参阅稿》（上海市委宣传部编）2014 年第 1 期。

著特征，占据统治地位的是富人而非勇者。”[①]而作为资本主义民主典范的美国总统大选，也因其历届竞选费用的高昂备受关注。1992年总统大选，克林顿和老布什为竞选共花费了1.92亿美元；到了2004年，小布什与克里两人就分别花费了高达3.67亿美元和3.28亿美元；2008年大选，奥巴马一人的竞选筹款就达到了6.59亿美元，而当年的全部总统大选花销高达53亿美元。金钱政治已成为美国民主制中的重要组成部分。诚如莫斯卡所言，“当角力遭到禁止，而金钱的较量却得到认可时，拥有财富越多的人必然会攫取更高的职位”[②]。

理念上的财富不平等不会妨碍大众参与民主的权利观念，已在西方民主制度中得到保障，但事实上的财富不平等直接影响民众间作为民主受益者的角色和程度。身为大众而言，他们基本上没有赢得选举和执政的能力和机会，而作为拥有大量财富或资源的政治精英，他们往往是民主政治的实际操手。精英民主一方面通过金钱政治把普通大众排斥出政治体制之内，允许具有禀赋（金钱）的政治精英进入政治体制。另一方面通过消耗政治精英的财富，借助各种手段，如选举集会、候选人演讲、辩论、与选民面对面交流等方式将候选人推到选民面前，供选民“择优”，以满足大众的政治参与愿望，造成选民政治心理的虚假满足。其结果，政治精英就牢牢掌握着精英民主的话语权。

第二节 可控民主化的理解

一 可控民主化的概念

可控民主化是精英民主的一个变种。俄罗斯学者特列季雅科夫对可控民主有这样的论述，可控民主是“准民主”或“民主的非民主形式”，其实质是“社会赋予由全民选举产生具有超凡能力的国家首脑，以超出民主程序以外最广泛的权力”。俄罗斯学者谢尔盖·舍林对

---

① [意]加埃塔诺·莫斯卡：《政治科学要义》，任军锋等译，上海世纪出版集团2005年版，第125页。

② 同上书，第126页。

此并不认同，他认为，可控民主并不是简单地由政府所控制的民主，在这种体制下，存在多元主义以及相当于广泛的新闻自由和政治公开性，虽然还不存在完全的自由。俄罗斯学者布宁更为直白地把可控民主比喻为直接分配选票。① 尽管三位学者在可控民主的本质问题上有所分歧，但至少在可控民主的形式上是一致的。

中国学者在可控民主化的概念诠释上也有自己的看法。许志新从社会管理角度，认为可控民主是威权主义条件下形成的一种社会管理模式，它是对民主抽象肯定、具体否定。以对民主的操控为特点，形成一套特殊的政治统治术，目的是要实现内在的相对集权与外在的民主形式间的统一。② 白千文也有同感，他指出，可控民主是普京应对俄政局动荡、分离主义蔓延、权力腐败严重的强国手段，可控民主的政治体制的建立过程就是不断加强精英权威，强化总统权力的过程。③ 孙凌齐等人则从机制上，认为可控民主是一种权威主义的治国模式。④ 李兴耕也强调，可控民主是一种独特的制度性民主机制，这种民主体制是与西方式民主有所区别的，这一区别在于可控民主保留了西方民主的若干外部特征，但具体的民主内容受到国家政权的严格控制和限制。⑤ 杨进也认为，可控民主是对普京治国方略和执政思想做了较高的概括，实际上是一种以民主形式出现的强人政治。⑥

综合以上观点，我们可以这样认为，可控民主化的基本内涵就是直接分配选票，即通过构建具有控制政党和政治力量分布的选票分

---

① 参见刘燕明："俄罗斯学者关于'可控民主'的讨论"，载《国外理论动态》2004 年第 7 期。

② 参见许志新："可控的民主及其风险"，载《俄罗斯中亚东欧研究》2005 年第 5 期。

③ 参见白千文："从自由民主到可控民主：俄罗斯政治体制改革的经济学解析与启示"，载《俄罗斯研究》2009 年第 4 期。

④ 参见孙凌齐："普京政治体制的特征：可控民主——主权民主"，载《当代世界与社会主义》2006 年第 1 期。

⑤ 参见李兴耕："关于俄罗斯可控民主的若干思考"，载《俄罗斯中亚东欧研究》2004 年第 5 期。

⑥ 参见杨进："俄罗斯：强人政治与可控民主"，载《同舟共进》2008 年第 1 期。

配机制，来完成从传统专制主义向民主主义过渡。它在形式上保持西方民主制框架，实质上是以政权党为依托发挥作用。该民主的特点，就在于其政权结构，特别是立法权结构，不取决于全体选民意愿，且国家政治模式的构成也往往无需总统参与，而是被某一个非常职业化的集团所操纵，从而形成一种刚性民主政体。这种民主政体虽然“看起来不利于民主的本质，但的确是我们保护我们的体系的基本信条的工具”①。近年来，有很多转型国家的民主政权都以失败告终，其中一个根本原因在于它们过分看重选举，却忽视了民主的其他关键点，比如国家权力需要审查，言论自由、集会自由等个人权利需要得到保证。而那些十分成功的转型民主国家得以正常运行，很大程度上是由于这些国家抵制住“多数主义”的诱惑。“多数主义”认为，赢得选举的多数方有权力做任何他们喜欢做的事情。因此，可控民主化对后发国家民主化进程产生十分重要的影响。

二 可控民主化的条件

民主作为一种意识形态，不是与生俱来的，它需要环境的培育。美国学者科恩指出，民主要取得成功，取决于实行民主所必须具备的各种条件，“民主的条件是多种多样的，能实现的程度也各不相同”②。也就是说，民主的形成是有条件的。按照科恩的观点，“如果要实行并保持民主，必须满足这五类条件，即物质的、法制的、智力的、心理的、防卫的条件”③。无条件的民主存在只是一种乌托邦式的理想。基于此，我们可以判断，可控民主化不是无源之水、无本之木，其形成理应受到地理环境、公民社会、经济发展、文化影响等诸多条件的左右。

（一）地理环境

地理环境是可控民主化形成的自然属性。在现代政治社会，一

① ［美］迈克尔·罗斯金：《政治科学》，林震等译，华夏出版社2001年版，第85页。

② ［美］科恩：《论民主》，聂崇信、朱秀贤译，商务印书馆1988年版，第102页。

③ 同上书，第107页。

种成熟民主的实现，一定要有一个能让所有的社会成员有机会普遍参与的地理条件。一方面，自然环境（气候、地形等）一定不要为参与带来太大的障碍；另一方面，人力可以控制的地理环境（运输系统、交通等）必须加以发展，以利用有利的自然环境，或克服自然障碍，以利参与。① 通观西方民主演绎的轨迹，可以看出，地理环境越优越的地区，民主发展就越成熟。在西欧，有英、法、德等10国，面积500万平方公里，人口约1亿多，地形以平原为主，次为高原，山地面积较小，主要分布于英国西北和法国东南。这里交通便利，有世界最繁忙的海运通道英吉利海峡和多佛尔海峡，以及莱茵河、塞纳河、泰晤士河等河流。该地区大部分属温带海洋性气候，地处西风带内，气候温和湿润，降水丰沛且均匀。西欧是近代科技发展最早的地区之一，也是世界经济的发达地区，有发达的工业、农业和对外贸易。港口众多、航运发达，重要港口有伦敦、马赛、布鲁塞尔、阿姆斯特丹等。这种优越的地理环境适合于西欧民主的发育和成长，经历百年的不懈努力，西欧成为世界自由民主的典范。

可控民主化亦然。作为转型地区国家的一种民主政治形态，可控民主化之所以适用于俄罗斯、哈萨克斯坦、乌兹别克斯坦、吉尔吉斯斯坦、塔吉克斯坦、土库曼斯坦等国家，关键在于该地区具备可控民主形成的地理条件。众所周知，俄罗斯和中亚地区原属于前苏联的加盟共和国，区域内各国山水相连，境内地形以平原和丘陵为主，沙漠广大。河湖多以内流区域为主，伏尔加河、阿姆河、锡尔河是境内的较大河流。该地区大部分为干旱、半干旱气候，降水稀少，冬冷夏热，大部分地区为温带沙漠、温带草原气候，植被以草原、荒漠为主。该地区民族众多，宗教以东正教和伊斯兰教为主。前苏联时代，为加强该区域的垂直管理，苏联中央政府修建四通八达的铁路和公路交通网，使得地区内各国交通便捷，交往频繁。同时还大力普及俄罗斯语，把俄罗斯语变为该地区的官方语言，各国间民众的流动成为常态。其结果，苏联七十年的社会主义建设，使得这一地区面貌发生翻天覆地的巨变，各国间政治、经济、文化的联系更加密切，为可控民

① ［美］科恩：《论民主》，聂崇信、朱秀贤译，商务印书馆1988年版，第108页。

主化的成长铺平了道路。

（二）公民社会

公民社会是可控民主化形成的前提条件。在通常情况下，公民社会主要指那些围绕共同的利益、目的和价值上的非强制性的集体行为，其中包括为了社会的特定需要和公众的利益而行动的组织，诸如非政府组织、慈善团体、社区组织、专业协会、工会等。美国学者沃尔泽把公民社会形象比喻为非强制的公民的共同社会空间，在这一由家族、信仰、利害、意识形态构成的关系网络中，各种各样的工会、教会、政党，以及运动、生活互助团体、近邻、学派等，为了促进或防止各种各样的状态而构成多样的共同社会。

作为一种以国家权力形态为主要关切对象，公民社会理论孕生于西方社会。在西方不同时代，公民社会理论以不同的理性结构出现在西方社会当中，它不仅体现着时代进步中社会自组织的印记，而且带有公民个人理性建构的倾向。从社会发展史的演绎看，公民社会最早起源于古希腊亚里士多德的政治共同体或城邦国家。亚里士多德指出，在古希腊罗马时代，从私人领域到公共领域是一个演进过程，希腊罗马公民只有每天都跨越家庭这一狭隘领域而进入政治领域，才能成为真正意义上的公民。对城邦中的成员而言，家庭私人生活只是为城邦中的公民生活而存在的。城邦是一个政治领域，离开了城邦，人就不能过上政治生活，也就不能成为公民。由城邦的建立而形成的公民社会，实质上是一种政治社会，没有政治，也就没有城邦和公民社会。城邦的兴起意味着“除他自己的私人生活外，人还接受第二种生活，即政治生活。现在每一位公民都隶属于两种生活程序，在他自己的生活与共同体的生活之间存在鲜明的区分”①。

西塞罗早在公元前一世纪就明确了传统意义上的公民社会的含义。他认为，公民社会不仅指单个国家，而且也指业已发达到出现城市的文明政治共同体的生活状态。西塞罗是同时在公民社会、政治社会和文明社会三重意义上使用这一概念的，在他看来，公民社会作为一种城市的文明政治共同体，与野蛮人的社会或野蛮状态有重要

① ［德］阿伦特：《公共领域和私人领域：文化与公共性》，张旭东等译，北京三联书店 1998 年版，第 27 页。

区别。它有自己的都市文化、工商业生活，有自己的法律和政府，这些都是人民的共同财产，作为一个道德的集体，其目的在于实现公平和正义的原则，用道德的纽带把人们联系起来。这在一定程度上超越了亚里士多德的公民社会思想，对于保护公民权利、明确国家与社会的区别具有重要意义。

18 世纪末的法国大革命推翻君主专制制度，确立代议制民主原则，为私人领域的独立存在和工商业活动的自由发展提供法律和制度保障，极大促进公民社会的发展以及公民社会和政治国家的分离过程。黑格尔是第一个真正将公民社会作为与政治社会相对概念进而与国家做出学理区分的思想家，他认为公民社会是先进民族迄今所达到的人类发展状态，但它又是自私而贪婪的，且不具有原始社会所具有的温情和道德内聚力。在他的思想中，公民社会是按照自身法则运行而不受法律和政治团体的伦理影响的经济和社会秩序。他在《法哲学原理》中就明确指出，公民社会是一切人依赖于一切人的社会，这种依赖关系是形成体系的，即人们通常所称的需要的体系。需要的满足是和劳动联系在一起的，劳动生产出满足需要的物。当然，劳动不是抽象的个人能够完成的行为，它也是形成了链条和体系，每个人的劳动都是和他人劳动联系在一起，这就有别于自然经济时代自给自足的劳动。在公民社会，每个人都是自力更生的，这种劳动又是在整个社会的链条上，劳动形成体系后，就存在一个劳动分工问题。同时，他又认为，公民社会就是日常生活和经济活动，是“需要的体系”，它与政治国家和统治体系相对，包括那些不能与国家混淆或不能为国家所湮灭的社会生活领域。黑格尔把公民社会看成是市场，是社会的商业部分，把私人财产所有权宣布为公民社会不可缺少的关键。一句话，公民社会成员是以特殊利益为目的，而国家则以普遍利益为目的，国家高于公民社会，公民社会从属于国家，国家是对公民社会的超越，是公民社会的最后归宿。

进入 20 世纪以来，随着西方公民社会与国家关系的复杂化，学界开始对公民社会的具体问题进行深入思考和研究，极大促进了公民社会的发展。葛兰西把社会分为政治社会和公民社会两部分，前者指国家或政府，后者指各种私人组织或民间社团。葛兰西主张重新理解公民社会，他把公民社会重新界定为制定和传播意识形态特别是统治阶级意识形态的各种私人的民间机构，包括教会、学校、新闻舆论机关、文化学术团体、工会、政党等。他认为，“意识形态维持一个特殊阶级的统治和社会大多数人日常的习惯行为的条件，让它们相互支持和加强。公民社会可被看作是一个特定的社会集团对社会全体的文化霸权，或是一个国家统治的道德内容”①。

西方当代公民社会论最具影响力的人物当属哈贝马斯。他所认知的公民社会是指一种独立于国家的“私人自治领域”，包括私人领域和公共领域。他指出，私人领域指以市场为核心的经济领域，公共领域指社会文化生活领域。公民社会由那些在不同程度上自发出现的社团、组织和运动所形成。这些社团、组织和运动关注社会问题在私人领域生活中的反响，将这些反响放大并集中和传达到公共领域之中。公民社会的关键在于形成一种社团网络，对公共领域中人们普遍感兴趣的问题形成一种解决问题的话语体制。公共领域则成为调节国家与社会、公民关系的缓冲地带。哈贝马斯的“公共领域”概念对西方学界产生了广泛影响。一句话，哈贝马斯的公民社会是以社会文化为对象，以经济与社会文化分离为基础，注重社会文化在社会再生产及变革中的作用和功能，把公民社会从政治国家和经济中独立出来，这无疑是对公民社会理解的创新，使人们把视线从经济领域转向社会文化领域，对正确认识社会文化的地位和作用意义重大。

阿伦特在此基础上建立其公民社会的话语体系。她认为，公共领域作为一种开放、多元与民主的政治空间，它鼓励每一个平等的社会共同体成员自由地参与和无歧视地交流。而柯亨和阿拉托则主张采取公民社会—经济—国家的三分法，将公民社会界定为介于经济与国家之间的一个社会领域，从而将经济领域排出公民社会的范畴。他们认为，公民社会是“介于经济和国家之间的社会互动领域，由私人领域（特别是家庭）、团体领域（特别是志愿结社）、社会运动及大众沟通形式组成”②。其目的是为了反对以国家为中心或以经济为中

① Cf Zygmunt Baum an Socialism, The Active Utopia. London George A Llen & Unw in Lid, 1976, pp65—66.

② [美]柯亨和阿拉托:《市民社会和政治理论》，美国麻省理工学院 1992 年版，第 vii 页。

心的模式，主张回到以社会文化系统为中心的范式中，通过文化意义上的公民社会重建，实现民主、自由、平等、公正的现代社会。

纵观西方公民社会论的演变过程，我们发现，公民社会经历了从古希腊罗马时代的政治共同体的自然状态；到近代欧洲政治国家与公民社会相互分离，公民社会包括政治国家之外的社会生活的一切领域；再到经济领域从公民社会中完全分离，公民社会纯粹由社会和文化领域来构成的路径。这一过程始终与西方的民主进程相统一，公民社会必然对可控民主产生重大影响。在公民社会里，各种组织之间相互协调，共同发生向内和向外的影响力。正是公民社会的这种外在效应与内在效应的和谐统一，推动可控民主化的成长。

一方面，公民社会的外在效应，使公民社会的各种组织能够为其成员提供表达利益诉求的通道，用他们动员的力量形成合力向政府施压，迫使政府回应其诉求，以达到限制政府滥用权力"寻租"的目的。公民社会作为不同于国家的政治场所，它可以提示政党和政府机关的尚未应对的潜在政治问题，譬如，揭露对立和纷争、提案应该采取的政策、有时也自主解决问题等。在不少政策领域，非政府组织比正式的政府机关拥有更好的政策立案和执行能力。从民间人士的自主活动和自治上看，把这些行为看作民主更为恰当。然而，我们不能就此保证，这些组织活动的目的或政策，与支持公民的自由和平等、支持宽容等民主理念相一致。况且，这些组织内部的运行方式是否民主，公民也知之甚少。在公民社会较成熟的俄罗斯、吉尔吉斯斯坦等国，一直以来活跃着成千上万的各类党派势力和组织，它们经常为了某种目标，独自或联合起来，通过合法途径，进行集会和演讲，向政府发难，攻击时弊。此举不仅能有效制衡政府的错误行为，而且还可以彼此牵制，避免一党独大，有益于多元可控民主格局的形成。

另一方面，公民社会的内在效应，可以在党派和非政府组织内部，培育合作习惯和公共精神，培育互信、互惠、温和、妥协、谅解、宽容的品性，培育与人交往、共事的交流技能，使人们更容易学会合作，更容易超越狭隘的自我，从而学会相互信任、妥协包容的习惯。[①] 这

① 王绍光：《民主四讲》，生活・读书・新知三联书店 2008 年版，第 116 页。

些习惯和技巧都是可控民主必须的，它让公民学会用民主方法来以诚相待，以民主的方式共同生活。在此基础上，社会党团和非政府组织可以通过把公民社会中公民的议论、活动、运动等非正式的政治诉求，与以政党、选举为中心的代议民主制相结合，使可控民主体制更加充满活力。

（三）经济发展

经济发展是可控民主化形成的基石。近百年来西方民主化进程告诉我们，西方民主政治从初创到成熟都以经济为基础的。经济发展对政治民主化具有重大而深远影响，两者之间存在高度的相关性。即经济发展水平越高，民主的可能性就越大。西欧工业革命后，欧洲各国经济发展和生产力水平提高，西方现代化进程明显加快，民众政治参与意识的增强、现代意义上的西方议会制度的形成、以及西方政治民主化的确立。由此一来，民主在人们的心目中就形成了这样一种普遍认知："民主国家往往比非民主国家更富裕，发生战争的可能性更低，而且能更有效地遏制腐败。更根本的是，民主制度给予人们表达自己想法的自由，给予他们塑造自己及子孙后代未来的无限可能。"[①]因此，随着"第三波"民主化浪潮的推进，越来越多的转型国家开始接受这种民主政体形式。

俄罗斯和中亚五国，在经历短暂的震荡后，各国政局逐步趋于稳定，经济和社会的现代化的步伐随之加快，客观上要求与之相适应的政治民主化，促使该地区可控民主的生成。经济增长对可控民主化的影响表现在诸多方面：

一是经济增长极大影响其政治文化的进程。在俄罗斯，该国在经历初期的经济阵痛后，经济步入增长周期，人均 GDP 从 1999 年的 1331 美元增长到 2005 年 5339 美元，2011 年更是达到 12939 美元。[②] 如此高的经济增长，使得更多人有机会接受高等教育，提高国民的整体素养，容忍多元思想的存在。他们不会盲从煽动家和极端主义分子的观点，更容易接纳可控民主政治。

二是经济增长会改变社会阶层的结构。在哈萨克斯坦，该国经

---

① 参见"民主危机出路何在?"，载《社会科学报》2014 年 4 月 17 日第 7 版。

② 参见俄罗斯联邦统计局 2012 年 1 月 31 日发布。

济已连续多年6%以上的高速增长，其经济发展的红利改善了国民的生活水平，扩大中产阶层的规模，容易形成“橄榄型”的社会阶层结构。这种结构有利于社会稳定，因为中产阶层是天生的民主派，他们与这一体制有着利害关系，他们倾向求稳，而下层阶层也能从国家发展中受益，上层阶层则更没有必要抵制可控民主。这样一来，社会的各阶层逐步认识到自己的利益并希望表达出来，他们要综合考虑商业、职业、地方、宗教等因素，能够识别残忍、腐败、低效率的政府，都希望国家有一个较平缓的政治变迁，易于实现可控民主化。

三是经济增长会影响国家与社会的关系，导致市民社会的出现。在俄罗斯，该国的经济增长，使得失业率下降，社会中的机会增加。市场经济本身教会公民自立、多元化、宽容，以及不要期望过高，所有这些都有助于维持民主制。加之政权逐步松动，允许批评性新闻、多党制和自由选举等，导致公民对政治权力的追逐趋淡，更愿意通过党派团体和非政府组织来解决问题，达成政治妥协，利于可控民主化的发展。

（四）文化影响

文化影响是可控民主化形成的内在动力。这里的文化不是一般意义上的文化概念，而是专指政治文化。美国学者阿尔蒙德指出，在某一个政治系统中，行为规范与模式必须适应这个国家的政治文化，一个国家的政治文化对社会行为和政治行为施加着独立的影响。① 那么，何谓政治文化？美国学者罗斯金将其概括为一个民族关于政治生活的心理学。② 中国学者王浦劬也认为，政治文化是特定社会政治关系的心理的和精神的反映。③ 阿尔蒙德的界定更为具体，他认为，“政治文化是一个民族在特定时期流行的一套政治态度、信仰和感情。这个政治文化是由本民族的历史和现在社会、经济、政治活动进程所形成”④。王绍光则从政治标的角度，把政治文化定义为，

---

① 转引［美］罗伯特·古丁、汉斯·克林格曼主编：《政治科学新手册》上册，生活·读书·新知三联书店出版社2006年版，第480页。

② ［美］迈克尔·罗斯金：《政治科学》，林震等译，华夏出版社2001年版，第130页。

③ 参见王浦劬：《政治学基础》，北京大学出版社1995年版，第355页。

④ ［美］加布里埃尔·阿尔蒙德：《比较政治学》，曹沛霖等译，上海译文出版社1987年版，第29页。

一国国民对各类政治标的物(自我、他人、民族、国家、政党、领袖、政策等)的特定认知方式、价值判断、态度、情感。①

由此可见,政治文化是人们对于政治生活的政治价值取向模式,包括政治认知、感情、态度、价值观等政治心理层次等要素,政治理想、信念、理论、评价标准等政治思想意识是其表现形式,与物质的政治系统是互动平衡关系。按照罗斯金的说法,政治文化可分为三种类型,即参与型政治文化、臣属型政治文化、地区型政治文化。在参与型政治文化中,人们知道他们是国家的公民,对政治非常关心,也愿意讨论它。他们对选举感到自豪,相信人们有参与政治生活的权力。他们活跃于各种共同体之中,常常是一个或多个志愿组织的成员。一个参与型的政治文化是保持民主制的理想土壤。在臣属型政治文化中,人们也知道他们是公民,并关注于政治,但他们是以一种被动的方式来卷入政治。他们听从政治新闻的宣传,对自己国家的政治体制并无自豪感,谈论政治不舒服,组织团体的现象也不普遍,对参加选举没有激情等。当人们习惯于把自己视为驯服的客体而非积极的参与者时,民主即难以扎根。在地区型政治文化中,人们从未感到自己是一个国家的公民,他们只认同身边事物,对国家政治体制没有自豪感,不关心政治,也没有参与政治生活的激情或可能性,对政治能力和政治功效毫无感觉,在既定的政治制度面前感到没有权力。在这种政治文化中发展民主是非常困难的,不仅需要新的制度,而且也需要一种新的公民情感。②

政治文化的表现方式是多种多样的,通常需要通过公民文化、政治容忍、政治妥协、自我表达价值等媒介体现出来。政治文化与可控民主化的关系密切,政治文化是可控民主化的动力基础,决定着可控民主化的发展方向;而可控民主化也在一定程度上丰富了政治文化的内涵。因此,要真正实现可控民主化,必须从以下方面入手:

一则必须使公民文化占据主导地位。因为只有在这种文化下,

---

① 参见王绍光:《民主四讲》,生活·读书·新知三联书店2008年版,第97页。

② 参见[美]迈克尔·罗斯金:《政治科学》,林震等译,华夏出版社2001年版,第133页。

公民才对自己充满自信，对他人愿意宽容，对政府有很多期待，知道自己不满意的时候可以抗议，也知道自己可以选择自己的政治领袖，对政治决策施加影响。[①] 例如，在吉尔吉斯斯坦，公民文化较为成熟。该国公民的民主意识较强，各种党派势力和非政府组织众多，活动频繁，时常通过宪法赋予的政治自由和言论自由的权利，举行各种游行示威表达自己的政治诉求，甚至不惜采取“颜色革命”等激进手段抗议政府，维护其利益。

二来必须要具有政治容忍的精神。可控民主化国家的公民要容忍不守成规，要乐于让别人过他们自己的生活而不加干涉，容忍别人直接反对自己的信念与原则，容忍甚至是怀有恶意或出于愚蠢的反对。[②] 只有当社会上大多数人都能接受基本的政治游戏规则时，可控民主政体才能运作。[③] 由此，俄罗斯、哈萨克斯坦等国的宪法明确规定，公民有集会和言论的自由，大多数民众对持不同政见者表现出较为容忍的态度，支持他们享有公民权利、言论自由、政治参与权利等，充分展现这种容忍精神。

三是必须要有政治妥协的意愿。可控民主国家的公民要乐于以妥协办法解决彼此的分歧，“因为没有妥协就没有民主，而有关各方如果不愿意妥协，就无法达成妥协的可能”[④]。在俄罗斯，杜马的任务就是制定出利益各方虽不完全满意但至少都能忍受的办法，如果问题少，就由他们直接制定；如果问题多，则通过各方代表协商制定。权衡利益各方的争议，从而形成政策，制定法律的过程便是政治妥协的过程。因此，政治妥协是俄罗斯民主程序的核心，任何在原则上认为该程序不适当的公民，是不会对俄罗斯政府感到满意的，也不会使它有所成就。

---

① 参见王绍光：《民主四讲》，生活·读书·新知三联书店 2008 年版，第 98 页。

② ［美］科恩：《论民主》，聂崇信、朱秀贤译，商务印书馆 1988 年版，第 188—189 页。

③ 参见王绍光：《民主四讲》，生活·读书·新知三联书店 2008 年版，第 101 页。

④ ［美］科恩：《论民主》，聂崇信、朱秀贤译，商务印书馆 1988 年版，第 183 页。

四是必须强调自我表达价值。因为它有利于迫使精英对公众负责、回应公众的需求和要求，并按游戏规则行事，有利于释放公众压力。[①] 在吉尔吉斯斯坦和哈萨克斯坦，公民较为看重个人自由和政治自由，积极支持对权威行为的挑战，容忍持不同政见者，对其生活基本满意等。

三　可控民主化的功能

可控民主化作为转型地区国家从集权主义向自由民主的过渡形式，是一个增量变革的过程。它以宪政民主为核心，以强总统、弱议会格局为制度基础，以政权党独大为结构基础，保留了选举制、议会制、多党制等民主的一般属性，同时强调集中国家权力的特殊性，体现为一种"刚性结构"[②]的民主政治特色，基本适应转型地区国家政治社会的现实诉求。具体表现为：

（一）宪政民主基本确立

可控民主化的本质是宪政民主。何谓宪政？在国外，美国学者格里芬指出："宪政是这样一种思想，正如它希望通过法治来约束政府并向政府授权。"[③]美国学者丹·莱夫认为："宪政指法律化的政治秩序，即限制和钳制政治权力的公共规则和制度。宪政的出现是约束国家及其官员。"但他认为宪政比"法治"、"法治国"更抽象，它意味着"受限制的国家，即官员的政治权力受可知的既定法律的约束。宪法概念至少假定国家和社会是有区别的甚至是对立的，没有这种区别和对立，就没有必要给国家设立法律程序"。[④] 美国学者卡尔·弗里德里希也认为："宪政是对政府的最高权威加以约束的各种规则的发展，成为一个主导的历史力量。这个概念有时意味着一套基本的和稳定的规则的发展，它分配最高权威和指

---

① 参见王绍光：《民主四讲》，生活·读书·新知三联书店 2008 年版，第 108 页。

② 参见许志新："可控的民主及其风险"，载《俄罗斯中亚东欧研究》2005 年第 5 期。

③ [美]格里芬："美国宪政：从理论到政治生活"，载《法学译丛》1992 年第 2 期。

④ 参见白钢等：《宪政通论》，社会科学文献出版社 2005 年版，第 2 页。

定政府的组织。有时它又意味着法律和规则而不是个人的权威支配政府。或者意味着一个规则实体的发展，它规定了权力的分离等。”①印度学者雷乔迪休里认为：“宪政是一种制度安排和较好的政治条件，诸如公民的基本权利宣言，普遍、平等、秘密的选举制，分权与制衡，代议民主制，多党制，两院制，联邦制，司法独立等。”②

在国内，中国台湾学者李亦园认为：“立宪主义一词所描述的是一个复杂而深植于历史经验中的概念，此概念将官员的行政权力隶属于一个更高的法律来管辖。”③中国学者李步云指出：“宪政是国家依据一部充分体现现代文明的宪法进行治理，以实现一系列民主原则与制度为主要内容，以厉行法治为基本保证，以充分实现最广泛人权为目标的一种政治制度。宪政这一概念包含三个基本要素，即民主、法治、人权。民主是宪政的基础，法治是它的重要条件，人权保障是宪政的目的。”④白钢等人认为，宪政是以宪法为前提、共和民主为内容、法治为载体、人权为目的的政治理念、政治形态和政治过程。⑤

简言之，宪政就其本意而言，只是一种限制权力专断的制度设计，同时又涵盖对个人权利的保障。而广义的宪政还包括任何一种以法治为精神理念的政治体制等。宪政的基本原则包括：一是民主原则。民主就是要求国家及其政权必须顺应通过宪法和法律表现出来的民意。特别是一个国家的“法上法”、根本法宪法，其制定必须以民意为基础，宪法的实施必须以民意为准绳，宪法的修正应当反映变化了的民意。二是权力制衡原则。西方法治国家普遍遵循分权制衡的宪政原则，以人民权利制约国家权力、以社会权力制约国家权力、以国家权力制约国家权力，人权进而得以保障，公共利益得以维护。

---

① 参见何华辉等：《市场经济与社会主义宪政建设》，武汉大学出版社1997年版，第3页。

② 转引张文显：“民主＋宪政＝理想的政治”，载《比较法研究》1990年第1期。

③ 参见李亦园：《观念史大辞典》，台北幼师文化事业有限公司出版社1987年版，第117页。

④ 参见李步云：《宪法学比较文集》，中国民主法制出版社1993年版，第2页。

⑤ 参见白钢等：《宪政通论》，社会科学文献出版社2005年版，第7页。

三是法治原则。法治强调在国家立法、执法、司法、监督与守法各个环节中,应当体现人民主权、法律面前一律平等、公正公平公开、自由等正义价值与原则。四是正当程序原则。遵循正当法律程序是作为行使公共权力者必须履行的义务,也是公民应当享有的、不可剥夺的宪法权利,无论是立法还是司法,违反这些程序性的标准,都视为无效。五是人权保障原则,即要求确立尊重和保障人权原则,审查和废除一切实质性限制和剥夺公民基本宪法权利的法律。

由此可见,宪政不仅具有综合性和系统性的特点,体现了人类对正义、自由、民主等价值理想的追求;而且宪政也具有结构性特征,是宪法、民主、法治、人权等实体结构与宪政规范、宪政体制、宪政文化等层面结构的相互交织和融合。此外,宪政还在宪法的创立、实施、实现和发展过程中具有动态性,随时面对社会的需求作出回应,并根据社会的发展而做出调整。

用这一概念来衡量地区国家的制度属性,得知在许多转型地区国家的民主演进中,基本上都确立行之有效的宪政制度。它一方面给人民提供广泛的政治参与、公平的政治交流和结合、定期的自由选举等权利和机会。另一方面又对政府设置规则化、制度化的限制,把国家权力分解为相对独立的立法权、行政权和司法权,并使三权分别由不同机关行使;设立不同形式的两院制,使决策过程更为慎重和受到制约;实行司法审查,由法官宣布违宪和法律无效与政令无效。这些规则化、制度化的限制在保护人的尊严和自由方面发挥重大作用。

对此,英国学者赫尔德一针见血地指出:“立宪国家公开或隐蔽地限制政治决策或国家决策,这种限制可能是程序性的,也可能是实质性的,或者具体规定决策与改变怎样才能作出(即程序主义),或者杜绝某些特定类型的改变(即实质主义)。立宪主义反映了国家行为的适当形式和适当限制,它作为一套理论和实践,奠定了自由主义的核心原则之一,即为了确保每个公民最大可能的自由,国家的活动范围和实际作为必须受到限制。”①这主要是因为“将全部社会力量集中于立法机构之手,是民主制度的自然趋势。既然立法机构的权力直接来

---

① [英]戴维·赫尔德:《民主与全球秩序》,胡伟等译,上海人民出版社2003年版,第53页。

自人民，所以它也分享人民拥有的一切大权”①。

譬如，在俄罗斯和中亚国家，苏联解体后，这些国家先后颁布新宪法，按照西方民主政治的普遍性原则建立宪政国家，各国宪法的共同点，就是在法制和世俗国家的基础上建立主权、单一制民主共和国，实行立法、行政、司法三权分立，议会行使立法权，总统组建的内阁行使行政权，法院行使司法权，三权系统在各自职能范围内独立行使职权，相互制衡，互相协作。总统作为国家元首、内阁主席、武装部队最高统帅，主要履行立法、外交、军事、人事任免、赦免、荣典等职权。宪法规定，总统每届任期五年，连任不得超过两届。至此，宪政民主形式上已在各国建立起来。

显然，可控民主化理念下的宪政制度，基本认同西方民主的价值取向，具备西方民主观的一般属性，在形式上也汲取和保留西方民主的合理内涵，客观反映了各国民主政治的现实，“它能够通过将现代化所促成的新的社会力量都吸纳到国家的控制之下，从而使政权更好地适应变化，同时还能让政权长久地存在下去”②。但不可否认，可控民主化下的宪政制度与自由民主观下的宪政制度还是有差异的。其根本不同在于，自由民主观下的宪政制度在形式和内容上是完全统一的，而可控民主化下的宪政制度的形式和内容则相互剥离，后者更倾向于精英治国的理念。这一点，从中亚各国20世纪90年代中叶开始的大规模修宪运动，渐次扩大以总统为核心的政府权力就可见一斑。同时，它也印证了转型国家的“民主化的实现主要是由上层推动的，而不是底层群众”③的推断。

当然，可控民主化下的民众参政，在时空维度上是受限的，只能局限于参加定期的选举，与选举无关的政治活动，诸如示威游行、政治请愿等基本没有话语权，要受到政治精英的操控。美国学者熊彼特曾断言，民主方式是为达到政治决定的一种制度上的安排，在这种

---

① [法]托克维尔：《论美国的民主》(上卷)，董果良译，商务印书馆2004年版，第173页。

② [美]霍华德·威亚尔达：《新兴国家的政治发展——第三世界还存在吗?》，刘青等译，北京大学出版社2005年版，第69页。

③ 同上书，第109页。

安排中，某些人通过竞取人民的选票而得到做出决定的权力。[①] 受此影响，执政的政治精英利用其手中的权力，大肆攫取和占有国家的各种政治资源。而在野的政治精英则利用金钱与舆论，攻击时弊，蛊惑民心，积极进行反对执政者的活动，以达到推翻现政府、自己掌权的政治目的。

（二）强总统、弱议会的特征明显

强总统和弱议会是可控民主化的现实写照。在传统西方民主政治中，立法、行政、司法三权分立，相互制约。把立法权与行政权分属于不同人手中，能有效防止权力的滥用，实现国家稳定。法国学者孟德斯鸠一针见血地指出："政治自由只有在限制政体中才能见到，但也不是经常存在的。它只有在不滥用权力的情况下才可能存在。历史经验告诉我们，有权者都是要滥用权力的。为了阻止权力的滥用，就必须考虑用权力来防止滥用权力。"[②]而在转型国家中，尽管三权分立的形式依旧，但三权分立制时常发生倾斜，总统权力明显放大，议会权力趋于萎缩，形成强总统、弱议会的局面。

以俄罗斯为例，该国实行总统制。俄罗斯在向可控民主化的转变过程中，各种政治势力相互争斗，使各国政治陷入严重困境，议会倒阁、街头游行、非法结社、武装暴乱等事件层出不穷。为挽救危局、实现政治民主化，俄罗斯调整三权分立的结构，把权力从分散型向总统权力集中。其目的是避免议会制的利益纷争、讨价还价、久拖不决的弱点。当然，这种权力结构安排不意味着俄罗斯又重新回归集权主义时代，而是希望通过扩大以总统为核心的政府权力，将可控民主的合法性趋于制度化和常态化。在可控民主化的影响下，俄罗斯依据其国情，将国家与社会仍保持着一定程度的分离，使权威政治基本上处在法制条件下运行，避免政治精英插手干预社会生活各个角落的现象发生。为此，俄罗斯确立总统权力、强力部门和行政系统的整体性强势地位，坚决打击任何对总统权力和国家权力的挑战，运用总

---

① [美]约瑟夫·熊彼特：《资本主义、社会主义和民主》，吴良健译，商务印书馆 1999 年版，第 396 页。

② [法]孟德斯鸠：《论法的精神》，张雁深译，商务印书馆 1963 年版，第 156—157 页。

统影响力控制议会,控制媒体、使反对意见难以表达等。① 同时,俄罗斯还加强中央对地方控制,打击分裂主义、极端主义势力,反对并控制寡头干预政治,制定政党法,改组政府和总统办公厅机构等。② 这些举措对俄罗斯形成强总统权力结构产生积极影响。

由于转型国家总统权力结构的强势,导致三权分立之一的议会权力无法正常发挥其应有作用。这在中亚各国可控民主化中表现尤为突出。这些国家的总统权力一般都过于集中,且职权范围广泛,而各国议会有名无实、形同虚设,难以有效制衡总统的权力。在哈萨克斯坦,哈宪法明确规定,总统可以确定议会选举,召集议会两院非例行的联席会议;当议会根据总统本人提议授予总统立法动议权时,总统可直接颁布法律;在议会对政府投票表示不信任、议会两次拒绝赞同对总统的任命、或由于议会两院之间以及议会与其他国家权力分支之间难以克服的分歧而引起的政治危机时,总统可解散议会。③ 吉尔吉斯斯坦宪法则突出了总统权力地位,规定总统有权提前召集立法会议、人民代表会议;确定立法会议和人民代表会议的选举,有权解散立法会议和人民代表会议;确定地方议会选举,有权解散地方议会;当议会两院或其中一院被解散时,总统可直接行使立法职能。④ 乌兹别克斯坦宪法强调,总统可参加议会会议,享有立法动议权,有解散议会的权力。⑤ 土库曼斯坦和塔吉克斯坦的宪法也都有总统居于政府和议会之上、拥有立法权、有权决定国家重大内外政策条款等。所有这些迹象表明,可控民主化下的总统与议会权力关系明显向总统权力倾斜的方向发展,严重挤压议会权力的生存空间,削弱议会在三权分立中的作用,使议会处于"充其量只不过是总统的橡皮图章而已"⑥的尴尬

---

① 参见许志新:"可控的民主及其风险",载《俄罗斯中亚东欧研究》2005年第5期。

② 参见李兴耕:"关于俄罗斯可控民主的若干思考",载《俄罗斯中亚东欧研究》2004年第5期。

③ 《哈萨克斯坦共和国宪法》,第44条第二款、第45条第二款、第63条第二款。

④ 《吉尔吉斯共和国宪法》,第46条第六款、第68条。

⑤ 《乌兹别克斯坦共和国宪法》第80、82、95条。

⑥ [美]玛莎·布瑞尔·奥卡特:《中亚的第二次机会》,李维建译,时事出版社2007年版,第8页。

境地。

（三）政党政治呈现出政权党独大格局

政权党独大是可控民主化的客观要求。政权党作为现代民主政治的表现形式，在可控民主化中扮演着重要角色。它代表一定的社会阶层、阶级、集团的利益，并领导、组织、动员民众参与政治活动，协调各政党的关系，通过竞选掌控国家权力。可以说，在可控民主的整个过程中，都能见到政权党的身影。倘若没有政权党参与的政治活动，政治精英就无法做到选民动员、政策诠释、利益协调、竞选上台等，政治民主也将陷入瘫痪状态。

由于历史原因，许多转型国家的政党政治都曾经历一个由单一执政党向多党制转变过程。在这一过程中，多党制所带来的政党之间为一己私利阻挠议案通过法令的事件不胜枚举，造成国家社会的动荡。为改变这种局面，一些国家通过不断修宪和调整相关法令，来强化政权党的功能，弱化其他政党在国家政治生活中的作用，使政权党在国家政坛上一枝独秀，十分活跃。俄罗斯的统一俄罗斯党、新加坡的人民行动党、乌兹别克人民民主党、土库曼民主党、哈萨克斯坦的祖国党、塔吉克斯坦的人民民主党等都是如此。这些政党最大特点，就是都有一套完整的党章和较成熟的治国方略，以明确党的性质、宗旨和任务，规定党的基本原则、组织机构和组织条例等，政党主席也由现任总统直接担任或受其领导。

在俄罗斯，统一俄罗斯党作为俄罗斯的政权党，声称明确支持普京总统的方针政策，强调强大的总统政权是政治稳定的保障和法制建设的牢固基石，主张实施行政改革，提高公民对国家的信任度。深化经济和司法等领域改革，实现国民生产总值翻一番的目标。提高国防能力，形成社会保障的有效机制，组成职业化军队，完善护法机构的工作，支持旨在提升俄罗斯国际地位与作用的对外政策等。在新加坡，人民行动党作为新加坡的政权党，主张从本国国情出发，把东西方优势统一起来，坚持为民执政理念，坚持务实主义态度和与时俱进精神，同时实施经济先行方针，有一整套东西方价值观结合的共同价值观、民主社会主义和资本主义结合的行动路线、议会民主和领袖治国结合的政治体制、法治和德治结合的社会管理体制等。其他国家的政权党也有类似的治国纲领。正因为各国政权党的地位、纲领及政策具有“天时、地利、人和”的优势，所以他们在各国的群众基础牢固、政治影响巨大，客观上造成了政权党独大的格局。

总之，可控民主化是在冷战后转型国家“第三波”民主化浪潮的基础上形成和发展起来的，在这一过程中，各国基本确立了宪政民主，凸显强总统、弱议会的权力特征，政党政治呈现政权党独大格局等，标志着转型国家的民主化方式已从暴力对抗转向和平过渡。针对这些国家的可控民主化现象，美国学者亨廷顿这样论述道：可控民主化国家是由民主的方式产生的，舍此无它。这些国家是通过谈判、妥协和协议而产生的。它们是通过示威、竞选和选举而产生的，是通过非暴力地解决分歧而产生的。它们是由政府和反对派中的政治领袖所缔造的，他们都有勇气向现状挑战，并使他们追随者的眼前利益服从于民主的长远需要。这些国家是由政府和反对派中的领导人，即那些抑制反对派激进分子和政府保守派的武力挑衅行为的领导人所创设的。这些国家是由政府和反对派中那些有智慧承认在政治上没有一个人可以垄断真理或美德的那些领袖们所创设的。妥协、选举和非暴力是第三波民主化的共同特征。在不同程度上，这些也是这一波民主化中绝大多数变革、转换和转移的特征。①

① ［美］塞缪尔·亨廷顿：《第三波——20 世纪后期民主化浪潮》，刘军宁译，上海三联书店 1998 年版，第 202—203 页。

第二章　中亚可控民主化的成长环境

中亚可控民主化是冷战后中亚民主化进程的必然结果。随着民主全球化的衍进，民主政治正成为中亚各国普遍认同的价值理想与治国方略，并在理论和实践上不断得以推陈出新，形成各具特色的制度模式。中亚可控民主化的出现，既是全球民主化浪潮使然，也是中亚政治变革的客观要求。当然，中亚可控民主化的形成与发展同中亚的政治、经济、社会、文化、国际等环境要素密不可分，它是中亚在特定历史条件下形成的一种政治模式。

第一节　政治环境

一　中亚传统政治社会的一元结构体制的确立

在中亚历史上，中亚各族曾先后建立过西突厥汗国、喀喇汗王朝、花剌子模王朝、帖木儿帝国、察合台汗国、昔班王朝、乌兹别克汗国等强大政权，形成了以汗王宗室为首，封建贵族、地主、商人及宗教上层等共同组成的一元化、中央集权主义的中亚宗法制政体①。据史料记载，公元12世纪后期，中亚的花剌子模王朝就已建立健全的封建等级制，该王朝的汗王宗室主要依靠赛伊德（自称先知穆罕默德后裔的人）、伊玛目和学者（乌列玛）、法官和行政长官、苏菲派教徒和归附他们的人、有势力的酋长们、从属于总督的官吏和军人集团、宗教战士（加齐）等人，构建起一个等级严密的统治集

① ［苏］加富罗夫：《中亚塔吉克史》，中国社会科学出版社1985年版，第161—163页。

团，维持王朝的统治。[①] 中亚宗法制政体的特征，就是王权至上，汗王宗室不仅拥有最高行政决定权，国家一切事务原则均听命于他们，还执掌国家最高军事统辖权，集军政大权于一身。同时，汗王宗室也是全国土地和财富的最高所有者，在经济上享有国家最大财富。这种政体正是苏联学者巴托尔德所指出的中亚传统政治社会的普遍规律："氏族的观念从私法领域转移到国家的法律领域。国家被认为是整个汗族的财产，因而把它分成许多封地。"[②]

19 世纪中叶后，沙俄征服中亚，并在该地区设立突厥斯坦总督区，任命突厥斯坦总督，沿用沙俄皇权制下的军政合一的体制进行管理。其主要手段包括：军政合一，并将权力集中于一人之手；尽可能促使该管理体制与沙俄其他地区的管理体制整齐划一；在基层的政权机构中建立选举制度；在这些机构中铲除有损于沙俄利益的制度；行政机构的建立与发展应合乎当地的需要，并对行政机构的权限加以严格规定；尽可能根据当地的情况将司法机关从行政机关中独立出来等。[③] 该军政合一的管理体制最大特点在于，总督区的总督不仅是该辖区的行政首脑，而且还是该区驻军的总司令，"享有广泛的权力，并有权进行军事行动和外交谈判"[④]。总督区下辖的各级首脑，均拥有军事和行政双重权力，对所在辖区进行网格化管理。通过这一军政合一的管理模式，沙俄可以把其中央集权统治模式移植到中亚地区，从而彻底摧毁该地区赖以生存的氏族部落制根基，牢牢掌控中亚的主动权。同时也有利于沙俄的法律制度与中亚法律体系的结合，从制度层面上巩固和扩大沙俄在中亚专制统治的基础。

苏联成立后，中亚成为苏联的一员，结束长达一千多年的封建专制统治。在苏联治下的七十余年里，由于苏联长期实行过度集中的计划经济体制，必然要求国家经济上和政治上高度集中统一的领导，

---

① ［苏］加富罗夫：《中亚塔吉克史》，中国社会科学出版社 1985 年版，第 245 页。

② ［苏］巴托尔德：《巴托尔德文集》卷一，莫斯科 1973 年版，第 330 页。

③ 参见孟楠：《俄国统治中亚政策研究》，新疆大学出版社 2000 年版，第 112 页。

④ ［美］加文·汉布里：《中亚史纲要》，商务印书馆 1994 年版，第 281 页。

并在实践中导致过度集权。尽管在历次苏联的政治改革中，赫鲁晓夫批判斯大林的个人迷信，勃列日涅夫批判赫鲁晓夫的个人专权，但他们又都重蹈前人的覆辙。苏联实行的过度集权的政治体制助长了个人崇拜、官僚主义、腐化和特权现象的出现，“极大地压制了个人对自由和共同参与的热情”①，使党和国家的领导干部日益脱离群众，社会主义的民主、法制和党的威信均遭到严重破坏，其政治合法性出现空前危机。作为苏联的一部分，中亚始终处在苏联一党制中央集权领导之下，政治上没有任何自主权，完全听命于苏联。直到 20 世纪 90 年代之前，“中亚地区的人民从来没有得到过任何政治参与的机会”②。况且，中亚传统集权主义与苏联政治统治模式在形式上又有许多相似之处，因而，原有中亚一些传统集权主义思想被保留下来，并在苏联可允许的政体框架内存在和延续。所有这些历史元素为中亚可控民主化形成均产生影响。

二　苏联戈尔巴乔夫“新思维”的冲击

十月革命胜利后，苏联布尔什维克党夺取国家政权，成为苏联执政党，联盟内其他所有党派均被取缔。作为前苏联的加盟共和国，中亚的哈、乌、吉、塔、土五个苏维埃社会主义共和国也成立以苏共为首的一党制政府。冷战后期，苏联综合国力不断下降，苏联共产党一党执政面临巨大考验。为扭转危局，戈尔巴乔夫上任后，开始着手对苏联进行全方位的政治和经济改革。改革期间，戈尔巴乔夫一方面推出一系列振兴苏联经济的改革方案，挽救疲弱的苏联经济，无奈苏联计划经济体制的拖累而积重难返，经济改革一时难以奏效。另一方面，戈尔巴乔夫加大对苏联政治体制改革力度。1987 年，他提出以“公开性”、“民主化”、“多元化”为主要内容的“新思维”，宣扬社会主义异化论，认为苏联社会主义制度是“被扭曲变形”的社会制度，要根本改革“整个社会大厦”。

---

① [德]恩斯特·岑皮尔：《变革中的世界政治》，晏扬译，华东师范大学出版社 2000 年版，第 3 页。

② [美]玛莎·布瑞尔·奥卡特：《中亚的第二次机会》，时事出版社 2007 年版，第 280 页。

戈尔巴乔夫认为,需要使整个苏联社会广泛地民主化,而且只有通过民主和依靠民主,改革本身才能实现。为了进行"根本而全面的改革","应当发挥民主的全部潜能"。为突出自己改革"民主化"特色,他极力盛赞"生活发生了重大变化"和发扬了民主。他指出:"真正的民主,包括自由选举、多党制、人权等正式确立。实实在在的人民政权正在复兴之中。作为劳动者同所有制、同他们的劳动成果发生异化的根源的生产关系在解体,社会主义生产者自由竞争的条件在形成。把一个过分集中的国家改造成为建立在自决和各族人民自愿统一基础上的真正的联盟国家,这项工作已经开始。对意识形态的专制统治已经为自由思考和公开性、为社会信息开放化所取代。新政治思维有助于我们对周围世界刮目相看并进行现实的评估,有助于我们在对外政策方面放弃对抗的做法。苏联已经成为一个对世界开放、愿意合作的国家,一个不会引起恐惧、只会受到尊重和支持的国家。"①在谈到"公开性"时,他提出"让公开性大放光明"的口号,他说:"我们要力求在社会生活的一切领域有更多的公开性";"我们需要公开性就像需要空气一样",扩大公开性"是党的原则立场","苏联生活方式的准则","没有公开性,就没有也不可能有民主。而没有民主,就没有也不可能有现代社会主义"。他强调:"我们现在比以往任何时候都需要光明正大一些,以便让党和人民知道一切,使我们这里没有又开始发霉的阴暗角落,没有我们现在与之进行坚决斗争的所有现象重新滋长的地方。我们离这场斗争的结束还很远。因此需要多一些光明正大。"②戈尔巴乔夫的新思维还倡导全面民主化和社会主义多元化,即政治、经济和思想的多元化。新思维认为"全人类的利益高于一切",主张"人道的、民主的社会主义"思想路线。其目的是旨在"保持略有改变的苏共中央和党在整体上的领导作用的条件下,解决党派政治多元论。"③

---

① [俄]米·谢·戈尔巴乔夫:《戈尔巴乔夫回忆录》(上册),述弢等译,社会科学文献出版社 2003 年版,第 654 页。

② 参见曹长盛:《苏联演变进程中的意识形态研究》,人民出版社 2004 年版,第 175—177 页。

③ [俄]叶夫根尼·普里马科夫:《大政治年代》,焦广田等译,东方出版社 2001 年版,第 56 页。

在戈氏新思维的指导下，苏联改革逐渐背离社会主义的方向。1989年，苏联进行第一次全国人民代表大会的人民代表选举活动中，一批“激进派”代表进入苏联的最高权力机关，他们公开提出取消苏联宪法第六条关于党的领导地位的内容，并组织大规模的集会和示威游行，要求修改宪法第六条，赢得许多人的支持，严重削弱苏共的领导地位，党内已明显分裂成不同派别。1990年苏共中央二月全会及随后的三月全会作出了关系到苏联党和国家命运的若干重大决定：修改苏联宪法，取消苏共法定领导地位，把政权转交苏维埃；准备实行多党制；设立国家总统职位，根据这一决定，戈尔巴乔夫成为苏联第一任总统。7月，苏共二十八大通过《走向人道的、民主的社会主义》纲领性声明、党章和一系列决议，在肯定中央二月和三月全会决议的基础上，进一步提出：经济上取消占主导地位的社会主义公有制，实行生产资料“非国有化和私有化”，国家不直接参与经济活动，实行“完全的市场经济”。意识形态领域实行多元化，放弃马克思列宁主义的指导地位。对外关系方面，本着外交为内政服务的原则，由争霸战略转向缓和国际紧张局势，实现全球战略退却等。由此，苏联拉开了政治社会化运动的序幕。

政治社会化的概念源自于20世纪初期的美国行为主义政治学，主要是通过对政治过程与政治系统、政治行为与政治态度的研究，把政治生活看作一个整体的循环系统，其中包括输入、输出、反馈等环节，依靠人为努力来加以控制。① 后经美国学者伊斯顿、丹尼斯、道森、普雷维特等人的努力，形成政治社会化理论。目前，有关政治社会化的界定，学界存在一定的分歧，美国学者道森和普雷维特指出：“政治社会化是公民能够对政治世界取得认识的过程，是通过代代相传的方式延续其政治准则和价值标准的过程。”②而美国学者伊斯顿和丹尼斯认为，政治社会化是个体获取政治意识和政治行为的渐进过程③。美

① 参见高峰：《美国政治社会化研究》，首都师范大学出版社2004年版，第73页。

② Dawson and Prewitt, Political Socialization, Boston: Little Brown, 1969, p. 4.

③ D. Easton and J. Dennis, Children in the Political System, New York: Magraw Hill, 1969, p. 7.

国学者格林斯坦也强调，政治社会化是一些从属于政府的教育机构对于政治知识和价值标准所做出的灌输性的行为[①]。中国学者王浦劬也认为，政治社会化是人们在特定的政治关系中，通过社会政治生活和政治实践活动，逐步获得政治知识和能力，形成和改变自己的政治心理和政治思想的能动过程。[②]

可以肯定，尽管学界在政治社会化的诠释上存在分野，但他们普遍认为，政治社会化是一个社会内部政治取向与社会模式的融合、传播和继承的过程，是个体通过社会化途径逐步形成政治理念和政治行为的过程。[③] 也就是说，它是“对政治态度和社会习性的学习”[④]过程。王浦劬指出，政治社会化是人们从事政治实践的过程，是人们成长为政治人的过程，是人们认识政治和政治文化的传习过程的统一，是人们主客观相互作用和不同政治社会化阶段相互作用的过程。[⑤] 具体可从这样几个方面来表述，一是政治社会化是个人学习、接受并建立其政治取向、行为模式和政治人格的过程和方式，即通过学习和内化形成个人在政治系统内扮演某种政治角色时所必需的态度、信仰、知识。二是政治社会化是一定政治系统的教育或训练过程，其重点将政治系统内所认同的政治行为规范和取向模式通过教育的方式传授给个人的过程。三是政治社会化是某种特定的政治行为和取向代际相传的过程。政治社会化一般要通过社会化的机构来实现，这些机构主要包括：家庭、学校、伙伴群体、大众传媒、政府等。[⑥] 一些学者在此基础上，又将政治社会化的机构分成家庭和同龄群体的初级群体[⑦]，学校、政

---

① 参见高峰：《美国政治社会化研究》，首都师范大学出版社 2004 年版，第 76 页。

② 参见王浦劬：《政治学基础》，北京大学出版社 1995 年版，第 357 页。

③ 高洪涛：《政治文化论》，中国广播电视出版社 1990 年版，第 46 页。

④ [美]迈克尔·罗斯金：《政治科学》，林震等译，华夏出版社 2001 年版，第 142 页。

⑤ 参见王浦劬：《政治学基础》，北京大学出版社 1995 年版，第 357—359 页。

⑥ [美]迈克尔·罗斯金：《政治科学》，林震等译，华夏出版社 2001 年版，第 143—145 页。

⑦ 参见高峰：《美国政治社会化研究》，首都师范大学出版社 2004 年版，第 93 页。

党、教会及工会等的次级群体①，报纸、杂志、电视、网络等的大众传播媒体三种形式来运作。

政治社会化的功能，一方面是训练个人。政治社会化给每个人灌输政治系统流行的价值，把个人与系统连结起来，个人期望从政府得到既定的东西，也知道什么是可期的：遵守法律、参加地方大众事务、在选举日参加选举。另一方面是支持政治系统。通过教育社会成员遵守系统规则，履行应承担的角色，有助于维持政治系统与政府的运作，使其合法化。大部分人遵守法律，接受不同角色的互动，以保持系统的正常运转，使其成功按照应有的方式进行统治。② 一句话，政治社会化，不仅可以激发民众的政治参与热情，而且还可推升政党组织或派别的生成。

运用政治社会化理论的逻辑判断，苏联的政治社会化运动，是在戈尔巴乔夫"新思维"的诱导下展开的，得到苏联社会各界的广泛响应，呈现出一幅18世纪法国大革命的政治图谱。它就像法国学者托克维尔所描述的法国大革命一样，"激发了传播信仰的热望，掀起一场宣传运动"。由此，"它终于带上了宗教革命的色彩，使时人为之震恐；或者不如说，大革命本身已成为一种新宗教，虽然是不完善的宗教，因为既无上帝，又无礼拜，更无来世生活，但它却像伊斯兰教一样，将它的士兵、使徒、受难者充斥整个世界"③。这场运动不断唤起苏联民众的政治热情和参政的积极性，推动苏联国内政党组织的活跃，一时间在苏联各地社会舆论解禁，各种政治社团大量涌现。统计资料显示，1987年12月，苏联各地有3万个非政府组织，1989年2月增至6万个，1990年突破9万个。④ 到1989年，全苏发生5300次集会，有1260万人次参加；1990年1—2月，举行的集会达到1500

---

① ［美］卡扎米亚斯：《教育的传统与变革》，福建师范大学教育系等译，文化教育出版社1982年版，第241页。

② ［美］迈克尔·罗斯金：《政治科学》，林震等译，华夏出版社2001年版，第142页。

③ ［法］托克维尔：《旧制度与大革命》，冯棠译，商务印书馆1992年版，第53页。

④ 参见赵常庆：《"颜色革命"在中亚》，社会科学文献出版社2011年版，第32页。

多次，参加人数达 7000 万人次。[①] 仅在俄罗斯联邦就出现了俄罗斯民主党、俄罗斯社会民主党、俄罗斯立宪民主党等数十个党派组织。

这些政治社会团体利用俄罗斯民族对自己处境的不满，打出“复兴俄罗斯”的口号，利用俄罗斯人民的爱国主义感情，以达到自己的政治目的。有的派别甚至鼓吹俄罗斯为了自己的生存与发展，必须以自己为中心，向中央夺权，至于未来走向何方完全可以不顾。还有一些诸如爱沙尼亚人民阵线、基督教民主党等鼓吹在苏联建立为人民负责的国家，把政治权力转移到多党自由竞争的苏维埃，瓦解共产党对权力的垄断。俄罗斯民主党主席特拉夫金就说过，完全可以不考虑社会主义原则。[②] “一场怒气冲冲的斗争业已展开：粗暴的指责、攻讦、辱骂和诽谤盛行，众目睽睽之下公然抖露阴私。”[③]它们中的许多是反共反社会主义的政治组织或者是鼓吹国家分裂的民族主义组织，它们有纲领、有组织，还有出版刊物，并以一种特殊的方式“玩大政治”[④]，鼓吹非马列主义的意识形态，诋毁社会主义，攻击时弊，严重动摇苏共占绝对主导地位的马列主义意识形态，也“未能实现经济改革和社会民主化”[⑤]。1990 年在苏联的“多党制”问题争斗最激烈的时候，莫斯科出现大规模空前示威游行，同时俄罗斯联邦有 140 多个城市发生 220 场群众集会，他们的口号直指戈尔巴乔夫，并要求苏共下台。当时苏共政治局会议讨论此事时，时任苏共中央意识形态委员会主席的梅德韦杰夫得出群众担忧和批评情绪提高、会由支持改革和戈尔巴乔夫，转而反对党和国家领导人的结论。[⑥] 至

---

① 参见宇剑：《超级大国的裂变——从戈尔巴乔夫到叶利钦时代》，红旗出版社 1993 年版，第 95 页。

② 参见赵常庆等：《苏联民族问题研究》，社会科学文献出版社 1996 年版，第 187—188 页。

③ [俄]米·谢·戈尔巴乔夫：《戈尔巴乔夫回忆录》(上册)，述弢等译，社会科学文献出版社 2003 年版，第 384 页。

④ [俄]尼·雷日科夫：《大国悲剧——苏联解体的前因后果》，徐昌翰等译，新华出版社 2008 年版，第 10 页。

⑤ [俄]叶夫根尼·普里马科夫：《大政治年代》，焦广田等译，东方出版社 2001 年版，第 56 页。

⑥ 参见左凤荣：《戈尔巴乔夫改革时期》，人民出版社 2013 年版，第 311 页。

此，统治苏联长达七十年的苏共瓦解，其政治体制和政党制度发生激烈变革，苏联政党政治进入多元化时代。

受这一民主化浪潮的影响，中亚各国也形成一条以“人道的、民主的社会主义”纲领为基本内容的国家政治发展方针，公开声称和过去的“极权的、官僚制的社会主义决裂”，以“自由的、人民的公民社会”取代“斯大林模式的社会主义”。一些地方的“舆论工具已不完全听从中央的指示，宣传教育逐渐丧失了团结人民的应有作用，有时甚至走向相反的方向，成为煽动民族不和的工具”①。五国确立建设民主和法制国家的方向，各国政党制度从过去共产党一党专制转变成多党制，各国宪法都规定在国内可以建立不同派别的政党和社会政治组织，各种不同政治主张的政党和社会组织纷纷登上政治舞台。这为苏联解体后的中亚可控民主化的形成创造了条件。

第二节　经济环境

一　中亚国家的经济发展战略

中亚五国独立前，由于受原苏联计划经济体制影响，各加盟共和国生产力分布的配置完全是从全联邦的总体布局出发来承担分工义务的，基本上是苏联的原料供应地，经济完全依赖苏联。这直接导致中亚社会生产力水平和社会经济基础相对落后，经济结构畸形，工业则主要以矿山开采和农副产品加工为主。直到中亚国家独立初期，传统计划经济的惯性依然在各国经济运行中潜移默化地发挥作用。为改变这种局面，中亚各国根据自身区位和资源特性制定新的经济发展战略。

在乌兹别克斯坦，乌政府首先在乌兹别克斯坦实行非国有化与私有化，建立混合型的多种成分的经济。按照乌兹别克斯坦非国有化与私有化法规定，乌兹别克斯坦公民、共和国公民组成的非国家法人、外国法人和自然人都可以成为非国有化和私有化的主体。他们有权购买实行非国有化与私有化的财产，参加投标、拍卖活动。乌的

① 参见赵常庆等：《苏联民族问题研究》，社会科学文献出版社 1996 年版，第 208 页。

非国有化和私有化先从商业、饮食服务业开始，然后在中小型企业推广。其次，乌政府改变过去单一式的经济结构，增强自力更生能力。为此，乌政府要求改建乌的经济部门与地区的产业结构、进出口结构，把发展能源、加工工业、农业、日用消费品生产放在优先地位，尽快改变国家目前以低价位出口原料、初级产品，高价位进口工业成品、食品、日用消费品的不合理的经济结构。第三，乌政府还通过加强宏观调控，克服经济生活中的混乱和无序状态。在经济体制转轨过程中，乌政府强化国家和企业之间的关系，力图在政府和企业之间建立起合作伙伴关系。重视国家在制止生产下降、控制通货膨胀、抑制失业人口增加、保证支付平衡、防止贫富分化等方面的主导作用。第四，乌政府改革对外经贸体制，寻求国际经济技术合作。① 乌通过颁布《乌兹别克斯坦共和国对外经济活动法》、《乌兹别克斯坦共和国外国投资法》、《共和国总统关于鼓励外经活动、吸引和保护外贸的措施的命令》等一系列法规，扩大对外经贸活动的法规，乌兹别克斯坦外经外贸活动呈活跃势头。

在哈萨克斯坦，为实现哈萨克斯坦全面现代化，哈政府提出其经济发展战略：建立独立、开放、自由的市场经济，制定和实现保障稳定的经济竞争力的整体战略，适度控制经济增长，保持哈经济持续、稳定发展；将注意力集中到俄罗斯、中国、中亚、波罗的海和黑海地区的市场上，使哈变成中亚的“地区火车头”；改造经济结构，加大石油加工和石油天然气领域基础设施建设、冶金和金属成品的生产，致力发展轻工业、食品工业、某些机器制造部门、技术密集型部门等进口替代型产业，以及服务业和旅游业等，实现经济多样化；根据哈在地区经济与世界经济中的新作用，相应发展现代化基础设施，包括交通运输、邮电通讯作为其优先发展的部门，积极参与世界市场竞争；进行现代化教育和职业再培训，建立“头脑经济”②基础，利用新工艺、新思想和新观点，发展创新经济；集中国家控股公司的经营注意力，对其工作进行组

---

① 参见万春生：“乌兹别克斯坦：政治经济改革的理论与实践”，载《东欧中亚研究》1996 年第 6 期。

② http://www.xjftec.gov.cn/Family/zhongyaxinxiTL/hasakeST/hasake ST-Guojiagaikuang/4028c2841bb21971011bd3a1ddcd0798.html.

织，使其符合国际标准；在自由化条件下稳定金融系统，提高竞争力水平；实施旨在推广高技术工艺和支持创新的国家统一战略；组织展开经济增长和具有竞争力的地区中心的工作；吸收和有效地利用外资，在国有私营合作伙伴关系基础上发展战略基础设施，并提高该领域的管理质量；继续扶持中小经营者，丰富消费品市场。

在塔吉克斯坦，为保持经济的稳定增长，依凭塔特殊的地理位置和特性，塔政府制定以市场经济为基础，稳步发展，提高人民生活水平的经济政策，并实施一系列的社会经济发展计划。通过大力发展轻工业，引入现代化生产工艺和国际先进的管理经验，对现有生产企业进行综合整改，保障合理利用资源。对存在问题的企业，责令经贸部、财政部、税务部等政府部门进行综合整治，采取措施保证企业利润和生产具有竞争力的产品，必要时将其整改意见提交政府以法律形式限定。通过制订国家农产品加工和出口发展计划、园艺和葡萄种植恢复和发展计划、养蜂业恢复和发展计划等，以扩大农产品的加工和出口。通过国际合作，有效开发水利资源，修建和改造大型水电站、输变电线等。①

在吉尔吉斯斯坦，吉政府主张向市场经济过渡的社会经济发展模式。具体包括：自由选择经营方式，各种所有制一律平等，不可侵犯，每个人都是自己命运的主人；国家应努力按其专业技能、受教育水平和经验等为公民提供平等获得生产资料的可能性，为居民提供在各种所有制企业的就业岗位，企业也需为国家承担义务；经营主体收入越多，所承担的社会义务也就越多，充分的经济自由与经济责任成正比；社会主义不应在收入和分配方面搞平均，收入和分配应有法律原则；法律的执行要由国家力量予以保证；不存在人剥削人是一种标准的社会现象，在何种所有制成分中工作并不能证明某人是否受剥削，国家法律中应规定标准制度和劳动报酬，并以此确定所有者与工人之间的法律关系。②

在土库曼斯坦，为使土库曼斯坦成为一个社会经济指标达到世

---

① http://www.mofcom.gov.cn/aarticle/s/200609/20060903082528.html.

② 参见赵常庆：《中亚五国概况》（东方文化集成），经济日报出版社1999年版，第135页。

界水平、保证土居民生活达到高标准的迅速发展的强国，土政府制定了国家经济发展战略，通过经济高速增长、推广新工艺和新生产方式以及提高劳动生产率，保持其经济独立与安全，不断提高人均国内生产总值水平。[①] 加快具有高度投资积极性和增加生产性项目的建设，大力发展电力工业，改建现有发电站，建设新电站；大规模地进行地质勘探工作，增加石油天然气开采量；通过综合有效地利用丰富的原料资源，建立一个生产氯化钾、硫酸钾、苛性钠和氯的化工综合体，提高各种矿肥和主要化学产品的产量；提高机器制造和冶金加工产品的总产量，进一步发展纺织工业、建材工业、交通运输业、通讯业、农产品加工、种植业和养殖业等。

综上所述，中亚国家的经济发展战略，尽管其形式和内容的侧重点有所不同，但基本上都是围绕着以下方面展开的：以市场经济为取向的宏观经济与微观经济政策措施，立足于引进市场机制；加快科技进步和科技成果向生产力转化政策，鼓励企业提高生产工艺和增加技术含量高的制成品出口；调整产业结构、加快产业结构升级政策，重点是对工农业生产结构的调整；强调地缘经济的重要性，加强区域经济合作政策，积极参加地区内的经济一体化进程，促进中亚共同体的成长，摆脱对俄罗斯的依赖；[②]并通过实行私有化和自由化经济政策，以解决计划经济模式向市场经济的转型，调整与独联体的经济联系，向国际市场开放，最终实现中亚国家经济的成功转型。

二 中亚经济多元化的形成

在经济改革推动下，中亚各国的集体农庄整体消失，大批国有企业被强制私有化，国有资产大量流失，国家经济所有制成分的比例严重下降。在哈萨克斯坦，哈政府将国家的大型经济实体，包括矿山开采、化学和冶金企业的管理交给外国公司，然后将这些企业进行私有化。[③]

---

① http://euroasia.cass.cn/news/132894.htm.

② 参见朱新光："中亚共同体：成长与挑战"，载《新疆社会科学》2006 年第 4 期。

③ [俄]罗伊·麦德维杰夫：《无可替代的总统纳扎尔巴耶夫：哈萨克斯坦腾飞的组织者和欧亚方案的倡导人》，王敏俭等译，社会科学文献出版社 2009 年版，第 27 页。

有4500多个经济实体被私有化，其中包括近500个国营农场。[①] 哈萨克斯坦集体农庄和国营农场的部分土地和财产被按份瓜分，许多土地被转卖给私人或出租，国营农场和集体农庄劳动者收入急剧减少，不少人离开哈萨克斯坦，农村地区出现失业现象。[②] 在乌兹别克斯坦，1995年，乌83%的国有企业已实现非国有化，其中，工业企业达2500个、建筑行业达4100个、商业达92%。还建立了4500家股份公司。乌兹别克斯坦政府明确规定大中型企业的股份分配比例为：国家占26%，职工占25%，投资基金会占30%，自由出售占19%。另外，乌绝大部分国营农场也被改造成非国有制企业，已成立了2万个私人家庭农场或合作农场。这些经济组织形式有更大的独立自主权，有单独的银行账户，可直接与农产品采购单位和组织订立合同。

在吉尔吉斯斯坦，1992年，吉尔吉斯斯坦开始借助“特殊支付手段”，实施群众性的私有化规划，以保证每个公民都有权拥有一部分国家财产。1993年，吉尔吉斯斯坦有86.7%的贸易和大众食品企业实施私有化，而在日常服务行业这一指数达到97.2%。1995年，吉尔吉斯斯坦国有资产非国有化或私有化所占比例为：工业领域为53.8%，农业领域为37.3%，建造业为42%，交通运输业为34.6%。1998年，吉尔吉斯斯坦私有经济在工业、商业、建筑业和运输业所占比重分别为87%、97%、57%、55%。[③] 2002年，吉尔吉斯斯坦共有6369家国有企业或设施改变了所有制形式，“私营中小企业占GDP的80%，93%的农业产值也来自私营企业”[④]。在塔吉克斯坦，“从1991年到2003年末，有7500家公司完成了私有化”[⑤]。国有经济丧

① [俄]罗伊·麦德维杰夫：《无可替代的总统纳扎尔巴耶夫：哈萨克斯坦腾飞的组织者和欧亚方案的倡导人》，王敏俭等译，社会科学文献出版社2009年版，第25页。

② 同上书，第176页。

③ 参见焦一强：《从“民主岛”到“郁金香革命”：吉尔吉斯斯坦政治转型研究》，兰州大学出版社2010年版，第193页。

④ 参见吉尔吉斯斯坦发展门户网：《2002年的中小商业活动》，http://eng.gateway.kg/business_small.

⑤ [美]玛莎·布瑞尔·奥卡特：《中亚的第二次机会》，李维建等译，时事出版社2007年版，第132页。

失垄断地位，小农经济和中小企业取代国有经济，成为中亚经济的主导者，中亚经济所有制呈现多元化格局，并催生各种形形色色的经济利益集团和行业协会。

鉴于这些利益集团和行业协会的经济地位和利益诉求不同，它们的政治信仰和价值观势必存在较大差异，难以形成统一的政治表达共同体，却为可控民主化的形成培育了天然沃土。所以，中亚经济私有化的实际结果不是真正过渡到稳步增长的市场经济，不是保护私有财产的制度，从而建立民主政体的经济基础，而是强化了基于各国政府与商业领域密切联系的当权者地位，形成中亚治理的制度基础。诚如美国学者福山所言："意识形态的变化会影响社会经济结构，特定社会经济结构的变化也将导致意识形态发生变化。"①所有这一切都有助于中亚可控民主化的生成。

第三节　社会环境

一　社会结构分裂

从系统论角度看，社会是一个相对于自然界而独立的系统。它是由相互联系、相互作用，具有一定数量、执行一定功能的社会要素构成的，并按照既定的一套行为规范，调整人们之间的关系，规定和指导人们的思想和行为方向，以维持社会的和谐稳定。社会结构作为社会整体性的表现形式，它是由社会诸要素及其相互关系，按照一定的秩序所构成的相对稳定的网络，其中包括实体性社会结构、规范性社会结构和关系性社会结构等。美国学者彼得·布劳的结构理论指出，社会结构状况实际上是由个人所组成的不同群体或阶层在社会中所占据的位置，以及他们之间所表现出来的交往关系来决定的。按照此定义，社会结构状况可以由一定的结构参数来加以定量描述，它一般分为类别参数（如性别、宗教、种族、职业等）和等级参数（如收入、财富、教育、权力等）两种类型。它们可以相互交叉，也可以相互合并，从而使社会结构的类型复杂多样。

关于社会结构分裂，一些学者认为，是指社会发展过程中，社会

---

①　［美］弗朗西斯·福山："历史的未来"，载《外交》（美）2012年第1期。

结构要素产生新的差异的过程。它可从两方面理解：一是社会异质性增加，即结构要素如地位、群体、阶层等类别增加。二是指社会不平等的程度变化，即结构要素内部之间的差距扩大。[①] 社会结构整合与关系协调正是针对要素分裂产生的异质性超越原有规范而提出的，是通过各种方式，将社会结构不同的构成要素、互动关系及其功能结合为一个有机整体，从而提高社会稳定运行程度的过程。

德国学者哈贝马斯在分析现代资本主义社会政治领域和私人领域分离的过程时，把私人领域和公共领域分为私人领域（市场经济）、公共领域（市民社会）、公共权力领域（政治国家）三个部分，它们分别提供现代社会的三种整合媒介：货币、团结和权力。其中，公共领域指非官方的民间组织或机构构成的私人有机体，它包括团体、俱乐部、党派、沙龙、报纸书籍等。公共领域实际上就是社会文化生活领域，它为人们提供讨论和争论各种公共利益的场所。私人领域、公共领域、公共权力领域这三个向度各有其存在的根据和运行逻辑，从而在动态的相互交往中建立稳定的社会结构。

社会结构不断分裂与整合，是转型国家社会发展的主要内容和根本动力。社会结构越复杂，社会异质性程度就越高，社会分裂与整合就越频繁。社会转型就是社会结构在分裂—整合—再分裂—再整合的循环中不断发展，曲折前行的。因此，社会结构分裂的合理性是确保社会良性运行的首要点，而社会良性运行的稳定性又是维持社会稳定的前提。社会要素越多，社会异质与不平等就越大，而社会整体结构的合理性与社会良性运行的稳定性的维护也就越重要。

当然，社会结构分裂与政治意义上的分裂主义有本质区别。政治层面的分裂主义，指为破坏国家领土完整，包括把国家领土的一部分分裂出去或分解国家而使用暴力，以及策划、准备、共谋和教唆从事上述活动的行为。分裂主义是一种政治行为，其核心推动力是来自该国具有领土认同、群体认同和文化认同的少数族群，手段包括政治诉求、暴力恐怖、武装对抗等，目标是构建独立国家，其表现方式是

---

① 参见张树华："转轨期俄罗斯社会的分层与结构转型"，载《东欧中亚研究》1997 年第 4 期。

单方面宣布独立，分离成功的标志是为国际大多数国家正式承认并成为联合国正式成员。由于地理环境封闭、文化差异、中央权威不足或衰落、外部势力介入等因素的影响，当今具有分离或分离倾向的民族数目众多，几乎涉及国际社会的所有成员，堪称国际社会的一大诟病。①

二　中亚社会结构的分裂与整合

结合中亚社会环境，不难发现，中亚可控民主化与中亚社会结构分裂有着千丝万缕的联系。中亚是一个民族和宗教都非常复杂的地区，哈萨克族、吉尔吉斯族、乌孜别克族、塔吉克族、土库曼族是中亚的主体民族，主要信仰伊斯兰教等。在长期历史演变中，中亚各民族相互交流、不断融合，形成以王朝、宗教和地区原则为基础的游牧文化及政治的社群形态。② 这一社群形态虽经苏联社会主义改造，但以血缘为纽带的宗族、部族、民族等观念始终未发生根本改观。因为"当某个社会不是以个人为中心而且缺乏公民方式的结合体，人们就会使用族裔归属，充当最用得上也最可理解的群体团结方式，并充当达到各种目的的工具"③。所以，"他们比其他民族更为成功地抵住了与俄罗斯人文化与生物相互依存的影响，保持了其民族特性"④。

独立后，中亚各国原有以苏联各民族人民的社会政治共同体、经济共同体、文化共同体、族际共同体为一身的"新的历史性共同体——苏联人民"⑤身份消失，代之以宗教、种族、语言等为主导的多元社会形态逐渐显现，加之中亚地区间经济社会发展不平衡，中亚游牧社会形态不可避免地发生分化，形成具有中亚本土特色的社会分

---

① 参见杨恕："分裂主义产生的前提及动因分析"，载《世界经济与政治》2011年第12期。

② ［俄］瓦列里·季什科夫：《苏联及其解体后的族性、民族主义及冲突》，姜德顺等译，中央民族大学出版社2009年版，第54页。

③ 同上书，第516页。

④ ［美］罗伯特·康奎斯特：《最后的帝国——民族问题与苏联的前途》，刘靖北等译，华东师范大学出版社1993年版，第33页。

⑤ 参见赵常庆等：《苏联民族问题研究》，社会科学文献出版社1996年版，第252—256页。

裂结构现象。在哈萨克斯坦，由于社会结构的变化，出现新的社会团体和阶级，所有制形式和体系发生改变，出现新的经营活动，包括个体老板、企业主、小工厂和小店铺的老板、拥有房地产和宾馆的大老板、石油和矿业大亨，以及开办贸易公司、医院、银行、保险公司的经理等组成的新阶层，开始形成和壮大。① 这种现象在中亚其他国家也相当普遍。

由于中亚社会裂变结构之间相互隔离，一旦“此类现象在各阶级内部继续发生，各阶级内部就会出现特殊的小集团，它们彼此孤立，就像各阶级之间的情况一样，这时可能构成一个同质的整体，但其各部分之间再也没有联系”②。中亚的这种多元利益和文化群体的出现，在一定程度上改变传统的社会分裂向度和烈度，对中亚社会来说，其分裂性要小多了，这就客观上软化中亚社会分裂和冲突的基础。鉴于此，中亚社会中的主体民族与非主体民族、官僚阶层与市民阶层、不同部族之间、宗教势力与极端主义者等各种利益集团，根据彼此间的地位、作用及相互关系，围绕这一社会分裂结构，从各自需求利益出发，纷纷建构和整合反映该分裂结构的组织，积极参与对中亚各国的国家资源、诸如配置性资源和权威性资源的争夺，从而形成中亚的私人领域、公共领域和公共权力领域，以体现他们的政治身份和话语权。这里的配置性资源指对物质工具的支配，涵盖物质产品以及在其生产过程中可以予以利用的自然力。而权威性资源指对人类自身的活动行使支配的手段，涵盖行政权力等。

美国学者奥卡特在对独立以来的中亚社会结构进行研究后发现，该地区的社会分裂结构很复杂，“存在着各式各样利益群体，主要包括：来自总统身边的人，他们感觉选择继任总统损害了自己的利益；被抛弃的前苏联统治精英及其子女，其中许多人已经积聚了经济资源用以推动自己的夺权事业。除此之外，还有其他精英人物的残

---

① ［俄］罗伊·麦德维杰夫：《无可替代的总统纳扎尔巴耶夫：哈萨克斯坦腾飞的组织者和欧亚方案的倡导人》，王敏俭等译，社会科学文献出版社 2009 年版，第 177—178 页。

② ［法］托克维尔：《旧制度与大革命》，冯棠译，商务印书馆 1992 年版，第 174 页。

余力量。国家独立曾经给这些人带来新的经济和政治机会，但他们却是现在的落魄者。这类精英包括具有世俗和宗教倾向的两类人物。因为在权力斗争中可利用的工具不同，中亚各国中反政府力量的构成使彼此之间差别很大。多数反政府力量都把全球范围的经济和文化新工具增加到传统的反抗手段当中，其中包括操纵政治立场或者民族地位"①。正是这种中亚社会分裂结构，为中亚各国可控民主政治，提供非常明确的以地理和阶层分布为基础的支持者，以及在此基础上形成的相对独立的领域范畴，并对整合各利益集团的能力提出更高要求。中亚各国的既得利益集团，支持能够赋予他们更多权力和利益的民主化，而广大普通民众不满现存的财富分配机制，希望进行彻底变革，并通过变革使他们的日子更好过。所有这些转变都对中亚可控民主化产生直接影响。

第四节　文化环境

一　传统伊斯兰政治文化

伊斯兰政治文化是穆斯林在历史上形成的关于政治建构、政治运作等方面的态度、信仰、情感、价值判断，是穆斯林成员的政治心理倾向和政治价值取向的总和。作为传统社会占统治地位的意识形态，伊斯兰思想体系经历从单纯《古兰经》教义向《古兰经》和圣训、"麦地那经验"、穆斯林学者的政治实践以及对其他民族优秀文化借鉴的转变过程，形成一种兼容并蓄的伊斯兰政治文化，基本满足自给自足的自然经济和宗法官僚等级的社会实践需要。伊斯兰政治文化十分丰富，主要有政教合一文化、早期的民主政治与协商制、政治文化与教法等。

政教合一文化是穆斯林社会的统治者与民众共有的一种宗教政治文化，其宗旨是由创始人穆罕默德所创制，是天经地义的原则。穆罕默德作为安拉的使者，享有政教合一的绝对权力。因此，穆罕默德在建立伊斯兰教的同时，便建立政教合一的伊斯兰政权，宗教信条即政治信条，神的原则便是政治原则。穆罕默德以安拉使者身份掌控

① ［美］玛莎·布瑞尔·奥卡特：《中亚的第二次机会》，李维建等译，时事出版社 2007 年版，第 277—278 页。

穆斯林社会的所有权力,体现以宗教为主宰的政教合一的政治体制。伊斯兰教的政治功能是通过信仰与政治的认同,把宗教权力与政治权力紧密相结合,形成政治与宗教的二位一体,基本符合这一地区人们的一贯思维模式和社会状况。与此同时,伊斯兰政治文化作为穆斯林对政治发展过程形成的秩序模式的认同,它体现在对政治领袖、政府功能、政权性质和政治意识形态的认知、情感和价值判断。正是这些规定着政治系统运作的实际意义,赋予政治系统以形式、规范与秩序。伊斯兰教对神权的服从,构成伊斯兰教信仰的政治基础,在这种权力结构下,宗教和世俗生活紧密联系,政治秩序步入伊斯兰正轨。此外,伊斯兰政治文化由传统的神学领域向政治学领域转变还是在发展中完成的,它形成伊斯兰社会的政治观念和价值,成为伊斯兰政府和政党的指导原则,以及统治阶级的意识形态。

早期的民主政治与协商制被伊斯兰教作为政治民主的原则。早期伊斯兰教就尊崇政治协商原则处理国家大事,穆罕默德虽然有至高无上的权力,包括神权和世俗权力,但他一直很注重与周围圣门弟子们协商、讨论处理穆斯林社团内外事务和问题。穆罕默德主张民主,凡遇到要事,他都认真听取和征求圣门弟子们的意见,集思广益。到了哈里发时代,仍继续保持这种传统,并通过"舒拉"原则(即"公议")来决定哈里发的继立。"舒拉"的具体运用表现为,一是对经训中没有明确规定的事务常常通过协商进行裁决;二是推选和确定哈里发的继承人选。早期的哈里发治国大多靠个人的威望和品德赢得尊崇,而不是借助于武力。于是,这种以舒拉方式选举继承人,穆斯林之间平等相处,统治者言行正派、遵守经训、生活俭朴等方式,一直为广大穆斯林所津津乐道。近代以后,伊斯兰教界出现与民主、民权趋同的"伊斯兰民主制度",采取广泛的直接协商制或由选民推举代表参加的间接协商制,通过协商任免国家元首、决定国家大政方针,以便建立一个既尊重真主主权,又充分尊重民意的"安拉之国"或"神权民主政体"①。它对伊斯兰政治民主奠定了理论基础。

政治文化与教法密切关联,两者相辅相成。政治文化中包括法

---

① 参见吴云贵等:《近现代伊斯兰教思潮与运动》,社会科学文献出版社2000年版,第401页。

文化，即《古兰经》立法、教法、民法和刑法等。在一定程度上，伊斯兰教法是对政治文化的有力支撑。伊斯兰政治文化首先源于《古兰经》，贯穿于民法、刑法等法律。认主独一、服从真主和使者，成为宗教信仰和政治文化一元论的政治观，构成伊斯兰政治文化的基础、核心和主导思想。伊斯兰法文化以信仰为宗旨，《古兰经》立法为伊斯兰法的发展奠定基础，法律与宗教相结合，伊斯兰教认为，创造世界、人类和命运全归安拉，安拉不仅创造世界，还为世人立法，制定现世生活的规范。在伊斯兰文化的整合和重建中，《古兰经》和圣训居核心文化地位，公议和类比作为法律补充，民法用于规范穆斯林的社会生活和个人生活，刑法规定基本犯罪及其刑罚等。这对于维护伊斯兰国家的政治稳定有一定的积极意义。

二 中亚政治文化心理

中亚是穆斯林集聚区，其政治文化植根于伊斯兰教，具有伊斯兰教文化的共性，同时又伴随于中亚民族历史变迁当中，融入了中亚民族文化的诸多内容，存在其民族个性，因而是伊斯兰文化与中亚民族文化的“共生树”①。伊斯兰式的“部落民＋臣民”文化构成中亚伊斯兰传统政治文化的基本属性，“敬主、忠君、秩序”是中亚伊斯兰传统政治文化的集中体现，在中亚政治文化中，《古兰经》和圣训是中亚政治文化的核心。根据伊斯兰教教义，真主是唯一的，他不授予任何权力，“认主独一”。伊斯兰教通过把精神力量置于世俗权威之上，把已知的权威和智慧的来源从此岸转换到彼岸。这种世界观不仅改变了政治行为的理性基础，使其从世俗框架转化为神学框架，而且它还坚持认为“善”来源于对真主意志的服从。而世俗统治者要在承认“真主主权”绝对性前提下，可以用真主的名义“代行主权”，建立具有等级观念的政教合一政体，替真主统治臣民，确立权威地位，让民众“服从真主和使者，服从主事的人”②。他们声称先知穆罕默德曾告诫人

① 参见安维华等：《中亚穆斯林与文化》，中央民族大学出版社 1999 年版，第 34 页。

② 参见吴云贵：“伊斯兰教法与伊斯兰复兴”，载《中国社会科学院研究生院学报》2001 年第 5 期。

们:“服从真主就是服从我,服从伊玛目就是服从我;反叛我就是反叛真主,反叛伊玛目就是反叛我;若伊玛目是正义的,他必将得到酬报,而你当报以感激;若伊玛目是暴虐的,他必将受到责罚,而你当稍安毋躁。”[①]久而久之,“敬主忠君”成为中亚穆斯林根深蒂固的价值观和心理倾向。同时,伊斯兰教教义主张“信末日”、真主“裁决一切”、“奖惩一切”,这又强化穆斯林顺从权威的文化心态,由此形成“穆民、臣民、顺民”的大众政治品格。因此,“效忠”与“服从”的有机结合,共同支撑着中亚具有压迫性的权威主义政体。

另外,在中亚,由于天灾人祸频仍,不管是家庭、氏族还是部落,首领都是关键的因素,因为没有首领,牛群和羊群就得不到保护,牧场和水井就无法保卫,入侵的邻人就不能被击退,掠夺性的远征也就无从进行。作为首领,除了真正勇敢的品质和突出的个性外,当然是由各种因素的结合决定的,这些因素包括大量的畜产、众多的奴仆、历来享有部落的忠诚,以及高贵的门第等。[②] 很多穆斯林为生存起见,往往依托自己的家族或氏族部落,寻找满足生存庇护,对家族长老和部落酋长产生敬畏感、依赖感和服从感。这种生活方式历经了世世代代,在广大游牧民的眼中,已具有不容怀疑的合法性。于是,人们仍把对家族的忠诚视为最主要的义务,一些重要家族首领和部落酋长仍拥有强大的影响力和统治力。长期以来,穆斯林大众对统治者怀有敬畏感和依赖感,这种臣属性政治文化经过千余年,渗透到人们的观念、行为、习俗、信仰、思维方式、情感状态中,构成了民族的某种共同心理状态和性格特征。该文化传统再经过历代王朝统治阶级的政治诠释,逐步确立了臣属性质的政治文化心理结构。受上述文化因素影响,独立后中亚各国总统独揽大权、长期执政,总统家族进入政界、干涉“朝政”,权力结构中的等级观念严重、长官意志至上的官本位思想,总统集权、操控议会的行为等易被中亚民众认可和接受,从而为中亚可控民主化运行提供文化支撑。

---

① A. Lamboton, State and Government in Medieval Islam, Oxford University Press, 1981, p. 57.

② [美]加文·汉布里:《中亚史纲要》,吴玉贵译,商务印书馆 1994 年版,第 16—17 页。

第五节　国际环境

一　碎片化的世界

冷战期间，美苏作为意识形态和国家战略针锋相对的竞技手，相继建构起以美苏为主导的两极格局。为维系该格局的正常运转，美苏动用国际规制和系统性压力的双重伎俩，通过输出政治制度、价值观等，向同盟国进行渗透，使其接受美苏的政治认同和价值取向。这种人为改变地区安全结构的做法，造成地区归于碎片化，任何一国在判断全球和地区情势时，都必须从美苏的战略偏好出发，用冷战思维来把握时局变迁，即使是欧洲民主国家也不例外。对此，德国学者岑皮尔在解释冷战期间北约国家向美国靠拢时说："如果民主社会数十年来向一个庞大的军事对峙方向靠拢的话，它们就不仅在决策过程而且在权力与势力划分方面也都在适应这样的任务。"①这无疑严重破坏世界格局的整体性。

何谓碎片化？按照新古典现实主义的诠释，在一个国际格局中，系统压力可以通过单位层次的干预变量来加以转化，而处于无政府状态下的主权国家，由于无法把握安全的稀缺性和充足性，它们只能根据自己的主观经验，解读各种不确定的国际政治现实。换言之，国际格局中的格局因素和单位因素均对国家的对外行为产生影响。用该理论解释冷战期间国际格局的碎片化倾向，不难发现，冷战国际格局内的主权国家，在根据自身的现实状况（包括国家利益、国家实力、意识形态偏好）得出国际形势的主观判断后，便有意识地划分出"友方"和"敌方"两个阵营。这种单纯从国家利益的角度来确定国家身份的做法，在一定程度上割裂了地区间的联系，导致国际格局出现碎片化。从表面看，这一现象是美苏对抗的结果，碎片裂痕仅存在于与敌方的交界处，但实际并非如此。由于国家行为体对其利益认知的改变，地区国家间的敌友关系模式变得十分脆弱，客观上造成地区国家间的敌友界限时常处于变动状态。随着美苏两大阵营间的实力消

---

① ［德］恩斯特·岑皮尔：《变革中的世界政治》，晏扬译，华东师范大学出版社 2000 年版，第 11 页。

长，这种变动状态会反复切割不同地区之间、地区内部的国家之间的“边界线”，使得国际格局像“百衲衣”一样支离破碎。

苏联解体后，美国在迅速填补俄罗斯战略后撤所留下权力真空的同时，却忽略一个重要事实，即世界政治版图在经历冷战的洗礼后，早已分崩离析、面目全非，传统意义上的文明和地域划分也失去原有意义，美国手中的权力逐渐流失。“在亚洲北部、南部、中部，在民族分裂的国家，在被侵略成性的暴君统治的国家中，美国不见得能为解决潜在的安全危机而在其中起到主导作用。若发生这种危机，美国的反应如何要取决于危机的性质，要看美国国内有没有什么利益卷入了冲突，要看欧洲和别的国家会不会去管，也要看美国与该地区最大的和中等的国家的关系如何。如果危机很严重，如果国内利益集团要求加入，如果欧洲也出把力，而俄罗斯又不加阻挠的话，美国就会介入，否则就很难预料了。”①美国权力分散化带来的直接后果，就是国际战略力量的地理分布从不对称朝着相对均衡的方向转变，基本形成以美国为代表的传统力量、以欧洲为代表的挑战力量、以俄罗斯为代表的中小发达国家力量、以中国为代表的发展中国家力量等分庭抗礼的局面。它不仅反映国际战略力量对比发展变化的客观趋势，也是世界上大多数国家的愿望和目标，预示着国际格局进入碎片化的多极时代。

欧洲作为美国志同道合的盟友，其崛起加速美国单极时代的终结。欧洲由于走向联合、聚集成员国，已具有令人瞩目的资源和知识资本，欧洲变得更加强大和统合，对获得更大国际影响力的胃口逐渐增加，“可能从事于为争夺地位、财富和权力而进行的竞争”②，与美国在导弹防御、贸易和金融、政治文化价值观、国际刑事法庭、全球变暖等问题上存在严重分歧，因而对处于国际等级秩序顶端的美国单极世界野心极为反感，极力主张世界多极制衡，强调欧盟作为一个新兴极对世界的重要性，反对美国独断专行、滥用武力。尤其在伊拉克

---

①　[美]罗伯特·帕斯特：《世纪之旅：七大国百年外交风云》，胡利平等译，上海人民出版社 2001 年版，第 255 页。

②　[美]查尔斯·库普乾：《美国时代的终结》，潘忠岐译，上海人民出版社 2004 年版，第 144 页。

战争等问题上,欧洲不认可由美国主导的战争。法德领导人明确表示,伊拉克战争是美国典型的单边主义军事行动,美国在伊战中不仅抛弃二战后建立起来的西方联盟阵营,而且其行为严重违背国际社会公认的国际法基本准则,并与法德期望在国际机构及国际法授权范围内对世界秩序维护和调整的预期相去甚远。这样一来,欧美关系自然会出现裂隙,由原先的“单一一极正在逐渐一分为二”,“分化成两个不同的权力中心”①。

俄罗斯等中等发达国家的力量不断壮大,挑战着美国的单极体系。俄罗斯由于冷战终结未能迅速融入西方世界,大国威望一落千丈,波黑战争、车臣战争等又把俄罗斯拖入泥潭不能自拔,让俄深切意识到自身实力的下降。而波兰、乌克兰等国的“西进运动”,高加索国家的分离倾向,使独联体的生存空间受到欧盟、北约的挤压,加之中亚局势一直处于动荡期,令俄罗斯深感其安全边际的困顿。所以,多年来俄罗斯一直呼吁国际格局的多极化发展,积极致力于建立平衡的多极化世界,希望国际社会所有各方,都能以公认的国际法原则为基础,在公正、合理的世界秩序下,本着伙伴关系的精神,尊重各方利益,用联合方式,通过对话与协商,加强双边及多边合作,团结广大发展中国家,构建和平、稳定、公正、合理的国际政治经济新秩序,推动亚太地区及整个世界的和平与安全。其他中等发达国家为维护本国的独立与主权,也大多主张多极共存,反对美国的单极独霸。

以中国为代表的广大发展中国家,成为国际格局的重要力量。它们从捍卫其国家利益、反映其愿望和呼声出发,努力倡导国际格局的多极化,切实推动公正、合理的国际新体制建设,反对美国的单极霸权,因为单极力量不能平衡,多种力量在一起才能形成平衡。它们主张建立公正合理的国际政治经济新体制,改变北南各国在不平等基础上形成的旧的国际分工,建立公正、合理的国际分工体系,加速发展中国家工业化进程;平等参与世界经济事务,公平分享由此获得的利益,保证发展中国家对其资源的开发实行有效控制;加强发展中国家间的经济合作,实行集体自力更生,建立和发展各种区域性经济

① [美]查尔斯·库普乾:《美国时代的终结》,潘忠岐译,上海人民出版社2004年版,第144页。

合作组织和原料生产国、输出国组织，加速发展中国家经济一体化进程，实现各国人民对和平、稳定、繁荣的新世界的追求；改变发展中国家在国际政治事务中的无权地位，使发展中国家能更充分地、有效地参与国际政治事务的决策过程，扩大发展中国家在国际舞台上的活动空间，有所作为。

二　非西方文明社会的政治觉醒

受此影响，冷战后，国际社会掀起一股强大的非西方文明社会的政治觉醒浪潮，“这种觉醒具有社会的广泛性、政治上的极端性以及地缘范围的全球性”。[①] 它不仅推进非西方文明社会内部的自我认同，而且从本源上挑战着国际社会的传统认知，改变其既定图谱和运行轨迹。

众所周知，在世界文明的历史长河中，地域性差异孕育着文明的多样性，各种文明在相互碰撞前，基本形成其固有的内在生长逻辑和自身边界属性。随着交通工具和通讯设施的飞速发展，全球范围的人员与物流活动的与日俱增，打破以地域为界限的传统文明属性，不同文明间开始频繁接触。这期间，强势文明和弱势文明同台献技，彼此间的交融与碰撞加剧，这种无界别的文明较量，为西方文明的传播开启方便之门。自 19 世纪中叶始，西方国家凭借经济和军事手段，在亚非拉攫取大片殖民地，确立其殖民统治地位。与此同时，西方列强还打着殖民教化之名，大规模向殖民地进行西方文化的输入，压抑和掣肘非西方文明社会的内部觉醒，建立以西方文明为主导的社会秩序，强迫实现西方文明的普世化。这一过程前后持续近一个世纪的时间，直到二战结束后才止步。

不可否认，西方文明的外溢是一柄双刃剑，它在推动殖民地的经济发展、加快其现代化步伐的同时，也遏制殖民地的政治文化内生性成长，政治精英“几乎全是资产者，他们已经构成一个阶级，有其特有的精神、传统、道德、荣誉感和自尊心”[②]，与普通大众之间潜藏巨大

---

①　[美]兹比格纽·布热津斯基：《第二次机遇——三位总统与超级大国美国的危机》，陈东晓等译，上海人民出版社 2008 年版，第 160 页。

②　[法]托克维尔：《旧制度与大革命》，冯棠译，商务印书馆 1992 年版，第 105 页。

鸿沟，双方几乎丧失用统一的思维和语言进行沟通的能力，政治社会畸形发展。冷战期间，亚非拉的大多数殖民地国家取得独立，然而被国际主流社会疏离所带来的挫败感，让其国内民众更加对西方文明产生反感。这种“反西方的政治—文化精神气质，正是从殖民统治时期的创伤和苦难中逐步形成的”[①]。它发自内心地盼望能够借助本土文明的复兴，修正政治精英对传统文明的病理化歪曲，找回本土精神的伊甸园，从而获得民族心理的慰藉。美国的爱德华·萨义德指出：“凡是政治认同受到威胁的地方，文化都是一种抵抗灭绝和被抹拭的方法，文化是‘记忆’抵抗‘遗忘’的一种方式。”[②]受这种力量的驱使，许多发展中国家在冷战后相继爆发旨在革命为目的政治觉醒和文明回归运动，强化非西方文明社会的政治认同。这场革命的直接诱因是苏联解体。

20 世纪 90 年代初，苏联为首的社会主义阵营瓦解，维系近半个世纪的以意识形态为文明标的物的对抗宣告结束，国际格局进入“真空”期。在新旧格局的转换当口，各种意识形态和制度理念接踵而至，使非西方文明社会的民众产生浮躁情绪和盲从心理，“倘若人民偶然激动起来的话，最微小的波动立即就可将人民引向暴力”[③]，革命便成为他们改变命运的首选。法国的勒庞一针见血地指出：“一场革命的开始，其实就是一种信念的末日。”[④]一旦革命在一国有成功的先例，必将对其他国家内部挣扎的民众形成强有力的心理暗示，促使他们纷纷效仿膜拜，进而引起全球范围内针对西方文明的政治革命。事实上，冷战结束后，非西方文明社会的革命浪潮从未停止过，如格鲁吉亚“玫瑰”革命、乌克兰“橙色”革命等，一场声势浩大的“颜色革命”有序展开，席卷东欧广大地区，成为 21 世纪初期国际社会壮

---

① [德]哈拉尔德·米勒：《文明的共存》，郦红等译，新华出版社 2002 年版，第 174 页。

② [美]爱德华·萨义德等：《文化与抵抗》，梁永安译，上海世纪出版集团 2009 年版，第 111 页。

③ [法]托克维尔：《旧制度与大革命》，冯棠译，商务印书馆 1992 年版，第 108 页。

④ [法]古斯塔夫·勒庞：《乌合之众》，冯克利译，中央编译出版社 2005 年版，第 118 页。

烈的政治觉醒图景。

这场发端于东欧国家，并“对一个社会据主导地位的价值观念和神化，以及其政治制度、社会结构、领导体系、政治活动和政策，进行一场急速的、根本性的、暴烈的国内变革”①的运动，在民族主义和宗教外衣的烘托下，通过主权身份认同，构筑起一道民族主义的边界，赋予其爱国主义意义，迅速在非西方文明社会赢得合法地位。应该看到，以“颜色革命”为标识的政治觉醒运动，除个别国家出现血腥暴力事件外，主要采取非暴力的宣传、动员、集会抗议、舆论施压等手段，借助策划选举运动达到政权更替目的来展开的。其结果，这些发展中国家“曾在存在着一个反对自由、反对资本主义以及反对市场经济阵营的时代找到了维护自身的反民主结构的合法性”②。尽管该运动较之西方文明而言带有明显的弱势、封闭、缺乏自信等印记，但它得到许多国家民众的积极回应，在具有相同处境的国家民众中激起广泛的心理共鸣，不断发酵外溢，聚合成一股强大政治力量，冲击着国际社会的堤坝，为中亚可控民主化拉开序幕。

三　民主全球化浪潮的推动

冷战后的国际环境变化促成中亚可控民主化的形成。中亚国家独立伊始，就被两股强大的民主化浪潮所包围：一股是以美国为首的西方民主国家联盟势力，另一股则是独联体内部转型国家的政治民主化运动。受这两股民主化力量的裹挟，中亚各国相继选择了西方的民主制。当然，这两股民主化力量对中亚的博弈是有差异的，其中，美国对中亚的民主化影响最为全面和深刻。作为世界大国，美国自诩是全球民主的典范。美国相信自己的民主制度具有普世价值，从《五月花号公约》到美国的《独立宣言》，美国的民主制度体现了权力制衡和善治观念，而观念的民主带有意识形态和宗教的烙印，制度民主比观念民主更具有可操作性。美国的民主尽管直到十八世纪末

---

① [美]塞缪尔·亨廷顿：《变化社会中的政治秩序》，王冠华等译，上海世纪出版集团2008年版，第220页。

② [德]恩斯特·岑皮尔：《变革中的世界政治》，晏扬译，华东师范大学出版社2000年版，第71页。

才具备制度的形态，但民主作为一种观念具有延伸至更久远的谱系，即便只存在于总体的零碎之中。也就是说，民主制度是结果，民主观念是制度设计的原因，美国认为，输出民主制度的排斥小，其成本可以通过战争利润获得补偿。

冷战后，随着美国新保守主义影响力不断增大，其主张用强硬的外交政策和以强大的军事实力为后盾，推行美国的利益和价值观，塑造和领导一个民主、自由的世界。同时，以民主是促进和平的手段为核心的"民主和平论"也被美国政界广泛接受。该理论强调，民主国家之间很少或不易相互开战，而非民主国家之间经常发生战争。由于"民主和平论"与美国推行的民主化之间存在严密的逻辑关系，为美国民主化提供道义基础和合法性。美国在中东等地进行武力输出民主、移植美式民主制度的本身，就是对这种理论的明证。但一些美国学者也承认，"美国外交政策的道德因素与战略因素之间，应有何种明确的均衡关系，没有办法抽象地描绘。但是最初步的智慧包含要承认必须维持某种程度的均衡关系。不论美国多么强盛，没有一个国家有能力要求其余的人类接受她的意愿与喜好，必须先确立优先事项。即使的确有这样的资源存在，对于不加区分一体适用的威尔逊主义，一旦美国民众清楚了解由它衍生出的承诺和牵扯，也不会予以支持"①。加之美国对中亚知之甚少，它在该地区推行美国的民主制度有一定的风险，并可能引发"民主赤字"、"经济赤字"、"政治赤字"等一系列的问题。对此，美国的决策者们心知肚明，他们承认，美国在中亚推动民主制度获得成功的机会与该地区统治者自己推动民主制度获得成功的机会一样小②，但美国仍义无反顾地肩扛"民主"大旗，走向干预中亚民主化进程的不归途。

四 西方国家对中亚的民主化干预

（一）美国对中亚的民主化措施

美国一方面以经济援助为诱饵，迫使中亚全盘接受西方民主价

---

① ［美］亨利·基辛格：《大外交》，林添贵等译，海南出版社 1998 年版，第 785 页。

② ［美］玛莎·布瑞尔·奥卡特：《中亚的第二次机会》，李维建等译，时事出版社 2007 年版，第 17 页。

值观，把政治多元化原则、三权分立原则、多党制、普选制等写入中亚各国的宪法，以保障中亚各国公民的“自由与人权”。美国还先后出台《自由支持法案》、《丝绸之路战略法案》、“大中亚伙伴计划”、“民主与保护人权计划”等一系列法案，作为向中亚民主化建设提供资金、培训等服务的法律基础。从《自由支持法案》支持项目中，美国设立了一项专门支持中亚民主改革的基金，用来资助中亚各国的民主化改造。统计资料显示，从 1992—2000 年的 8 年里，美国用于中亚五国的民主改革方面的资金达到 5890 万美元（分别为哈萨克斯坦：2864 万美元，吉尔吉斯斯坦：1481 万美元，塔吉克斯坦：489 万美元，土库曼斯坦：274 万美元，乌兹别克斯坦：782 万美元）。之后，美国又逐年加大了援助力度。2001 年用于五国民主改革的资金为 1658 万美元（哈萨克斯坦为 582 万美元，吉尔吉斯斯坦为 564 万美元，塔吉克斯坦为 202 万美元，土库曼斯坦为 6 万美元，乌兹别克斯坦为 304 万美元），2002 年用于五国民主改革的资金为 2321 万美元（哈萨克斯坦为 635 万美元，吉尔吉斯斯坦为 513 万美元，塔吉克斯坦为 297 万美元，土库曼斯坦为 671 万美元，乌兹别克斯坦为 205 万美元），2003 年用于五国民主改革的资金为 2043 万美元（哈萨克斯坦为 508 万美元，吉尔吉斯斯坦为 596 万美元，塔吉克斯坦为 355 万美元，土库曼斯坦为 83 万美元，乌兹别克斯坦为 501 万美元）。① 以此为突破口，美国政府顺利在中亚各国的地方议会和总统选举过程中向反对派提供培训和援助，其中，2003 年美国政府分别向哈、吉、塔、土、乌五国提供 153 万美元、143 万美元、76 万美元、52 万美元、16 万美元的民主改革援助资金，2004 年美国政府又分别向哈、吉、塔、土、乌五国提供 106 万美元、122 万美元、102 万美元、42 万美元、157 万美元的民主改革援助资金，②公开支持反对派采取与各国政府对抗的行动，限制各国政府采取措施控制局势。美国还出资帮助建立独立的新闻媒体和出版印刷机构，传播各国领导人及其家族腐败的各种丑闻，为中亚各国政治派别营造宽松的生存与发展空间。

美国另一方面通过鼓励各种基金会和非政府组织资助中亚各国

---

① 资料来源：www.state.gov；www.usaid.gov.

② 资料来源：美国国务院，2004 年 1 月。

的政治派别，帮助他们对各国进行“民主改造”，以唤醒公众的民主热情，使他们懂得维护自己的政治权利，各国内部逐渐形成两股相互平衡的政治力量。[①] 例如，美国的国际共和研究所帮助吉尔吉斯斯坦组建与强化各种政治组织、从事反政府、反总统、反对亲总统政治派别的活动，向候选人提供政党支持，以及为参加选举的候选人提供培训。美国的自由之家与美国全国国际事务民主学会合作，通过民主学会分布在吉尔吉斯斯坦各地的“民主信息中心”，向当地人权活动家提供有关信息，支持当地“公民社会”的发展，并向当地居民灌输参政意识、提升参政能力等，以刺激吉尔吉斯斯坦各种政治势力和非政府组织的泛滥。在吉尔吉斯斯坦每千人中就有一个非政府组织，可谓“非政府组织之国”[②]。

此外，美国在中亚开办“美国中亚大学”等，加强公共外交中的舆论导向，培养和输送具有美国理念、崇尚美国民主的中亚“新生代”，巩固中亚政治多元化的民众基石。吉尔吉斯斯坦的爱米拉·诺科伊巴娃感言：“我们进行了一场‘伟大的革命’。我们更加民主自由了，我们什么都不怕，而是政府怕老百姓。”[③]应该说，冷战后的国际环境有利于培植中亚可控民主化形成和存在的合法性。

（二）欧盟对中亚的民主化渗透

欧盟一是通过欧洲民主与人权倡议干涉中亚的民主化。1996年，欧洲民主与人权倡议在中亚运作，其目标是：促进中亚国家的民主化改革、政府治理与法治；推动死刑的废除；反对刑讯逼供以及推动国际刑事犯罪法庭的建立；打击种族主义、仇外主义以及对少数民族和弱势群体的歧视等。在哈萨克斯坦，自 1991 年开始，欧盟在人权领域、民主化、法制和行政改革方面对哈国开展了超过 130 个行动方案，累计金额达 8350 万欧元的资金。欧盟每年提供大约 100 万欧

---

① 参见赵常庆：《“颜色革命”在中亚》，社会科学文献出版社 2011 年版，第 165 页。

② 参见“郁金香革命的牺牲者——阿卡耶夫”，载《莫斯科共青团真理报》2005 年 7 月 4 日。

③ 参见潘志平：“中亚国家政治体制的选择：世俗、民主、威权、无政府”，载《俄罗斯中亚东欧研究》2011 年第 1 期。

元用于在哈萨克斯坦的项目，集中于促进政治体系多元化，推动人权和基本自由处于危险的国家和地区的状况改善；增强公民社会在促进人权和民主化改革方面的作用，促进各群体利益的协调以及政治参与度和代表性；支持和加强用于保卫人权、司法、法治和促进民主的国际和地区框架；通过选举监督增强信心和提高国际和地区民主选举进程的可信度和透明度；提高真正信息的自由流通和国际人权标准的有效执行。

欧盟二是通过“对独联体国家的技术援助计划”对中亚国家提供援助，包括地区合作项目、在国家层面上执行的地区支持项目、在实验性目标地区减少贫困的计划等，旨在促进安全和冲突预防，消除政治和社会紧张的根源和改善贸易与投资环境。另外，欧盟还利用政策建议项目，对中亚国家的政府、议会以及相关的国家机构提供决策援助，诸如国内经济政策、投资环境的优化、社会的可持续发展以及制度建设等；利用文职部门改革项目，对公共管理者进行培训，从而实现对各国政府的立法、制度建设和培训方面的改革；利用机制构建伙伴关系项目，在新独立国家支持和发展公民社会。

欧盟三是通过在中亚设立欧洲教育行动计划，帮助中亚国家的教育体系顺应全球化的潮流，为准备就读欧洲大学的中亚学生授予奖学金；加强与中亚各国科研院所的合作，开展各种培训和信息交流活动；大力发展“电子丝绸高速公路”，将中亚纳入欧盟电子网络范围，促进远程教育，支持不同文化间的对话，使中亚的学生、老师、学者能够分享终身教育的现代教育形式；设立各种非政府组织，在青年中培养西方的价值观，鼓励他们形成诸如透明、宽容、责任等民主价值观和培养民主的领导技巧的舞台。这些都对中亚可控民主化的形成提供宽松的外部环境。

第三章　中亚可控民主化的温和多党制

第一节　温和多党制的政党体制解释

一　温和多党制的逻辑起点：政党体制

（一）政党体制

在政治学理论中，政党体制（亦称政党制度）是政治体系的重要组成部分。从学界对政党体制的不同认知看存在多种诠释。法国学者迪韦尔热把政党体制看作是政党“共处的形式和模式”①。日本学者冈泽宪芙认为政党体制是政党间相互作用的结构②。美国学者维尔也强调政党体制是政治体系中不同政党之间相互竞争与合作的模式③。美国学者罗斯金认为，政党体制则是各政党之间以及各政党与整个政治系统之间的相互影响。④ 中国学者王浦劬指出，政党体制是指由国家法律规定或在实际政治生活中形成的关于政党的社会政治地位、作用，执掌政权或参与政治的方式、方法、程序的制度性规定⑤。中国学者陈尧则将政党体制定义为一个国家的法律规定和长

---

① ［法］莫里斯·迪韦尔热：《现代国家中的政党组织及其活动》，伦敦出版社 1954 年版，第 203 页。

② ［日］冈泽宪芙：《政党》，耿小曼译，经济日报出版社 1989 年版，第 32 页。

③ Alan Ware，〈Political Party and Partysystem〉，Oxford University Press，1996，p7.

④ ［美］迈克尔·罗斯金：《政治科学》，林震等译，华夏出版社 2001 年版，第 227 页。

⑤ 参见王浦劬：《政治学基础》，北京大学出版社 1995 年版，第 274 页。

期政治实践所形成的政党的结构模式，是处理国内政党之间关系的制度，政党体制主要体现为政党掌握、参与或影响国家政权的方式。①

通过对上述观点进行归纳，可以得出这样的结论，所谓政党体制，是指一国内的一组政党，在一定社会环境下，在竞争或参与国家政权的过程中，以固定方式结成的互动关系和模式。具体而言，就是作为政党体制，它是各政党的结合体，即政党体系中的政党通过固定的方式互动而形成的一个复合而连续的整体。一方面，政党体制是反映政党体系中政党之间的相互关系，而非反映政党与其他政治行为体之间的关系。因而政党体制是一种"法外制度"，政党间的关系形式更多是在实际政治生活中形成的，不都具有严格的法律规范。另一方面，政党体制是在政党竞争或参与政权的基础上形成的，政党体制所描述的是有机会赢得政权或参与政权的政党之间的关系，没有赢得和参与政权可能性的政党不在其中。政党体制的形成和作用受该国政治生态的作用和影响，任何国家的政党体制都是在长期的政治生活中逐渐形成的，与本国的政治生态密切相关等。②

（二）政党体制的类型

1. 按政党数量划分，可分为一党制、两党制、多党制三种类型。一党制是指在一个国家中，存在一个政党，或者虽然存在多个政党，但只有一个政党能够执掌政权。两党制是指一国中存在两个势均力敌的政党争夺政权，在选举中双方各有几乎相等的机会赢得足够的选民支持，以取得垄断性执掌政权的体制。在实行两党制的国家中，除两大政党外，其他政党由于规模和影响都比较小，只能参与或影响政权，无法打破两党轮流执政的政治格局。多党制是指两个以上的政党相互竞争，通过多党联合组成政府的体制。在一些多党制中，相互竞争的政党有时也会主动通过赢得足

① 参见陈尧：《难以抉择——后发展国家的政治发展战略研究》，上海人民出版社2008年版，第165页。

② 参见吴辉：《政党体制与政治稳定——东南亚经验的研究》，世界知识出版社2005年版，第17页。

够的支持，以组成一个由本党独揽的多数派，因此一党执政和联合政府可以交替进行。

2. 按政党相对规模划分，可分为五分法、七分法、三重分类法。班克斯和泰克斯特的五分法包括一党制、主从党制、一个半党制、两党制和多党制，萨托利的七分法包括单一党制、霸权党制、优势党制、两党制、温和多党制、碎分化多党制和极化多党制，施泰因·罗坎的三重分类法，包括存在着三个或更多的同等规模的政党（1∶1∶1），存在着一大党与规模大体相等的三、四个小党（1∶3 或 4），存在着两个大党和一个极小的政党（1∶1+1）。①

3. 按政党数量和相对规模划分，可分为优势政党制等。在政党数量维度上，把政党体制分为优势政党制、两党制、3—5 个政党制、5 个以上政党制。在相对规模维度上，把政党体制分为优势政党制、两党制、两个半政党制、两个半以上政党制（含一个大党制、两个大党制、纯粹多党制）。同时，在判断一国政党体制类型时，要综合考察一国政党的数量和相对规模，在数量和规模两个维度中的交集位置就为该国政党体制的类型，例如，英国、新西兰、美国在政党数量上为优势政党制，在政党规模上为两党制。②

4. 按政治结构的政治倾向不同，可分为右翼、中右、中左、左翼政党；按政党之间的力量对比，可分为平衡型政党、分散型政党、不平衡型政党三种形态；把两者结合起来考虑，又可分为北欧型（指中右和中左政党占优势）、南欧型（指中右和左翼政党占优势）和日本型（中右政党占优势，中间派次之，左翼最小）等。

5. 按政党数量及其力量对比关系划分，可分为一党制、一党独大制、两党制、多党制、两大党制五种。一党制一般与左翼和右翼极权主义政权相联系；一党独大制是国内政治由一个主要政党主宰；两党制是两个主要政党获取执政地位的机会相当均等，尽管第三党很少获胜，但它们的存在却能对两个主要党的政策选择产生特殊影响；

---

① S. Rokkan, Citizens, Elections, Parties: approaches to the study of comparative development, Olso: Universitets for laget, 1970, pp. 93—96.

② Alan Ware, Political Patyies and Party Systems, New York: Oxford University Press, 1996, p. 163.

多党制是各政党通过联盟的方式上台执政;两大党制是两党制和多党制向中间发展的一种带有趋向性的政党体制。[1]

（三）政党相对规模的计算方法

在上述五种政党体制分类中,运用最广的是按政党相对规模划分的政党体制。意大利的萨托利是该分类的集大成者,其“相关政党”[2]理论认为,在政党体制中,让主要政党在竞选或组建联盟时必须考虑到的政党,称为“相关政党”。判定一个政党是否具备政党体制中“相关政党”的条件有两个:一是联盟潜力,二是讹诈潜力。

所谓联盟潜力,是指一个政党必须或至少在某些时候有能力成为组成政府必不可少的力量,在多党制的平衡中真正有分量的是一个政党在多大程度上为组成一个或多个可能的执政多数而被作为联盟的伙伴。只要较小的政党它在一段时间里是多余的,也就是在任何可能的联盟多数中不被需要或利用,就可以作为不相关的政党而被忽略。反过来,一个较小的政党,不论它有多小,如果它在一段时间或在某些时刻处在至少是可能的政府多数之一的位置上,则不能被忽略不计。

所谓讹诈潜力,是指该政党的存在是否能对那些拥有“联盟潜力”的政党的竞争策略产生影响。就那些定位于反对党的政党而言,无论何时,只要它的存在或出现影响到政党竞争的战术,特别是当它改变定位于执政的政党的竞争方向——通过决定从向心的到离心的转变,不论是左向、右向,或在两个方向,那么它就具有相关性。如果一个政党不具备这两种潜力中的任何一种潜力,那它就不应计入政党体制之内。[3]

由于萨托利“相关政党”理论不仅考虑政党体制中政党数量,而且还考虑政党的力量、意识形态分野、斗争策略,所以该理论为学界广泛认可。“相关政党”论是以雷伊的政党体制分化度指数(Fv)为

---

① Michael G. Roskin et al., Political Science: An Introduction Englewood Cliffs, New Jersey: Prentice Hall, 1991, pp. 227—229.

② 参见王长江:《政党论》,人民出版社 2009 年版,第 144—146 页。

③ [美]乔万尼·萨托利:《政党与政党体制》,王明进译,商务印书馆 2006 年版,第 173—174 页。

基础，来计数“相关政党”的数量[①]。假设 Vi 代表了第 i 个政党的得票比例，那么以政党得票比例为基础的政党体制分化度（Fv）就是：

$$Fv=1/\sum Vi2$$

在一个纯粹的一党制中，所有的选民对于这个唯一政党的选择是意见一致的，因此其分化度为 0；在最极端分化的情形中，每一个选民都有他自己中意的政党，致使分化度达到最大值 1。类似的指数是根据政党得到的议席来建构的，那就是说，是议会中政党体制的分化度（Fs）而不是选民之间的政党体制分化度：

$$Fs=1/\sum Si2$$

其中，Si 代表第 i 个政党所占议席的比例。

拉克什与塔格佩拉把这些指数中的政党数量转换成“相关政党数”，而进一步加以改良，提出“相关政党数”计数公式：

$$Nv=1/\sum vi2$$

其中，N 指政党数目，Vi 指政党得票比例或议席比例[②]。

其实，相关政党数蕴涵着与雷伊的政党体制分化度指数相同的信息。事实上，相关政党数（N）能够轻易地根据政党分化度（Fv）计算出来：

$$N=1/(1-Fv)$$

相关政党数（N）的最大优点在于，它比雷伊的抽象指数更能够简单地显现出政党的数量。按照萨托利“相关政党”分类方法，若 N＝2，说明该国有两个政党势均力敌，为两党制；N＝1.8，说明该国正远离一个纯粹的两党制，而朝着一党制的方向移动；N＝3.2，说明该国是多党制。

二　温和多党制的性质

（一）多党制

顾名思义，在西方政党制度中，多党制是指由多个政党竞争国家

① ［美］乔万尼·萨托利：《政党与政党体制》，王明进译，商务印书馆 2006 年版，第 421—423 页。

② 参见王绍光：《民主四讲》，生活·读书·新知三联书店 2008 年版，第 172 页。

政治职位并轮流执政或联合执政的制度。由于实行多党制的竞选，议会等政治过程中存在着多个政党并立角逐的局面，因而这种多党制又叫做“多党并立制”。[①] 多党制源于法国大革命，1870 年法兰西第三共和国建立后，在国家政治生活中逐渐建立多党制。后被多数资本主义国家，特别是西欧、北欧资本主义国家所接受。目前，世界上实行多党制的国家多于实行一党制或两党制的国家。在多党制国家中，政党数目不同，少则 3—5 个，多则 10 多个，甚至数十个。然而，过多的政党同时并存只是暂时现象，在党派斗争中必然使政党优胜劣汰，一些政党分化组合成几个或者若干较大的政党联盟。

（二）多党制的特征

从多党制的概念看，多党制具有以下特征：(1)一个国家的政治体系中存在三个以上的政党，并且在政治上比较活跃，在议会中也拥有一定数量的议席。(2)在法律和制度上，政党都可以单独或联合参加竞选，并可以单独或联合执政。但由于实行比例代表制和多数代表制的选举制度，在实行多党制的国家中，很少有一个政党能够单独上台执政。(3)政党联盟是多党制下常见的政党参与竞选和执政的组织形式，通常政党联盟取得议会的多数席位或赢得总统选举而上台执政，所以多党制通常导致联合政府。(4)政党联盟组成的联合政府不稳定，经常出现因政党间分歧导致政权更替的情况。(5)选民在决定由谁组织政府方面没有直接发言权，通常由选举结束后的各党派通过讨价还价来决定。[②]

（三）多党制的评价

多党制作为政党制度的有机组成部分，其优势在于：一方面，社会中的各阶层或集团都能找到他们对应的政党来代表其利益，从而使得国家实行的政策、法规能够体现该阶层、集团的利益。也就是说，多党制为社会中各阶层广泛参加国家政治生活提供更多机会和可能性；另一方面，通过多党制，各阶层利益能有效地表达和维护，各阶层对现存政治体制（包括多党制）认同感高，并最终成为现存政治

---

① 参见王浦劬：《政治学基础》，北京大学出版社 1995 年版，第 278 页。

② 参见高鹏怀：《比较政党与政党政治》，知识产权出版社 2008 年版，第 93—94 页。

体制的维护者，而非反对者。因而多党制有利于国家政局的总体稳定，较少产生“反体制”政党或引发暴力革命。

然而，多党制并不是完美无缺的，其弱点主要表现在：一是多党制中组阁困难。多党联合情况下，若各党分歧很大，难以联合，即使经过多轮“马拉松”式的组阁谈判，新内阁也不免有“难产”的危险。二是多党制中内阁容易倒台。多党联合政府中，一旦某一政党退出执政联盟，执政联盟在议会中将不再拥有多数席位，失去组阁的权利，导致内阁倒台，酿成政府危机。三是多党制中政府交替频繁。在多党制的执政联盟中，若联盟中各政党之间意识形态分歧较大，或者政策偏好悬殊较大，对政府施行的有关政策难以达成共识，会导致联盟的政党组合和政府交替频繁，从而影响政府政策的一贯性，执政效果也必然受到影响。

（四）多党制的属性

根据萨托利的多党制分析，狭义的多党制一般可分为温和多党制和极端多党制两种属性，而广义的多党制除了温和多党制和极端多党制外，还包括一党独大制等。

1. 温和多党制。温和多党制是指在多党制体系中，大量投票人处在靠近中间位置，政党竞争主要是为争取“中间”投票人，其纲领与许诺往往表现出“趋向中间”或向心的方式，左翼政党限制其激进主义，右翼政党淡化其保守主义，最终形成温和多数。① 在该体系中，政治是温和而稳定的，各政党间意识形态距离相当小，相关政党数量为3—5个，一般不会出现单一政党取得议会绝对多数的现象。温和多党制一般包括温和性多党制、一党据优多党制、非竞争性多党制、极端多党制等形态。显然，温和多党制不是轮流执政，而是交替组成联盟的联合执政（交替组成的联盟并不必然意味着实际上的替代联盟）。需要指出的是，这种多党尽管竞争非常激烈，但各政党竞争的方向仍然是向心性的。

2. 极端多党制。极端多党制是指在多党制体系中，政党以“偏离中心”或离心的方式进行竞争。政党间不是缓和其立场，反而倾向

① ［美］迈克尔·罗斯金：《政治科学》，林震等译，华夏出版社2001年版，第230页。

于将其意识形态极端化并与其竞争者进行“政治上出价高于别人”的竞赛，并竞相向选民提出极端的、非理性的许诺。一些政党提出的政策方案越来越激进，或是极左或是极右，而另一些政党甚至是反制度的或革命性的政策方案，导致坚持中间立场的政党会受到来自左右两方面的夹击。这种多党制极易造成政局不稳，甚至引起国家分裂或内战。① 当然，极端多党制意识形态上互不妥协而产生更多的矛盾和冲突，使意识形态距离拉大，为形形色色的政党产生提供广阔空间，形成更多的政党。

3. 一党独大制（一党优势制、一党多元制）。一党独大制是多党制中一种特殊情况，即在一些国家中，进入议会的政党不止一个，但政权却长期为一个政党垄断。从理论上看，其他政党都有执政的可能性，但实际上小党处于劣势，很难打破一党独占政权的格局。传统政治学一般把这种政党制度视为多党制的一种特殊形式。后来有学者提出，既然政治制度的划分要把政党的数目和掌权的方式结合起来，那么，执政党长期只有一个，就应当将其归为一党制。

总之，通过对温和多党制和极端多党制的比较分析可知，温和多党制具有相关性政党间意识形态距离小、联盟执政格局、向心性竞争的特征，在转型国家中广泛运用。相反，极端多党制则在政党政治国家中较少采用。中亚国家的多党制正是在这种温和性多党制、一党据优多党制、非竞争性多党制、极端多党制等形态驱动下的产物。

第二节　中亚国家温和多党制的演绎

一　吉尔吉斯斯坦温和性多党制的演绎

吉尔吉斯斯坦多党政治萌芽发端于戈尔巴乔夫的民主改革后期，1993 年吉尔吉斯斯坦颁布第一部宪法，标志着吉尔吉斯斯坦多党制的制度模式开始创建。作为西方政党制度的移植，吉尔吉斯斯坦多党制经历了本土政治、经济、文化传统的不断碰撞与磨合，打造具有吉尔吉斯斯坦特色的温和多党制雏形。独立以来，吉尔吉斯斯

① ［美］迈克尔・罗斯金：《政治科学》，林震等译，华夏出版社 2001 年版，第 230 页。

坦多党制走过启蒙、成长、最终确立三个不寻常的阶段，取得从一党制向多党制的成功转型。在这一进程中，吉尔吉斯斯坦多党制也暴露出诸多不完善之处，至今尚未被吉尔吉斯斯坦大多数公众所认可，但吉尔吉斯斯坦多党制仍按其内在规律发展着。

（一）吉尔吉斯斯坦温和性多党制的启蒙阶段

吉尔吉斯斯坦温和性多党制萌发于20世纪80年代末前苏联的社会民主运动。1989年初夏，在戈尔巴乔夫“新思维”影响下，吉尔吉斯加盟共和国的伏龙芝（今比什凯克）出现声势浩大的市民自发运动，其参与者大多是既没有国家福利分房，也没有自己私人住房的青年学生和工人，为争得建房用地，他们自发组织起来，成立“阿沙尔”运动组织。紧接着，奥什市的无房青年也于1990年成立“奥什阿伊马基”青年组织。伴随着吉尔吉斯斯坦的民主运动不断扩散，陆续诞生一批具有民族民主性质的社会运动组织，如“阿萨巴”、“阿图尔杜克”等组织。1990年5月，吉尔吉斯斯坦社会民主运动成立，由包括莫斯科、列宁格勒等吉尔吉斯人同乡会在内的共34个社会组织参加。1991—1992年间，该组织曾几度分化组合，蜕变为“自由吉尔吉斯斯坦党”、祖国党和“阿萨巴”党等派别。截至1991年底，吉尔吉斯斯坦共成立各类社会运动组织26个、党派3个。

为保证吉尔吉斯斯坦温和性多党制的合法性，1990年4月12日，继苏联人民代表大会做出取消反映苏共领导地位的宪法第六条后，吉尔吉斯加盟共和国最高苏维埃也通过关于废除吉共领导作用和主导力量的法律，并确立吉尔吉斯斯坦公民有权联合共产党和其他社会政治组织、参与群众运动的准则，准许吉尔吉斯斯坦多党制的存在。同年12月，在吉尔吉斯斯坦的国家主权宣言中，规定政党及社会运动的活动权利，以及在国家法律允许的范围内民众可以成立任何新的社会组织，以保障吉尔吉斯斯坦多党制的合法性。1991年，吉尔吉斯斯坦通过《社会团体法》，该法赋予吉尔吉斯斯坦人民在自愿的前提下，为共同的利益或兴趣成立社会团体的权利。它的出台为当时社会民主运动起到有力的保护作用。1991年8月31日，吉尔吉斯斯坦宣布独立；1993年5月5日，吉尔吉斯斯坦颁布第一部宪法，其中第8条规定，“在吉尔吉斯共和国，可根据自由表达意志和共同利益的原则建立政党、工会和其他社会组织。国家保证维护社会团体的权利与合法利益。政党以下述方式参与管理国家事务：提出自己的为选入最高苏维埃、担任国家领导职务和进行地方自治机关的候选人；在代表机关中组建党团"[①]，再次明确在吉尔吉斯斯坦实行自由竞争的多党制原则，为吉尔吉斯斯坦各政党的自由建立和公平竞争奠定宪法意义上的法律基础。

（二）吉尔吉斯斯坦温和性多党制的成长阶段

吉尔吉斯斯坦宪法的颁布实施，吉尔吉斯斯坦温和性多党制在其国家政治生活中扮演的作用越来越大，最明显的变化就是：多党制的法律保障体系日益健全，政党数量不断增多，对议会影响力渐次加大。

在吉尔吉斯斯坦温和性多党制的法律体系建设上，吉尔吉斯斯坦制定和修改了《政党法》、《选举法》、《宪法》等法律。在《政党法》（1996 年）中明确规定：(1)政党须在国家法律规定的范围内开展活动。政党法第 2 条明确指出，吉尔吉斯斯坦宪法、政党法及其他规范性法律文件是各政党组建与活动的法律基础。政党法第 7 条规定，各政党成员的权利由党章规定。这些权利不能同吉尔吉斯斯坦宪法、法律以及由吉尔吉斯斯坦政府所批准的有关人的权利和自由的国际法律文件相抵触。(2)严禁建立企图推翻现政权、破坏社会稳定的政党。政党法第 3 条规定，不允许以下这样的政党组建和开展活动：它们的目的和行动是推翻和强行改变吉尔吉斯斯坦的宪法制度，破坏国家的主权和领土完整，宣传战争、暴力和残忍行为，挑起社会、种族、民族和宗教纠纷与敌视情绪，从事同吉尔吉斯斯坦宪法制度相违背、同公认的国际法准则相抵触的其他勾当。政党法第 18 条还具体规定，政党不准拥有、窝藏和保存武器、炸药及其他对社会、生态安全以及对公民生命、健康构成威胁的物资。(3)不允许外国政党和外国人插手吉尔吉斯斯坦政党活动。政党法规定，不允许外国政党及其分部在吉尔吉斯斯坦境内活动。政党法还规定，禁止外国政府、外国政党，以及外国法人和自然人资助吉尔吉斯斯坦政党活动。(4)对各政党加强管理，实行严格的登记注册制度。各政党依照国家有关

---

① 参见朱新光：《上海合作组织视角下的中亚地区治理理论与实践》，黑龙江人民出版社 2009 年版，第 267 页。

法律在国家司法部登记注册。如果一个政党发生超越自己章程规定的目标和任务或者发生不符合国家现行法律的行为，那么该政党领导机关有可能受到国家司法部做出的书面警告。该党领导机关必须在一个月内通报有关纠正司法部警告中所指出的违反政党法行为而采取措施的情况。其中有的政党因触犯法律、且情节比较严重，可能被宣布中止为期两个月的活动。在此期间，该党不得利用各种新闻媒体，不得进行宣传鼓动工作，不得组织集会、游行及其他群众性活动，也不得参加选举。随着所规定期限的完结和违法行为的纠正，该政党的活动将重新开始等。[①]《政党法》的颁行，既鼓励吉尔吉斯斯坦民众参政的意愿，又大大提高政党制度化水平，使吉尔吉斯斯坦温和性多党制有了强有力的法律保障。

1998 年，吉尔吉斯斯坦通过全民公决修改宪法，将议会两院代表的人数构成作重大调整：立法会议的人数由原来的 35 人增至 60 人，人民代表会议的人数则由原来的 70 人降至 45 人；在立法会议的 60 个席位中专门为政党设立 15 个议席；在立法会议代表的选举方式上，引入"多数比例代表制"和"地区代表制"两种"混合"选举方式（也就是说立法会议的 15 个政党席位由政党按比例代表制产生，其余 45 个席位由选区产生）。1999 年，吉尔吉斯斯坦又出台新《选举法》，对新的议会选举方式予以确认。与以往不同，在此次修宪和出台《选举法》里，明确规定在立法机构中给政党保留专门的席位，并采用有利于多党制发展的混合选举制度，相比之前只按地区代表制选举议会代表的选举制度来说，无疑是一大进步。

在吉尔吉斯斯坦温和性多党制的规模上，吉尔吉斯斯坦政党数量成倍增长。1994 年，吉尔吉斯斯坦仅有各类政党 8 个，1999 年已发展到 18 个政党。之后，吉尔吉斯斯坦温和性多党制发展迅速，2001 年，仅在吉尔吉斯斯坦司法部正式登记注册并开展活动的政党有 32 个。其中，在国家政治生活中比较活跃的政党有"尊严"党、吉尔吉斯斯坦民主运动党、吉尔吉斯斯坦团结党、吉尔吉斯斯坦共产主义者党、"自由吉尔吉斯斯坦"进步民主党、人民党、吉尔吉斯斯坦"公

---

① 参见刘庚岑等：《吉尔吉斯斯坦——列国志》，社会科学文献出版社 2005 年版，第 110—112 页。

正”党、吉尔吉斯斯坦社会民主党、“阿塔—麦肯”党、阿富汗及其他地区战争老战士党、吉尔吉斯斯坦妇女民主党，“阿萨巴”(“旗帜”)民族复兴党、吉尔吉斯斯坦农业党、吉尔吉斯斯坦妇女党等政党组织。经过吉尔吉斯斯坦宪法的修改，以及其他保障政党活动权利的法规相继出台，吉尔吉斯斯坦温和性多党制的数量呈高速增长态势，到2006年吉尔吉斯斯坦登记在册的各类政党已突破88个，多党制规模可见一斑。

在吉尔吉斯斯坦温和性多党制与议会的关系上，不断强化对吉尔吉斯斯坦议会的影响力。根据吉尔吉斯斯坦宪法，议会作为履行立法职能的代表机构，是吉尔吉斯斯坦各政党的主要活动舞台。吉尔吉斯斯坦《选举法》颁布后，政党在议会中的席位显著增加。1994年的吉尔吉斯斯坦议会选举中，政党只获得议会105个席位的7席，占比6%。2000年的吉尔吉斯斯坦议会选举中，政党议席增至15席，较1994年增幅达114.3%。其中，吉尔吉斯斯坦共产主义者党获得27.65%的选票，赢得5席；“民主力量”选举联盟得票率为18.64%，赢得4席；吉尔吉斯斯坦妇女民主党得票率是12.69%，赢得2席；阿富汗及其他地区战争老战士党得票率为8.03%，得到2席；“阿塔—麦肯”党得票率是6.47%，分得1席；“我的国家”党支持率为5.01%，赢得1席。2007年的吉尔吉斯斯坦议会选举中，政党在议会中的议席数达到100%，分享全部90个席位，其中，以巴基耶夫总统支持创建的光明道路党占71席，以前总理阿塔姆巴耶夫为领袖的社会民主党占11席，以前吉共中央第一书记马萨利耶夫之子为首的吉尔吉斯斯坦共产主义者党占8席。[①] 这样，吉尔吉斯斯坦议会就呈现出政党独统、多党共治的局面，有利于吉尔吉斯斯坦温和性多党制的成长壮大。

（三）吉尔吉斯斯坦温和性多党制的确立阶段

2007年，吉尔吉斯斯坦总统巴基耶夫控制的光明道路党占据议会绝大多数议席，造成吉尔吉斯斯坦政党体制的一党独大局面。巴基耶夫利用这一机会，扩大总统权力，打压反对派力量，强化社会控

---

① 参见焦一强：《从“民主岛”到“郁金香革命”：吉尔吉斯斯坦政治转型研究》，兰州大学出版社2010年版，第100页。

制，引起反对派的强烈不满。2008 年 10 月，吉尔吉斯斯坦反对派政党要求巴基耶夫修改宪法，限制总统权力，加强议会对总统权力的制约。2009 年 7 月，吉尔吉斯斯坦举行总统选举，反对派政党结成竞选联盟——“联合人民运动”，推举阿坦巴耶夫竞选总统候选人，企图推翻巴基耶夫政权，结果以失败告终，巴基耶夫获得总统连任。吉尔吉斯斯坦温和性多党制进入十字路口，面临方向选择。

2010 年 4 月 6 日，吉尔吉斯斯坦反对派政党为抗议政府拘捕“阿塔——麦肯”党副主席谢尔尼亚佐夫，组织约 1500 名示威者围攻塔拉斯州政府大楼，还计划在 7 日在全国各地举行“人民大会”，遭到巴基耶夫政府的拒绝。4 月 7 日，包括首都比什凯克在内的吉尔吉斯斯坦多个城市和地区发生骚乱，上万反对派支持者走上街头，冲击州政府大楼，围攻总统府，占领议会，并与军警发生冲突，总统巴基耶夫出逃。[①] 8 日，以前外长、社会民主党议会党团领袖奥通巴耶娃为首的“临时政府”宣告成立。16 日，巴基耶夫签署辞职声明。

2010 年 4 月 26 日，吉尔吉斯斯坦临时政府公布新宪法草案，其核心内容就是吉尔吉斯斯坦政体将由总统制过渡到议会制，新宪法对有关总统和议会职权关系做出重大调整，对立法、行政、司法三权进行了重新划分，规定总统只是国家权力的象征，在国家政治生活中起仲裁作用，任期 5 年，不能连任；议会为一院制，不仅拥有立法权、组阁权，还拥有财政权；议会完全由政党代表组成，各政党采用比例代表制进入新议会。新宪法将在两个月后交由全民公决。2010 年 6 月 29 日，吉尔吉斯斯坦中央选举委员会公布对新宪法进行全民公决投票的结果，在已统计的全部选票中，赞成票和反对票分别占 90.5%和 8.06%，新宪法草案获得通过[②]，标志着吉尔吉斯斯坦将成为中亚第一个议会制国家。对此，吉尔吉斯斯坦临时政府总理奥通巴耶娃感言，吉尔吉斯斯坦国家走上“迈向真正的民主”的道路。[③]

新宪法通过后，新政党纷纷涌现，数量一度达到 150 个左右。经吉尔吉斯斯坦中央选举委员会最终确定 29 个政党满足参选资格，其

---

① http://news.xinhuanet.com/world/2010-04/08/c_1221829.htm.

② http://news.xinhuanet.com/2010-06/29/c_12276854.htm.

③ http://www.chinanews.com/gj/gj-yt/news/2010/06-29/2368565.shtml.

中过半数是新近成立的政党。[①] 2010年11月1日，吉尔吉斯斯坦中央选举委员会正式公布议会选举结果，5个政党进入议会，得票率分别为："故乡"党8.47%、社会民主党7.83%、"尊严"党7.57%、"共和国"党6.94%、"阿塔—麦肯"党5.49%。根据得票率，在新一届议会中"故乡"党获得28个席位、社会民主党获得26席、"尊严"党获25席、"共和国"党获23席、"阿塔—麦肯"党获18席[②]。12月17日，以社会民主党领袖阿坦巴耶夫出任政府总理的"吉尔吉斯斯坦第一届议会制政府终于建立起来了"[③]。吉尔吉斯斯坦多党联合政府的建立，标志着吉尔吉斯斯坦温和性多党制的完全确立。[④] 2011年10月，阿坦巴耶夫又获得半数以上参选选民的支持，成功当选吉国总统。12月8日，阿坦巴耶夫授权社会民主党组建执政联盟。社会民主党与共和党、"尊严"党、"阿塔—麦肯"党当天签署组建新执政联盟的协议。新成立的四党执政联盟占据整个议会120个席位中的92个，"故乡"党占据28个席位。

2012年8月22日，吉尔吉斯斯坦的四党执政联盟中的"尊严"党和"阿塔—麦肯"党同时宣布退出执政联盟，吉执政联盟正式解散。吉总统阿坦巴耶夫于24日签署命令，宣告现任政府自动辞职。9月3日，社会民主党、"阿塔—麦肯"党、"尊严"党签署协议，正式组成执政联盟。执政联盟协议规定，三党共同推举现任总统办公厅主任萨特巴尔季耶夫为唯一总理候选人，保留三党在原四党执政联盟时期所分配的政府副总理和部长职位，剥夺原共和党在政府中分配的职位并交由新总理自主安排。9月5日，萨特巴尔季耶夫当选政府总理。新执政联盟还商定，议长继续由热恩别科夫担任，执政联盟主席由"尊严"党主席库洛夫担任。新组成的执政联盟的三党共有67个议员，在议会120个议席中占56%。为此，执政联盟与8名"阿塔—

① http://www.china.com.cn/international/txt/2010-10/12/content_21102519.htm.

② http://world.people.com.cn/GB/57507/13105076.html.

③ http://www.xjkunlun.gov.cn/xinwen/szyw/guojiyw/2010/2056644.htm.

④ 参见朱新光："中亚吉尔吉斯斯坦的多党制评析"，载《新疆师范大学学报》2013年第5期。

麦肯”党议员和5名“故乡”党议员签署战略合作协议，商定共同议政和统一立场，以便使支持执政里面的议员总数达到2/3。

二 哈萨克斯坦一党据优多党制的演绎

（一）哈萨克斯坦一党据优多党制的草创阶段

哈萨克斯坦的一党据优多党制发端于前苏联后期，1988—1991年间，哈萨克斯坦就开始出现反对党派和团体。戈尔巴乔夫改革时期，出现许多非官方的政治、文化、生态、民族和宗教团体。哈萨克斯坦独立后，在民主政治的推动下，各种不同政治主张的政党和社会组织开始登上哈萨克斯坦政治舞台。1991年6月，哈萨克斯坦通过《社会团体法》，确立多党制的合法性。同年9月，哈萨克斯坦共产党正式宣布脱离苏共并自行解散。同年12月，哈萨克斯坦宣布独立。1993年12月，哈萨克斯坦通过第一部宪法，确认意识形态多元化和各种社会团体在法律面前平等，使哈萨克斯坦的政治多元化得以广泛发展的现实前景。在该国独立后的第一部宪法中，没有就政党的地位、作用及其活动方式作出法律界定，只是把政党同社会团体划为一类。当时的哈最高苏维埃和1994年春取代它的新议会，也没有及时制定调整社团与政党活动的法律文件，继续使用原有的《社会团体法》来规范政党和社会组织的活动。截至1994年底，哈萨克斯坦国内在司法部登记取得合法地位的，以及虽尚未登记但实际上已经在活动的政党、运动和社会政治组织多达100余个。

（二）哈萨克斯坦一党据优多党制的形成阶段

1995年7月，哈萨克斯坦以全民公决方式通过第二部宪法，新宪法重申意识形态和政治多样化、各社会团体在法律面前一律平等的原则，根据新宪法选举产生了两院制新议会。为了能进入议会或在议会中产生影响，一些党派分化组合，同时又有一批新的党派出现。由于哈萨克斯坦实行总统制，总统被赋予极大的权力，政党在国家政治生活中的作用十分有限。1996年5月，哈萨克斯坦颁布新的《社会团体法》，同年7月颁布《政党法》。

在《政党法》中明确规定：(1)政党须在国家法律规定的范围内开展活动。政党法第一章的第2条规定，哈萨克斯坦政党的立法以哈萨克斯坦宪法为根据，由哈萨克斯坦《社会团体法》、本法和哈萨克斯坦其他立法文件组织；第 3 条规定，哈萨克斯坦公民有组织政党的权利；第 5 条规定，政党在法律面前一律平等，禁止建立其目的和活动旨在采用暴力手段改变宪法制度、破坏哈萨克斯坦共和国完整、颠覆国家安全、挑起社会、种族、民族、宗教、阶层和民族仇视的政党，并禁止其活动。(2)政党根据不少于 10 名哈萨克斯坦共和国公民的倡议，召开成立党的代表大会(代表会议)；为筹备和组织成立代表大会(代表会议)可以成立组织委员会。军人、国家安全机关工作人员、护法机关工作人员和法官不得加入政党，也不得支持任何一个政党。哈萨克斯坦总统在实施自己的全权期间须中止在政党中的活动。(3)政党的国家登记由哈萨克斯坦司法部实施。须拥有不少于 3000 名成员，代表哈萨克斯坦半数以上州的政党，方可进行国家登记。对拒绝登记可按司法程序进行上诉。(4)政党为实现党章和党纲中规定的目标和任务，在立法规定的程序内有权传播本党活动的信息、宣传党的目标和任务，在自愿的基础上联合成协会(联盟)、选举集团，提出哈萨克斯坦总统候选人、哈萨克斯坦议会马日利斯议员和马斯里哈特代表候选人，通过自己在哈萨克斯坦马斯里哈特的代表提出哈萨克斯坦议会参议院议员候选人等。

哈萨克斯坦《政党法》的颁布，充分表明哈萨克斯坦对政党的认识已经发生根本改变。截至 1999 年 2 月，已在哈萨克斯坦司法部登记的政党有 10 个，它们分别为哈萨克斯坦公民党、哈萨克斯坦民主党、哈萨克斯坦共产党、哈萨克斯坦人民合作党、哈萨克斯坦复兴党、哈萨克斯坦人民统一党、哈萨克斯坦人民大会党、哈萨克斯坦共和党、哈萨克斯坦共和政治劳动党和社会党。同年 10 月，为配合哈萨克斯坦议会选举需要，又诞生哈萨克斯坦祖国党、哈萨克斯坦农业党、哈萨克斯坦公民运动、哈萨克斯坦阿拉什党、哈萨克斯坦共和人民党等。这些政党的出现，为哈萨克斯坦一党据优多党制的形成奠定了基础。

(三) 哈萨克斯坦一党据优多党制的巩固和完善阶段

哈萨克斯坦议会制的确立，使哈萨克斯坦一党据优多党制出现新变化。一些政党为能够进入议会或在议会中扩大自己的影响纷纷走向联合，组成政党联盟。另一些政党则由于其内部党员之间的利益分歧，导致政党的部分成员脱离原政党，自立门户，成立新的政党。

而更多小党难以适应形势变化，逐渐销声匿迹，退出哈萨克斯坦的议会竞选舞台。这种优胜劣汰、适者生存的政党竞争法则，使哈萨克斯坦政党与议会间的关系更加紧密，有利于哈萨克斯坦一党据优多党制的发展。

1999年9月，哈萨克斯坦举行议会选举，各主要政党诸如祖国党、公民党、共产党、农业党、阿拉什党、人民大会党、劳动党、共和人民党等都宣布参加竞选。最后有4个政党获胜，其中祖国党得票为30.89%，获得议会40席；共产党为17.75%，获得议会3席；农业党为12.63%，获得议会10席；公民党为11.23%，获得议会近20席。由于这次选举是哈萨克斯坦独立后的第一次差额选举，而且专门拿出下院10个席位给各政党，在多党制方面又迈出重要一步，因此意义重大。

2002年，哈萨克斯坦再次通过修改后的《政党法》，并对政党进行重新登记，登记标准也有所提高。新《政党法》规定，只有拥有5万名党员，在各州有700名党员以上的政党才能批准登记。据统计，2002年9月，哈萨克斯坦登记注册的政党有19个。2003年年初，哈萨克斯坦对原有政党进行重新登记，有11个政党提出登记申请，结果只有祖国党、农业党、公民党、共产党、光辉道路民主党、乡村社会民主党、爱国者党7个政党通过审核，其他4个政党被拒绝重新登记，政党数量大幅减少。

2003年10月登记的政党数量有所增加，新增了精神支柱党、哈萨克斯坦民主选择人民党、民主党、乡村农民社会民主党等。2004年9月，在哈萨克斯坦举行的第三届议会下院选举中，哈萨克斯坦祖国党获得60.62%的选票，分配到7个议会席位；哈萨克斯坦光辉道路党获得12.04%的选票，分配到1席；"阿萨尔"党获得11.38%的选票，分配到1席；"阿依斯特"（农民党和公民党联盟）获得7.07%的选票，分配到1席。[①]

2007年6月，哈萨克斯坦议会通过宪法修正案，确定哈萨克斯坦政体由总统制向总统—议会制过渡。根据该修正案，议会下院议员增至107人，其中98人按党派比例，9人由人民大会提名。上院增加8

---

① http://www.gazeta.kz/art.asp? aid=50379.

人，为 47 人。同时扩大议会权限，议会多数党团获得组阁权并推举总理人选，简化议会对政府提出不信任案的程序。2007 年 8 月，哈萨克斯坦举行议会下院选举，由总统纳扎尔巴耶夫亲任党主席的哈萨克斯坦最大政党祖国之光党赢得 88.41％的选票，成为唯一进入新一届议会的政党，囊括按照党派名单选出的全部 98 个下院席位。而哈萨克斯坦光辉道路党获得 3.3％的选票，"全国社会民主党"获得 4.6％的选票，其他政党一共才获得超过 3％的选票。这样没有一个反对党超过 7％的界限，因而反对党一个议会席位也未得到。

2009 年 1 月，哈萨克斯坦议会通过《选举法》、《政党法》等法律修正案。上述修正案旨在推进哈萨克斯坦政治经济同步改革，为议会下院出现两个以上的政党提供法律基础。其中规定议会下院选举门槛仍为 7％，如仅有一个政党胜选，得票数居第二位的政党将进入议会；由法庭裁定犯有贪污腐败罪行和行政违法罪行的哈萨克斯坦公民不得参加选举；对选举法的解释权和召集全体选民集会权归中选委所有等。①

2012 年，哈萨克斯坦举行议会下院选举，参加议会下院选举的政党有 7 个，祖国之光（人民民主）党得票率为 80.99％，哈萨克斯坦爱国者党得票率为 0.83％，哈萨克斯坦光明道路民主党得票率为 7.47％，全国社会民主党得票率为 1.68％，哈萨克斯坦共产主义人民党得票率为 7.19％，哈萨克斯坦社会民主党得票率为 1.19％，民主党得票率为 0.66％。② 祖国之光（人民民主）党、哈萨克斯坦共产主义人民党、哈萨克斯坦光明道路民主党三党顺利进入议会，改变 2007 年以来祖国之光党包揽议会下院所有席位的局面，扩大了议会的代表性。至此，哈萨克斯坦一党据优的多党制形态得以巩固。

三　乌兹别克斯坦非竞争性多党制的演绎

（一）乌兹别克斯坦非竞争性多党制的形成阶段

乌兹别克斯坦独立前，除执政党苏共外，乌兹别克斯坦不存在其

① http://www.npc.gov.cn/npc/xinwen/2011-05/20/content_1656409.htm.

② http://www.xjjjb.com/html/news/83665.html.

他政党。在苏联政治改革过程中，由于实行政治多元化原则，名目繁多、性质各异的政党、团体、运动在各共和国应运而生。乌兹别克斯坦政府对于政党组织控制较严，特别是对一些持激进主张的组织、团体密切注意，多采用限制措施。近年来，乌兹别克斯坦的宗教势力逐渐活跃，尤其是伊斯兰教原教旨主义极力渗透和扩大影响，试图填补苏共之后形成的意识形态真空，力求建立政教合一的伊斯兰教国家。因此，乌兹别克斯坦政府对宗教政党采取更为严格的态度，如对某些宗教政党不予注册登记，对宗教报刊实行检查，不准教职人员竞选人民代表等。

1991 年 2 月，乌兹别克斯坦颁布《乌兹别克共和国社会结社法》，准许共和国公民有权成立政党、工会和其他社会组织，但其活动不能破坏社会道德基础，不得改变现行宪法制度，不得破坏共和国内的团结，不得挑起民族纠纷；还要求必须向共和国司法部注册登记，不允许成立以暴力方式反对宪法制度和破坏国家安全的政党和组织；若不准予注册登记，即为非法，不得公开活动。所以，乌兹别克斯坦的政党组织较少，成员人数、活动范围、政治影响也较为有限。受其影响，一些政党如祖国进步党、人民民主党等相继出现。1991 年 9 月 14 日，乌兹别克斯坦共产党召开第 23 次非常代表大会，通过解散乌兹别克斯坦共产党和建立乌兹别克斯坦人民民主党的决定。

乌兹别克斯坦独立初期，乌兹别克斯坦也出现不少新的政党和组织，其中比较有影响的有伊斯兰复兴党、埃尔克民主党、比尔里克运动和乌兹别克人民阵线等。但由于这些政党多具有极端主义色彩，乌兹别克斯坦政府禁止它们登记。1993 年 12 月，乌兹别克斯坦通过的《乌兹别克斯坦最高会议选举法》，将最高苏维埃改称最高会议。根据有关规定，参加议会选举的议员候选人提名权属于按法律程序登记的政党、各州和塔什干市人民代表会议以及地方性政权组织。政党提出的候选人必须征集 5 万选民的签名才算有效。因为对可能给国家安全和社会稳定带来威胁的政党进行了严格限制，所以排除了反对党进入议会的可能性。截至 1995 年 12 月，登记注册的除人民民主党外，还有主要由知识分子和新兴企业家组成的祖国进步党、“公正”社会民主党、“民族复兴”党、“自我牺牲”民族民主党、自由民主党等，乌兹别克斯坦非竞争性多党制初步形成。

（二）乌兹别克斯坦非竞争性多党制的确立阶段

1996年12月，乌兹别克斯坦颁布《政党法》。该政党法规定，政党的建立和活动是为实现公民的政治权利和自由，国家保障维护政党的合法权利，为它们实现自己的目标和任务提供平等的法律基础，禁止国家权力机关和管理机关、企业、组织领导人干涉政党内部事务，阻挠政党的正常活动。不过，政党活动需要在业余时间进行。政党有权自由散发和通报本党活动情况，宣传本党思想信念、追求的目标和党的决议，按法定程序参加共和国总统和议会的竞选活动，举行党组织活动和代表会议，创办自己的大众传播媒体，与其他政党建立联盟关系，建立和登记政党须征集到8个州的5 000名以上公民的签字支持，必须经过共和国司法部批准登记，方可开展活动。禁止建立以暴力改变现行宪法制度，损害共和国主权和领土完整，破坏国家安全，损害公民的宪法权利和自由，宣传战争，鼓动社会、民族、种族和宗教仇视，危害公民身心健康和道德的政党和社会组织及其活动；禁止秘密成立社会团体；禁止根据民族和宗教特征成立军事化政党和团体等。2004年12月，乌兹别克斯坦议会下院选举，人民民主党、“公正”社会民主党、“民族复兴”党、“自我牺牲”民族民主党、自由民主党等参加了竞选。结果，自由民主党获得34.2%的议席，人民民主党获得23.3%的席位，“自我牺牲”民族民主党获得18个席位，“民族复兴”党获得11个席位，“公正”社会民主党获得10个席位，独立议员获得14%的席位。①

2007年2月，乌兹别克斯坦立法院通过《关于加强政党在国家改革、民主化和现代化进程中作用的宪法性法律》，规定政党在议会上院和地方代表团中的地位，政党可以参与选举、任命和解除政府及地方行政领导人，同时增加人民代表的职权，目的是增强政党对于中央及地方机关的监督，以及对司法机关和管理机关事务的影响。2007年4月该法律被参议院通过。新法律还规定了总理的任免程序，总统与立法院各政党及独立代表协商后提名总理候选人，并交由议会立法院和上院审议，若该提案得不到议会多数通过，则总统需再

---

① ДинараДултаева：〈ПарламенскиевыборывУзбекистане завершились〉，http://news.ferghana.ru/detail.php? id =71020113612.06,2060,5797699.

次与立法院政党及独立代表协商重新提名总理新候选人。乌兹别克斯坦国内媒体评价该法律加快了国家政治体系的民主化改革和建立公民社会的进程。[①] 2009 年 12 月，乌兹别克斯坦举行议会选举。根据统计结果，在新一届立法院 150 个议席中，自由民主党获得 53 个，人民民主党获得 32 个，"民族复兴"党获得 31 个，"公正"社会民主党获得 19 个，乌兹别克斯坦生态运动获得 15 个。[②] 由此可见，乌兹别克斯坦政党政治在经历长期的摸索与整合之后，已基本建构起只有少数合法政党存在、且行政程序严格化的非竞争性多党制形态。

四　塔吉克斯坦极端多党制的演绎

塔吉克斯坦的政党出现于苏联解体之前，1989 年，塔吉克斯坦首都杜尚别率先成立"拉斯托赫兹"人民运动，1991 年，该运动分化，形成塔吉克斯坦民主党。受其影响，塔吉克斯坦先后成立了 7 个政党组织。1990 年 10 月，塔吉克斯坦伊斯兰复兴党成立。1991 年秋天，该党召开第一次代表大会，同年 12 月作为议会型政党进行了登记，成为合法政党。伊斯兰复兴党后来发展成为塔吉克斯坦最大的反对党，对塔吉克斯坦政治局势产生重要影响。1991 年 9 月塔吉克斯坦共产党宣告成立，1991 年自由劳动党成立，1993 年 8 月塔吉克斯坦人民党成立，同年 11 月塔吉克斯坦人民民主党成立，1994 年塔吉克斯坦人民统一党成立，1996 年塔吉克斯坦"民族复兴"联盟成立。随着塔吉克斯坦内战结束，1999 年 8 月，塔吉克斯坦司法部正式解除禁止反对派政党活动的命令。同年 9 月以全民公决方式通过宪法修正案，其中包括允许建立宗教性质政党的内容，这为塔吉克斯坦多党制的建立提供法律保障。塔吉克斯坦主要政党有人民民主党、共产党、伊斯兰复兴党、民主党、社会主义党等。[③]

塔吉克斯坦极端多党制与塔吉克斯坦的议会制关系密切。塔吉

① http://www.npc.gov.cn/npc/xinwen/2011-05/20/content_1656404.htm.

② http://news.qq.com/a/20100113/000025.htm.

③ 参见王沛：《中亚四国概况》，新疆人民出版社 1993 年版，第 263—265 页。

克斯坦议会实行两院制，下院共设 63 个议席，其中 41 个按地方选区由选民选出，22 个由在党派选举中得票率超过 5%的党派推选，任期 5 年。2000 年 2 月，塔吉克斯坦举行议会选举，选举结果：塔吉克斯坦共产党获得 5 个席位、伊斯兰复兴党获得 2 个席位、塔吉克斯坦人民民主党获得 15 个席位。2005 年 2 月，在塔吉克斯坦的议会选举中，塔吉克斯坦人民民主党获得 48 个议席、塔吉克斯坦共产党获得 5 个议席、伊斯兰复兴党获得 2 个议席、无党派获得 8 个议席。① 2010 年 2 月，塔吉克斯坦举行第四次议会选举，有 8 个政党参加本次选举，分别是人民民主党、伊斯兰复兴党、共产党、民主党、社会主义党、社会民主党、经济改革党和农业党等。选举结果，塔吉克斯坦人民民主党获得 43 个议席、塔吉克斯坦共产党获得 2 个议席、伊斯兰复兴党获得 2 个议席、农业党获得 2 个议席、经济改革党获得 2 个议席、无党派人士获得 12 个议席。② 这样，塔吉克斯坦的极端多党制形态基本得到确立。

五　土库曼斯坦一党独大多党制的演绎

土库曼斯坦的一党独大多党制出现在前苏联时代。苏联解体前，土库曼斯坦共产党是土库曼斯坦唯一的政党，长期处于执政地位。1991 年“8・19 事件”发生后不久，土共宣布退出苏共。同年 12 月，将土共改建为土库曼斯坦民主党，土库曼斯坦前总统尼亚佐夫当选为该党主席。1992 年 12 月，土库曼斯坦民主党有所扩大，共有 2700 个基层组织，47 个民族的党员 5.6 万人，其中 47%为职员，30%为农民，14.5%为工人。许多民主党的党员已成为各部门的领导者和骨干，在国家人民代表中有许多人是民主党党员。2006 年 12 月，尼亚佐夫去世后，别尔德穆哈梅多夫于出任民主党领导人。2012 年 1 月，土库曼斯坦议会通过政党法案，为土库曼斯坦的一党独大多党制开辟了先河。

在土库曼斯坦的政党政治中，除了土库曼斯坦民主党外，还活跃着一批社会政治组织，诸如土库曼元老会、土库曼斯坦共青团、土库

① http://www.npc.gov.cn/npc/xinwen/2011-05/20/content_1656407.htm.

② http://www.fmprc.gov.cn/chn/pds/gjhdq/gj/yz/1206_29/.

曼斯坦马赫图姆库里青年联盟等。

土库曼元老会是由各地各界老一辈代表组成的社会政治团体，其宗旨和任务是恢复土库曼民族的历史传统，加速土库曼民族文化的复兴，加强民族团结，稳定国内的社会经济形势，保障经济的正常发展，为国家的独立与繁荣出力。土库曼斯坦元老会发挥参谋顾问作用，为政府决策提供建设性建议等。

土库曼斯坦共青团是该国最大的青年组织，1989 年有 6055 个基层组织，有 52.2 万名团员。1991 年 2 月 9 日召开的土共青团第 24 次代表大会，通过团的纲领和章程。同年 12 月宣布取消土库曼共青团，成立土青年联盟。

土库曼斯坦马赫图姆库里青年联盟成立于 1991 年 12 月，是在土共青团基础上改建的群众性青年组织，其主要任务是团结广大青年，为建设一个民主、法制、繁荣的共和国而效力。各界青年不论其信仰如何，均可自由参加和退出联盟。土库曼斯坦的社会政治团体的存在，在一定程度上确保了土库曼斯坦的政局稳定，也有利于土库曼斯坦民主党一党独大格局的延续。

第三节 中亚国家温和多党制的形态

在现代政治社会，衡量一个地区或国家的民主政治是否成熟的标准，不仅要看该地区国家的三权分立与制衡机制是否健全，还要看其多党制的发育程度是否正常。一般而言，政治民主化程度越高的国家，其多党制也就越完善。中亚温和多党制自独立以来表现得十分活跃，它们在参与各国政治生活的过程中，构建起了多种多样的政党形态，几乎涵盖从中左、中右、左翼、右翼政党等所有的政党形态。

一 中左翼政党

中亚的中左翼政党是苏联解体后，中亚国家民主化进程的逐步推进而成长起来的政党，它们一般分为两类：一类是在原苏共地方组织基础上发展起来的政党，如乌兹别克斯坦人民民主党和土库曼斯坦民主党；另一类是因选举需要而新组建的政党，如哈萨克斯坦的祖国党、哈萨克斯坦的复兴党、塔吉克斯坦的人民民主党、吉尔吉斯斯坦的“公正”党、吉尔吉斯斯坦的“光明道路”党等。①

（一）中左翼政党在政治上倡导建立民主法制国家

土库曼斯坦民主党声称是代表广大劳动人民利益的政治力量和议会型独立自主的政治组织，其宗旨是巩固本国的独立和主权、提高人民福祉、促进社会民主、确立社会公正；其任务是要建立一个民主、法制、世俗、开放、市场化的国家。该党基本原则是为全社会进步、促进民主化、奉行爱国主义、坚持人道主义，它实行基层、地区和中央三级管理，遵循民主集中制、少数服从多数等组织原则。

塔吉克斯坦人民民主党的纲领宣称，要团结各族人民，建设民主、法制、世俗的国家，消除社会生活各个领域的极端主义。乌兹别克斯坦人民民主党的宗旨是为人民建立应有的生活条件和劳动条件，保证社会公正，保障宪法权利和自由，保护人民的荣誉、尊严和人身安全，巩固国家政治体制、经济独立，维护族际和睦，改善劳动者的物质和文化生活状况。② 吉尔吉斯斯坦“公正”党主张结合吉尔吉斯斯坦的历史文化特征，建立公民社会和民主法制国家，保障公民的政治权利与自由，提倡公民参政。

（二）中左翼政党在经济上主张中亚国家的经济自由化和多元化

哈萨克斯坦的祖国党提出以激进的、高度发达的社会导向型市场经济体制、高度的社会稳定和发达的社会基础设施作为哈萨克斯坦经济体制改革的模式，通过不同形式的所有制，支持本国企业家阶层的崛起、改革生产结构、为人民提供社会保障；充分利用本国的地缘优势，承认国家在调节经济进程中的作用，实现国民经济的振兴，进而提高每一个哈萨克斯坦家庭的富裕程度，巩固哈萨克斯坦国家组织，从而使哈萨克斯坦沿着进步的道路前进，同时保存民族传统和精神价值，引导长远的根本性改革，增强社会信心③。

---

① 参见朱新光：“‘可控民主’：中亚民主化道路的理性选择”，载《现代国际关系》2008 年第 1 期。

② 参见王沛：《中亚四国概况》，新疆人民出版社 1993 年版，第 55 页。

③ ［俄］罗伊·麦德维杰夫：《无可替代的总统纳扎尔巴耶夫：哈萨克斯坦腾飞的组织者和欧亚方案的倡导人》，王敏俭等译，社会科学文献出版社 2009 年版，第 194 页。

土库曼斯坦民主党主张把主要精力放在经济建设上，支持旨在形成市场经济的改革；为在国民经济一些部门实行非国有化和私有化，为各种所有制形式的平等发展创造条件；在农业方面，将租赁承包制运用于农工综合体和农场的经营，并使农业规定以生产粮食、蔬菜和水果为主的方针，积极利用科技进步成果，加速国家社会经济的发展；大力支持企业家的活动。①

吉尔吉斯斯坦“公正”党主张建立有效的市场经济，加强国家管理经济的作用，保障各种经济形式平等发展，保障充分的经济自由和规定生产者的责任，实行非国有化和私有化，引进外资发展本国经济等。塔吉克斯坦人民民主党声称根据本国特点逐步向市场经济过渡，建立灵活有效的国家经济管理体制、建立社会稳定机制、实行彻底的经济改革、充分挖掘现有的生产潜力、积极开展对外招商引资等，来提高人民的生活水平。

（三）中左翼政党在社会政策上提出全民义务教育、改善医疗服务、提高工资和退休金等建议

土库曼斯坦民主党实施旨在向市场关系过渡中能确保居民社会保障的国家政策，不允许继续降低人民的生活水平；维护土库曼斯坦居民的宪法权利，采取措施，旨在防止大量失业，保证居民最高程度的就业；关心和改善残疾人、老战士和老年劳动者、国际主义战士、单身母亲、孤儿、大学生等的物质待遇；实施公民有住房的宪法权利，通过土库曼斯坦的新住房法，完成城市和居民点的住房建设规划及煤气化、供水、电气化等其他社会综合发展规划；拟定一整套关于稳定家庭和给予其帮助、提高家庭作用及其对培养子女责任心的规划；保护妇女在家庭和社会中的权益；改善共和国境内的生态环境，保护和合理使用自然资源，以有利于保障环境的清洁；扩大卫生机关、体育运动设施的网络并加强其物质基础，改进对居民的医疗服务和对疾病的预防，保护母亲和儿童，保障全体公民能享受免费医疗和服务等。②

哈萨克斯坦的祖国党主张通过制定相关法规、对外合作等，对哈

---

① 参见施玉宇：“土库曼斯坦民主党”，载《东欧中亚研究》1996 年第 5 期。

② 同上。

萨克斯坦的居民就业、养老保险、医疗保险、居民住房等进行改革，提高哈萨克斯坦居民的生活水平。乌兹别克斯坦人民民主党提出通过国家设立社会保障基金、对弱势群体发放补助、定期调整和提高职工工资和退休金、实行凭有价证券供应消费品制度、鼓励建立慈善机构等，以确立乌兹别克斯坦的社会保障机制，满足人民的基本生活需要。

二　中右翼政党

中亚的中右翼政党是中亚民主化的产物。所谓中右翼政党，最初是指拥护传统的君主制和贵族特权的党派，现在则把用来强调民族主义、传统和宗教，且反对社会主义、共产主义和国际主义，支持自由放任资本主义的政党，统称为中右翼政党。中亚国家独立后，各国掀起轰轰烈烈的民主改革热潮，各种中右翼政党组织也纷纷崭露头角。为扩大影响，它们往往选择站在现政府的对立面，同现政府保持一定的距离，贴近民生，并利用宪法规定的合法途径，抨击时弊，争取民心，壮大自身实力。

中亚的中右翼政党主要有吉尔吉斯斯坦民主运动党、吉尔吉斯斯坦“人民统一”民主运动、吉尔吉斯斯坦团结党、“自由吉尔吉斯斯坦”进步民主党、哈萨克斯坦共和人民党、哈萨克斯坦人民大会党、哈萨克斯坦光辉道路党、哈萨克斯坦“阿塔梅肯”党、塔吉克斯坦民主党、乌兹别克斯坦“自我牺牲”民族民主党、乌兹别克斯坦“公正”社会民主党、乌兹别克斯坦“民族复兴”党等。

（一）中右翼政党在民主政治改革上坚决捍卫民主改革

吉尔吉斯斯坦民主运动党主张吉尔吉斯斯坦进行彻底的民主改革，通过汲取和借鉴西方的普选制、三权分立制、议会制等民主制度，建立公民和法制社会，反对任何形式的政治极端主义。吉尔吉斯斯坦“人民统一”民主运动主张协调吉尔吉斯斯坦社会上各种健康力量，保护共和国各民族的切身利益，致力于民主改革，积极参加培育所谓“中间阶级”——私有劳动者阶级的活动，同时维护老人、多子女家庭、单身妇女、大学生、青工等最贫困居民的利益，把人的利益置于自己活动的中心，为争取和保障每个公民的权利和自由而斗争。①

---

①　参见王沛：《中亚四国概况》，新疆人民出版社1993年版，第182页。

吉尔吉斯斯坦团结党也赞成促进民主社会和法制国家建设，强调公民权利和政治经济自由，实现民族和谐与人民团结，参与国家政治生活，促进三权分立的形成。“自由吉尔吉斯斯坦”进步民主党倡议走议会道路，以文明方式建立民主法制国家，保护人民宪法权利，建立强大的三权分立体系，促进道德、文化和宗教复兴，维护族际和谐，反对分裂主义和地区本位主义。

哈萨克斯坦光辉道路党强调进一步深化国内的民主改革，在国内建立非中央集权化政权，进行选举制度改革。哈萨克斯坦共和人民党把民主国家作为自己的理想，支持选举体系的改革，支持权力从总统到议会和政府的重新分配，支持消除营私舞弊行为等。乌兹别克斯坦“自我牺牲”民族民主党声明吸收进步爱国人士，维护国家独立，使乌兹别克斯坦在国际社会中占据应有的位置。乌兹别克斯坦“公正”社会民主党强调建立符合各民族利益的法制国家，巩固社会公正原则，保护人权。乌兹别克斯坦“民族复兴”党承诺把乌兹别克斯坦建成法制和发达国家，弘扬民族精神和传统，激发公民的爱国主义精神，促进国家的全面进步等。

（二）中右翼政党在经济体制改革上扬言要坚定不移走市场经济模式不动摇

吉尔吉斯斯坦“人民统一”民主运动主张社会公正与经济效益相统一，自由的市场经济同合理的国家调控相结合，把吉尔吉斯斯坦国有财产的绝大部分转交给社会和人民，首先是交给劳动者集体。支持向以所有制的多样性和各种所有制平等为基础的混合市场经济过渡，实现私有化和非国有化，优先发展股份所有制等。[①] 吉尔吉斯斯坦团结党力挺吉尔吉斯斯坦市场经济改革，支持发展有效的市场经济，促进吉尔吉斯斯坦经济的平稳、有序发展。吉尔吉斯斯坦民主运动党和“自由吉尔吉斯斯坦”进步民主党都表示，在吉尔吉斯斯坦市场经济转型过程中，应通过减轻生产者税务负担，改善低收入阶层的生活状况，确保经济自由和各种所有制平等。

哈萨克斯坦光辉道路党强调提高国家机构的经济管理能力，实现经济多元化，改善非自然资源领域的投资环境，提高本国产品的市

---

① 参见王沛：《中亚四国概况》，新疆人民出版社 1993 年版，第 183 页。

场竞争能力，振兴农村和农村经济等。哈萨克斯坦共和人民党的宗旨是建立市场经济国家，支持通过采取有效的金融和税收政策，建立民众中未得到保护阶层的社会保障制度等。哈萨克斯坦“阿塔—梅肯”党主张消除哈萨克斯坦经济的贪污腐败，反对企业国有化和反对官僚集团私有化，不接受国家商业化。① 乌兹别克斯坦“自我牺牲”民族民主党也强调市场经济对乌兹别克斯坦的重要性，建议在市场经济基础上，建立自由、民主国家和公正社会，把人民生活水平提高到发达国家的标准。

（三）中右翼政党在民族关系和国际关系上强调民族平等和国际合作的重要性

吉尔吉斯斯坦“人民统一”民主运动表示要捍卫吉尔吉斯斯坦所有公民（不论其民族成分和出生地点如何）享有一律平等的权利，捍卫各大小民族的平等权利和自由发展，捍卫民族自决权以及发展民族文化、语言、风俗和传统的权利，保护少数民族的权利和权益，在政治对话和民主协商的基础上解决民族冲突，反对沙文主义、民族主义和种族主义的种种表现，反对民族歧视。同时积极发展和加深国际间在政治、经济、人文等方面的联系，同各政党合作，促进吉尔吉斯斯坦加入国际经济机构。②

三　左翼政党

在政治理论中，左翼政党又称左派，是起源于法国大革命时期，在法国议会中坐在左侧，支持共和制、大众政治运动及世俗化的群体。左派在欧洲适用于一些革命运动，诸如社会主义、无政府主义、社会民主主义、共产主义等。在现代政治语境中，左翼政党是指支持改变传统社会秩序，创造更为平等的财富和基本权力分配的政党组织，即通常所指的社会主义和社会自由主义。

中亚五国独立后，由于各国的经济改革受挫，造成中亚社会贫富

① ［俄］罗伊·麦德维杰夫：《无可替代的总统纳扎尔巴耶夫：哈萨克斯坦腾飞的组织者和欧亚方案的倡导人》，王敏俭等译，社会科学文献出版社 2009 年版，第 199 页。

② 参见王沛：《中亚四国概况》，新疆人民出版社 1993 年版，第 183 页。

分化加大，失业问题日益严重，社会保障制度无法满足广大民众的实际需要，使人们对西方民主的幻想破灭，希望能从左翼政党身上找回一些美好的东西。中亚的左翼政党抓住这一机会，及时提出其竞选纲领：主张自由、民主、公正等民主社会主义观念，强调保护广大民众利益，要求政府改善财政状况，控制通货膨胀，降低失业率，加强社会保障等，从而赢得广大选民的支持。左翼政党因此也焕发出勃勃生机，形成以新哈萨克斯坦共产党、吉尔吉斯斯坦共产主义者党、塔吉克斯坦共产党、乌兹别克斯坦人民民主党、土库曼斯坦民主党、哈萨克斯坦社会党为主体的左翼政党。中亚的左翼政党是劳动人民的政党，是工人、农民、知识分子和所有创建物质和精神价值者的先锋队，是在科学社会主义的基础上联合志同道合者的列宁主义类型的无产阶级国际主义的政党。

（一）左翼政党在社会主义理念的认知上宣称坚持社会主义选择和共产主义理想、忠于马克思列宁主义思想和社会主义价值

左翼政党主张以平等、自由、公正、团结、民主和人权、和平，以及民族和全人类的人道主义和民主主义价值观为准绳，以不分人的民族属性、社会地位、政治信仰和宗教信仰，实现每个劳动者和家庭的物质和精神富裕，确实保障人人平等的条件、宪法赋予的权利和公民自由，保护人的人格和尊严、和平生活为目标，将社会主义觉悟贯彻到工人运动、争取社会公正和平等的人民运动当中，通过和平的、民主的、一切形式的议会和非议会活动使国家恢复社会主义制度，争取实现社会主义民主、苏维埃形式的劳动人民政权、广泛的人民自治等。左翼政党批评社会主义国家推行“极权统治”、实行“一党专政”、“限制了人们的自由发展”，反对把中亚国家作为新自由主义市场经济模式改革的实验场，认为这种私有制改革是强行将居民“纳入”新的“市场天堂”，政府使土地、自然资源、工厂和住房等生产资料与劳动人民强行分离，剥夺了民众在思想文化方面获得发展的物质基础，建立起弱肉强食的资本主义法则，从而给中亚国家人民的生活方式、传统、习俗、文化和语言造成无法弥补的损害。

（二）左翼政党在政治和经济改革上多数提倡多党制和社会市场经济

一方面，左翼政党致力于恢复劳动人民的宪法和真正的人民政

权，使政权转到以工人阶级为首的劳动人民手中。通过让劳动者在国家政权、管理机关、劳动集体权利保护机关中行使权利的方式，重建社会管理机构和参与国家管理，建立一种遵循全人类的政治和经济自由、民主和法律平等以及社会公正原则，保障每个人的和平、安宁、富裕的生活和国家成为繁荣的、人道的、公正的法制社会，真正实现人的权利和自由。

另一方面，左翼政党主张建立市场经济体制同国家干预相结合的、多种所有制并存的社会市场经济。通过保持公有制在各种所有制形式中的主导地位，以国有和集体所有的形式恢复生产资料公有制，兼容国有、集体、个人等多种经营方式，分阶段地进行改革，逐步过渡到面向社会的市场经济。并在计划与市场相结合的基础上加强国家的宏观经济调控能力，形成计划一市场体制，控制通货膨胀，不断提高人民群众的生活水平。

为此，塔吉克斯坦共产党特别强调，要“消除经济领域中的行政命令，使经济生活非意识形态化，促进建立在各种所有制形式完全平等基础上的多成分经济的发展，鼓励首创精神和竞争”。“在考虑到共和国原有基础、生活结构和传统特点的条件下，坚持有步骤向市场关系过渡”。“支持发展集体农庄，以租赁或其他方式将土地分给个人使用和所有，并允许继承。支持建立农民农场、合作社，各种形式的农商和农工企业、公司和联合体，保障它们的平等权利”。①

（三）左翼政党在社会政策上主张遵守宪法保障的公民社会权利

左翼政党通过提出确保公民社会保障的国家政策，支持一切国家机关和社会运动发起的完善免费医疗、全民教育、社会保障体制的活动。具体而言，就是通过实施就业计划，保障免费教育，增加青年获得就业的机会；对工资、退休金、奖学金和补助金的发放实施国家管理，保障人民群众的最低生活费用；国家要照顾家庭妇女、儿童、残疾人、老战士和退休人员的福利，向困难家庭提供社会补助，对低收入人员实施紧急社会救助措施；加强居民医疗健康保障措施等，以维

---

① 参见王沛：《中亚四国概况》，新疆人民出版社 1993 年版，第 263—264 页。

护公民在劳动就业、物质待遇、住房、享受教育和医疗等方面的权益。① 从而充分恢复苏维埃政权年代的社会保障，保证社会公正，保护人们免受自由市场的侵害，维护劳动者的利益，真正实现人的全面发展。

四　右翼极端宗教政党

中亚的右翼极端宗教政党，通常指中亚地区的弱势民族为对抗强权和仇富，在宗教、政治主张等方面走向极端而形成的政党组织或派别。它主要包括该地区的恐怖主义、极端主义、民族分裂主义三股恶势力建立的各种极端宗教组织。由于中亚地区民族关系复杂、宗教传统浓厚、社会经济落后，长期以来对当局原宗教政策不满，各种民族主义因素形成越来越紧密的结合。加之各国对迅速独立几乎都缺乏准备，感到措手不及；独立后令人失望的社会政治经济状况又使许多人特别是中下层人民对前途感到担心和迷茫，日益加剧的经济和社会危机使民众无所适从，试图通过转向伊斯兰来寻求保护和安慰；境外伊斯兰势力不断通过物质上和精神上的支持等，②造成这里的三股恶势力相互交织、盘根错节，对中亚国家构成严重威胁。近年来，中亚的三股恶势力发展迅速，已建立乌兹别克斯坦伊斯兰运动、伊斯兰复兴党、正义党、伊斯兰解放党、忠诚党、中亚圣战者组织等数十个右翼极端宗教政党组织。

（一）右翼极端宗教政党在政治纲领上崇尚伊斯兰原教旨主义、鼓吹建立哈里发制度

伊斯兰原教旨主义作为伊斯兰复兴运动中的一种政治力量和社会思潮，它主张在当代社会生活中，以伊斯兰教法为衡量一切、判断是非的标准，严格遵循伊斯兰教初创时期的原旨教义和传统，用伊斯兰教的本来精神作为改良、复兴宗教与社会的动力，以消除腐败，纯洁信仰，清除外来的各种异端学说及西方腐朽文化和生活

---

①　参见吴茜："论苏联解体后中亚五国的左翼政党"，载《国际论坛》2009年第1期。

②　参见张振国：《中亚伊斯兰教的历史与现状》（研究报告），北京大学亚非研究所1996年版，第81—82页。

方式的污染，重建以伊斯兰教法为基础，以古代哈里发国家为楷模的理想伊斯兰国家、伊斯兰社会和伊斯兰秩序，使社会生活全面伊斯兰化。

为此，伊斯兰复兴党是信仰伊斯兰教为支柱的社会政治组织，其宗旨是复兴塔吉克斯坦公民的优秀传统思想美德，提高全体公民的政治宗教觉悟和增强伊斯兰教教法观念，把伊斯兰教的基本原则、思想贯彻到穆斯林的一切生活当中。该党声称："伊斯兰教的创始人先知穆罕默德所创建的公正合理的社会制度就是现代国家社会政治生活的标准。"还推崇先知最亲近的继承人、虔诚的哈里发阿里，认为阿里是先知伟大事业的忠实继承者，要求穆斯林依照《古兰经》行事，严格遵循正道，向瓦哈比派的原教旨教义复归，反对当今世界的一切非伊斯兰的或反伊斯兰的生活方式和意识形态，建立真正实施伊斯兰教法统治的伊斯兰国家和伊斯兰社会，以维护穆斯林的权利。[①] 这些都具有明显的伊斯兰教原教旨主义的色彩。

乌兹别克斯坦伊斯兰运动在其党纲中，藐视中亚的伊斯兰传统，蔑视官方的伊斯兰教，不承认世俗政权，宣称通过进行一场伊斯兰革命，推翻中亚各国的现政府，恢复伊斯兰法律，建立一个囊括中亚所有穆斯林国家、政教合一的"大哈里发国家"，将整个伊斯兰世界统一起来，重建"哈里发帝国"。伊斯兰解放党是伊斯兰教逊尼派宗教政治组织，该党主张穆斯林通过"圣战道路"，同异教徒斗争，实现向哈里发政权的转化，"旨在一个新哈里发领导下团结伊斯兰社会，推动伊斯兰的生活方式"[②]。"伊斯兰革命卫队"宗教组织执行宗教法典，恢复古老的包括对盗贼施以剁手酷刑的宗教惩罚。[③] 忠诚党的教义则更极端，它们过分贬低大多数穆斯林组织的太过温和，强调应通过暴力手段，颠覆世俗政权，建立哈里发制度。

---

① 参见徐晓天："乌兹别克斯坦民族宗教概况"，载《国际资料信息》2002年第10期。

② [美]玛莎·布瑞尔·奥卡特：《中亚的第二次机会》，李维建等译，时事出版社2007年版，第29页。

③ 参见张振国：《中亚伊斯兰教的历史与现状》（研究报告），北京大学亚非研究所1996年版，第80页。

（二）右翼极端宗教政党在组织策略上利用伊斯兰教义、争取基层穆斯林的支持

伊斯兰解放党以萨拉菲主义改革派教义为指导，在实践中采取模糊政策，自我标榜以和平的宣传方式将信众吸引在其旗帜下，重视无文化劳动阶层的知识化，认为只有知识化才更容易完成全社会动员，而从事政治是每个穆斯林的义务，并利用自己强大的财力资源参与教育和慈善事业，得到下层人民的广泛认可。受其影响，吉尔吉斯斯坦的吉尔吉斯族人有超过20%认为自己首先是穆斯林，然后才是吉尔吉斯人。近年来，该党在策略上强调，以文明的方式改变中亚国家现行的政治体制，弱化反政府宣传，加大力量通过因特网等一切手段宣传自己的主张，声称随时准备同一切反对派进行公开对话，表现出一派开明形象。该党除了在乌孜别克斯坦发展迅速外，还积极在吉尔吉斯斯坦南部地区的吉尔吉斯族和乌孜别克族中间招兵买马，向那里为它散发宣传品的人每月发放 50—100 美元的工资。①

乌兹别克斯坦伊斯兰运动利用其下属的“阿多拉特”组织在中亚的费尔干纳地区兴修清真寺和伊斯兰学校，号召教民推翻乌兹别克斯坦现政府。伊斯兰复兴党利用宣教布道，在中亚各地设立分支机构，吸收成千上万的失业青年从事恐怖破坏活动。忠诚党利用其在塔吉克斯坦的各种网络组织，控制村落的清真寺，并在清真寺内教导年轻人建立伊斯兰教法法院，扩大影响。

（三）右翼极端宗教政党在斗争方式上多倾向恐怖暴力手段

乌兹别克斯坦伊斯兰运动大肆从事颠覆现政权的政治、军事活动，严重威胁着所在国家和所在地区的稳定与安全。例如，1999 年 2 月 16 日，该组织在乌兹别克斯坦首都塔什干的国会大厦、国家银行、市交通警察局等处，接连制造 6 起爆炸事件，炸死 15 人，炸伤 128 人。同年 8 月，乌兹别克斯坦伊斯兰运动派遣 1000 多名武装匪徒由阿富汗和塔吉克斯坦进入吉尔吉斯斯坦南部的巴特肯山区，劫持吉尔吉斯斯坦内务部长萨姆克耶夫及 4 名日本地质专家等 20 余人为

---

① ［美］玛莎·布瑞尔·奥卡特：《中亚的第二次机会》，李维建等译，时事出版社 2007 年版，第 130 页。

人质，占据5个居民点，提出以人质交换关押在乌兹别克斯坦监狱的“5万名伊斯兰兄弟”，并要求借道进入乌兹别克斯坦领土以“推翻卡里莫夫政权”。2000年8月5日，100多名乌兹别克斯坦伊斯兰运动武装匪徒由塔吉克斯坦领土侵入乌兹别克斯坦的苏尔汗河洲的梅尔克米地区，在距乌兹别克斯坦和塔吉克斯坦边界15—20公里处占领了几个村庄等。[①] 伊斯兰复兴党也积极从事恐怖活动，例如，1997年12月，该党在乌兹别克斯坦的纳曼干地区暗杀4名警察。1998年2月，该党又策划一系列汽车爆炸案，造成16人死亡，128人受伤。[②]

伊斯兰解放党在费尔干纳盆地乌兹别克斯坦境内建立根据地，通过修建清真寺，利用中亚各地大批无业青年对政府及非伊斯兰文化的不满情绪，派遣神职人员向他们传播该党的宗教思想，散发宗教书籍和传单，发展新成员，建立基层组织，并在相邻的塔吉克斯坦、吉尔吉斯斯坦等地建立垂直管理的秘密分支机构。这些分支机构通过互联网、通过信使向位于乌兹别克斯坦的中亚总部汇报工作，中亚总部汇总后向设在约旦的伊布扎特全球总部汇报，得到指示后向下传达指令，从事反政府活动。忠诚党在2003年的恐怖活动中，把塔吉克斯坦粟特州地区的数座清真寺毁损或完全烧为平地。这些极端宗教政党的恐怖暴力行为之残忍，在中亚现代政党政治中实属罕见。

第四节　中亚国家温和多党制的特质

中亚五国温和多党制作为西方政党政治与中亚各国政治、经济、社会相结合的产物，它即具有单纯模仿西方政党制度设计的主观性，又表现出制度所赖以生存的历史性和客观性。中亚温和多党制承继中亚国家游牧民族的政治文化传统、中央集权制，以及制度设计者所

① 参见朱新光：《上海合作组织视角下的中亚地区治理理论与实践》，黑龙江人民出版社2009年版，第42—43页。

② 参见徐晓天：“乌兹别克斯坦民族宗教概况”，载《国际资料信息》2002年第10期。

代表阶级的心理，并将这一承继条件与模仿的制度设计相统一，形成“西方多党民主制的躯壳＋本国的现实需要＋前苏联一党集权制特质”[①]的格局，共同促进着中亚多党制的有序展开。现阶段，中亚温和多党制呈现出政党类型温和性、政党格局非均衡性、政党社会基础脆弱性等特征。

一 政党类型的温和性

温和性多党制是中亚多党制的内生性动力。在多党制国家，各政党通过议会竞选，交替组成联盟的联合执政格局，相关政党之间意识形态距离相当小，各政党竞争的方向仍然是向心性的，呈现出温和多党制的特征。按照美国学者马尔克·拉克什与塔格佩拉的 Nv 理论原理，中亚温和多党制的相关政党数量可用 $Nv=1/\sum vi2$ 公式来测量；其中，N 指政党数目，Vi 指政党得票比例或议席比例。[②] 其中，吉、哈、乌、塔四国的温和多党制形态最为典型。

在吉尔吉斯斯坦，通过采集 2010 年进入吉尔吉斯斯坦议会的五个政党的议席比例的数据来计数吉尔吉斯斯坦相关政党数量，得出各政党的议席比例依次为：“故乡”党获得 28 席，占议席的 23.3％；社会民主党获得 26 席，占议席的 21.7％；“尊严”党获得 25 席，占议席的 20.8％；“共和国”党获得 23 席，占议席的 19.2％；“阿塔—麦肯”党获得 18 席，占议席的 15％。[③] 在 2011 年的吉国议会选举中，社会民主党获得 62.8％的选票，统一吉尔吉斯斯坦党议会党团获得 14.9％的选票，“故乡”党获得 14.4％的选票。由此计算出吉国 2010 年和 2011 年的议会相关政党数目分别为 N＝4.9 和 N＝3.5。由此计算出吉尔吉斯斯坦 2010 年议会相关政党数目 N＝4.9。

在哈萨克斯坦，2004 年哈萨克斯坦议会选举中，哈萨克斯坦祖国党获得 60.62％的选票，在分配给政党的 10 个议席中占据 7 个；

① 参见汪金国：《多种文化力量作用下的现代中亚社会》，武汉大学出版社 2006 年版，第 92 页。

② 参见王绍光：《民主四讲》，生活·读书·新知三联书店 2008 年版，第 172 页。

③ http://news.xinhuanet.com/world/2010-11/01/c_12726447.htm.

哈萨克斯坦光辉道路党获得12.04%的选票，在分配给政党的10个议席中占据1个；"阿萨尔"党获得11.38%的选票，在分配给政党的10个议席中占据1个；"阿依斯特"（农民党和公民党联盟）获得7.07%的选票，在分配给政党的10个议席中占据1个。由此计算出哈萨克斯坦2004年议会相关政党数目N=3.6。

在乌兹别克斯坦，2004年乌兹别克斯坦议会选举中，自由民主党获得34.2%的议席，人民民主党获得23.3%的席位，"自我牺牲"党获得18个席位，"民族复兴"党获得11个席位，"公正"社会民主党获得10个席位，独立议员获得14%的席位。由此计算出乌兹别克斯坦2004年议会相关政党数目N=4.3。

在塔吉克斯坦，2010年2月的议会选举中，塔吉克斯坦人民民主党获得43个议席、塔吉克斯坦共产党获得2个议席、伊斯兰复兴党获得2个议席、农业党获得2个议席、经济改革党获得2个议席。由此计算出塔吉克斯坦2010年议会相关政党数目N=4.1。

在此基础上，再根据美国学者乔·萨托利对政党体制的分类标准，温和多党制基本上包含三到五个相关政党，即N在3.0—4.9之间①，可以判断中亚国家的政党体制为温和多党制形态。在该形态内，各政党通过竞选讨价还价，平衡彼此间利益与关系，赢得议会选票，获取议会权力的游戏规则。

应该承认，尽管中亚温和多党制具有显著的温和性特征，但各国温和多党制还是存在着差异性。其中，吉尔吉斯斯坦多党制的温和性最突出，"故乡"党、社会民主党、"尊严"党、"共和国"党、"阿塔—麦肯"党五大政党获得的议席数基本相当，可以在议会维持均势状态，有效防止一党独大格局的发生。而哈萨克斯坦多党制就略显逊色，哈萨克斯坦祖国党、光辉道路党、"阿萨尔"党、"阿依斯特"在议会中都有议席，但各党的议席数相差悬殊，哈萨克斯坦祖国党的议席数最多，在10个政党议席中占据7个，其他3个政党只占有3席，属于一党据优的温和多党制形态。乌兹别克斯坦多党制是由少数合法政党组成的，乌兹别克斯坦人民民主党作为政权党在议会中发挥主导作

① ［美］乔万尼·萨托利：《政党与政党体制》，王明进译，商务印书馆2006年版，第249页。

用，其他进入议会的各政党一般都是亲近政权党的政党联盟，在议会中只是陪衬而已，不存在竞争性政党。塔吉克斯坦多党制则表现为塔吉克斯坦人民民主党的极端格局，塔吉克斯坦共产党、伊斯兰复兴党、农业党、经济改革党在议会中属弱势群体，基本没有话语权。

二　政党格局的非均衡性

非均衡性多党格局是中亚温和多党制的外在体现。毋庸置疑，政党身为一定阶级、阶层或集团的代表，一般具有利益表达和利益整合、政治社会化的功能。在威权主义盛行的中亚各国，由于其政治发展水平低下，政党功能被普遍弱化，大多数政党组织“既没有统一的纲领，也没有强有力的领导核心”[①]，除在《政党法》、《结社法》允许范围内从事有限活动外，往往都远离政治中心，极少有机会干预国家政务，这就为政权党提供可乘之机，各国“领导人都会愿意利用这一机会，用他们的权力来填补”[②]。其原因在于，“权力从来不会没人要，如果人民不愿意肩负自治的重担，总会有人愿意代替他们治理”[③]。结果，中亚政权党一枝独秀，使得该地区的非均衡性多党格局凸显。

所谓政权党，政治学的诠释是政府或者总统支持的政党，即与当政者有特殊关系的政党，在中亚国家表现较为强势的中左翼党团势力，该政党是围绕并支持政权、在总统授意或者倡导下建立起来的，同时能准确把握当政者的治国理念。中亚政权党，诸如乌兹别克斯坦人民民主党、土库曼斯坦民主党、哈萨克斯坦的祖国之光党、塔吉克斯坦的人民民主党、吉尔吉斯斯坦的光明道路党等都属于这一类。有些学者也把中亚政权党称为“亲总统党”[④]。它们最大特点在于，都有一套完整的党章和较成熟的治国方略，以明确党的性质、宗旨和

---

① [俄]罗伊·麦德维杰夫：《无可替代的总统纳扎尔巴耶夫：哈萨克斯坦腾飞的组织者和欧亚方案的倡导人》，王敏俭等译，社会科学文献出版社2009年版，第46页。

② [美]卡尔·科恩：《论民主》，聂崇信等译，商务印书馆1988年版，第201页。

③ 同上。

④ 参见赵常庆：《“颜色革命”在中亚》，社会科学文献出版社2011年版，第69页。

任务，规定党的基本原则、组织机构和组织条例等，政党主席也由现任总统直接担任或受其领导。[①] 政权党作为总统掌控议会、争取社会支持的工具，不仅承担着推动本国政治现代化的重任，还需要具备维持政治稳定的功能。它通常在总统直接领导下或依靠总统支持，参与议会选举，通过竞选获胜的方式，最终达到控制议会的目的。

政权党独大现象在中亚各国颇为盛行。在哈萨克斯坦，哈萨克斯坦的祖国党成立于1999年1月，刚成立不久就迎来哈萨克斯坦议会换届。为确保选举成功，祖国党在大选前调动了各种传媒，广泛动员选民支持该党。1999年10月，哈萨克斯坦下院举行选举，祖国党力克群雄，赢得30.89％的选票，获取下院77个议席中的40个席位。2004年9月，在哈萨克斯坦第三届议会下院选举中，祖国党又获得60.26％的选票，在分配给政党的10个议席中占据7个，远远高于光辉道路党、"阿萨尔"党、"阿依斯特"党等所拥有的席位，继续占据议会议席的首位。2007年8月，哈萨克斯坦提前举行议会选举，祖国党（*现更名为祖国之光党*）在大选中独领风骚，赢得选民88.41％的高票支持，囊括议会下院107个议席中的98席（*余下的9名议员由哈萨克斯坦人民大会推举产生*），而社会民主党、光辉道路党等政党因未获得进入议会所需的7％得票率惨遭淘汰，祖国党独掌议会。尽管哈萨克斯坦总统多次强调，要在哈议会中废除一党制议会、建设多党制议会，[②]并在2009年通过选举法修正案，适当调整了政党进入哈议会的准入门槛，[③]但哈萨克斯坦总统领导的祖国党在哈萨克斯坦议会独大趋向已成定局。

在乌兹别克斯坦，乌兹别克斯坦的人民民主党是中亚独立后最早一批成立的政党。2002年以前，该党一直在乌兹别克斯坦一院制议会中处于领导地位。2002年1月乌兹别克斯坦举行全民公决，决定将议会改为两院制，乌兹别克斯坦人民民主党的政权地位面临严峻挑战。2004年12月，乌兹别克斯坦进行独立以来空前规模的议

---

① 参见朱新光："'可控民主'：中亚民主化道路的理性选择"，载《现代国际关系》2008年第1期。

② http://www.xjjjb.com/html/news/2008/6/23332.html.

③ http://www.xjjjb.com/html/news/2008/11/30859.html.

会选举，全国有70%多合格选民参加了投票，以乌兹别克斯坦人民民主党为首的5大主要政党都参与了竞选活动，它们在乌兹别克斯坦议会下院拥有120个席位，且都是现任总统的坚定支持者，反对党因未能达到登记要求而被剥夺参选权利。选举结果显示，乌兹别克斯坦人民民主党在本轮议会下院选举中又大获全胜，保住了政权党在议会的绝对优势地位。

在塔吉克斯坦，塔吉克斯坦的人民民主党是塔吉克斯坦内战结束后成立的政党。2003年3月，在塔吉克斯坦举行首次议会选举中，塔吉克斯坦人民民主党轻松胜出，赢得议会63个议席中的34个席位，一举夺取议会的话语权，而塔吉克斯坦共产党和伊斯兰复兴党则只能以参政党的身份进入议会。在吉尔吉斯斯坦，在经历了“颜色革命”阵痛后，吉尔吉斯斯坦政局基本稳定。2007年12月，吉尔吉斯斯坦举行议会选举，以总统巴基耶夫领导的光明道路党在大选中获得近49%的选票，大幅领先其他参选政党，成为吉尔吉斯斯坦名副其实的政权党。

在土库曼斯坦，土库曼斯坦的民主党是土库曼斯坦唯一合法政党，它是1991年12月25日在原土库曼共产党基础上成立的，原土库曼共产党中央第一书记尼亚佐夫担任党主席。2006年12月，尼亚佐夫去世后，别尔德穆哈梅多夫于出任民主党领导人，并于2007年2月在土全民选举中当选总统，任期5年。2012年1月，土库曼斯坦议会通过政党法案。[①] 该法决定建立政党的法律基础，实现宪法赋予公民建立政党、组织其工作和终止其活动的权利，并调整与之相关的社会关系等。土政党法的颁布，开启了土库曼斯坦的多党制，2012年8月，土国独立以来首次建立第二个政党组织——工业家和企业家党，但并不意味着土库曼斯坦能在短时间内实现多党政治，土库曼斯坦民主党仍牢牢控制着土库曼斯坦议会主动权。

中亚政权党独大格局的形成，标志着中亚温和多党制进入常态化运作时代。这种状况从政治程序上确保政权党的正统地位。尽管自独立以来，中亚各国的温和多党制有了空前发展，但各政党的实际参政水平存在很大差距，没有形成统一的立场和要求，甚至不能提出

① http://www.xjjjb.com/html/news/detail.aspx?id=83456.

一个在权威和影响力方面具有超强竞争力的领袖，到目前为止，中亚各国的在野党均无法在议会选举中与政权党分庭抗礼，政权党把持各国议会已成为不争的事实，在野党几乎很难对国家决策施加必要的影响力。

在中亚，政权党独大并不意味着中亚政党格局就是一党专制。其理由在于，一党专制是一个国家的政权由一个政党所把握，在相当长的时期内只存在唯一的执政党。一党专政的术语比一党执政外延要小，通常通过法律的形式对一党执政加以确立，也可能通过现实力量如军政府达成，不允许有反对党，或者法律上只有参政议政但不能执政的合法政党。而中亚则不同，在政权党独大的同时，也不排斥在野党的存在与发展。中亚 20 年的民主化历程表明，由于中亚民主政治已深深植根于中亚政治社会当中，所以，中亚各国民众政治参与的热情还是高涨的。据统计资料显示，2007 年，哈萨克斯坦的各类非政府组织已超过 5000 个①，中亚其他各国也有数千个之多。这一现象客观上为在野党提供了一个“公平竞争”的场所。

关于在野党，学界有三种代表性观点，一是指在实行两党制或多党制的资本主义国家中，那些在竞选中失败而未能进入政府、不执掌政权的政党，或指在议会内只占有少数议席，不组织政府，仅对执政党及政府的政策措施进行批评和监督的政党。② 二是指资本主义国家未取得执政权、未能执政的政党。它们在议员选举中未获得议会多数席位或在总统竞选中失败，因而不能组织或参加政府，仅能以在野地位对执政党及政府发挥监督并牵制其活动的作用。③ 三是指在资本主义国家中未参加执政、与执政党或执政党联盟相抗衡的政党。在多数国家，在野党即反对党。它们平时可以在议会内外合法地进行反对政府成员及其政策的活动。在野党因所处地位不同而各不相

---

① 哈萨克斯坦 2007 年国情咨文，http://bio-visa.com/program/com/kzembassyc/index.php? file=detail.php&nowdir=&id=5335&detail=1.

② 参见高狄：《毛泽东周恩来刘少奇朱德邓小平陈云著作大辞典》（下卷），辽宁人民出版社 1991 年版，第 3212 页。

③ 参见孙国华：《中华法学大辞典》（法理学卷），中国检察出版社 1997 年版，第 500 页。

同。有的在野党在力量上几乎可与执政党抗衡，不但对政府起监督作用，而且随时都有成为执政党的可能。有的则只有合法地位而无执政的可能，只能起监督和抨击作用。①

在实行多党制国家，在野党一般具有以下特征：不执政或不参与执政；拥有合法地位，在议会内外从事正常政治活动；其角色可能发生变换也可能经常不变；具有一般政党的特征，如有一般党员与干部、领袖之分，有一定的组织机构和纪律，有明确的政治目标等。为保证在野党的合法竞争，美国学者霍夫斯塔特还设计了一套在野党"合法反对原则"的制度。该"合法反对"所蕴涵的政治价值准则体现在：一是政党间的竞争或反对必须是符合宪法。执政党政府和在野党都必须在宪法框架内进行合法活动，在野党所反对的只是某项政策及政策相关者，不能挑战宪政的合法性，因此不得采用煽动、阴谋、政变、暴乱、暗杀等非法手段，而应诉诸公开争取选民支持；执政党政府应允许在野党在议会内外自由表达反对意见，虽有权回击，但手段同样受宪法的制约。二是政党间的竞争或反对必须是负责任的。该责任体现在：在野党对现行政策的批评，不仅是为了取代执政党，而且还要为社会发展提出更好的替代性政策选择，并储备有能力实施这些政策的替代性机构和人员。在野党只有具备能够完全取代执政党的执政能力，才可被视为负责任的反对党。三是政党间的竞争或反对必须是有效的。这种有效性既体现在在野党有能力实施其纲领、执行其政策上，也体现在在野党有一个能够实现政党轮替并实施替代性政策的制度化机构上。②

在政党制度中，在野党的活跃程度主要取决于政治参与的强弱。关于政治参与，美国学者西德尼维巴认为，是平民或多或少以影响政府人员的选择及(或)他们采取的行动为直接目的而进行的合法活动。③ 美国学者亨廷顿也认为，政治参与是平民试图影响政府决策

---

① 参见廖盖隆等：《马克思主义百科要览》(上卷)，人民日报出版社 1993 年版，第 1020 页。

② Richard Hofstadter：〈The Idea of a Party System：The Rise of Legitimate Opposition in the United States〉，University of California Press，1969，p. 4-5.

③ [美]格林斯坦：《政治学手册精选》(下卷)，商务印书馆 1996 年版，第 290 页。

的活动。[①] 美国学者孔奇指出，政治参与是影响或试图影响公益分配的行为，是个人或个人组成的集体有意或无意地反对或支持、改变或维护一个政府或团体的某些特征的一切行动，是政治体制的各个层次中，意图直接或间接影响政治抉择的个别公民的一切自愿活动等。[②] 换句话说，就是普通公民通过各种合法方式参加政治生活，并影响政治体系的构成、运行方式、运行规则和政策过程的行为。它是政治关系中政治权利得以实现的重要方式，反映着公民在社会政治生活中的地位、作用和选择范围，体现着政治关系的本质。[③] 政治参与的主体包括：公民、政党组织、利益集团、非政府组织等。政治参与主要是通过投票、选举、结社、意见表达、政治冷漠等途径来实现。在中亚现阶段政党政治中，活跃着一批有一定影响力的合法党派团体，诸如中亚各国中右翼党团势力，它们作为反对威权主义统治的政治力量，代表着政治觉醒公民的愿望，扮演着论敌的角色，通过参与议会选举过程，组织对话，批评官员和政府，可以催化、疏通和调整政治行动。[④] 可以认为，它们的存在为中亚政治提供了一种可靠的"安全阀门"，在体制内"以权力制约权力"的基础上，让社会权力构成外在制衡，并"能够在国家与社会间稳妥地缓和政府决策与公民意愿间的矛盾"[⑤]，有利于民众中不满情绪的有效释放，规避社会出现过激行为，维持社会稳定。

中亚民众的政治参与热情的高涨，推升了政党等各种政治力量在中亚政治舞台上的话语权和影响力，使得各国政府也已开始认识到在野党制衡和监督的重要性，"容忍他们直接反对自己的信

---

① [美]塞缪尔·亨廷顿：《变革社会中的政治秩序》，李盛平译，京华出版社 2000 年版，第 3 页。

② [美]帕特里克·J·孔奇："政治参与概念如何形成定义"，载《国外政治学》1989 年第 4 期。

③ 参见王浦劬：《政治学基础》，北京大学出版社 1995 年版，第 207 页。

④ [俄]罗伊·麦德维杰夫：《无可替代的总统纳扎尔巴耶夫：哈萨克斯坦腾飞的组织者和欧亚方案的倡导人》，王敏俭等译，社会科学文献出版社 2009 年版，第 196 页。

⑤ [日]浦岛郁夫：《政治参与》，经济日报出版社 1989 年版，第 5 页。

念与原则"[①]，并主动采取措施提高各在野党作用，为它们参政议政扫清障碍。2007年，哈萨克斯坦总统纳扎尔巴耶夫在国情咨文中承诺，要扩展哈萨克斯坦各党团组织的权限，从国家预算中拨款为各政党提供财政支持，增加政党名单，让更多的政党在下院拥有席位等[②]，使得"政党在制定政治战略决策中拥有发言权，他们在社会和议会中的地位将会显著提高，议会党团将拥有更多的授权"[③]，2011年，他在《哈萨克斯坦真理报》上发表竞选纲领中，又进一步许诺："今后国家将进一步扩大议会、政党等的权限"[④]，从而使哈萨克斯坦政坛逐步形成亨廷顿所预言的"政府与反对派间的互动，执政联盟中改革派与保守派间的互动，以及反对派阵营中的温和派和极端主义者间的互动"[⑤]的局面。

可以预见，随着中亚民主化进程的推进、公民社会的日益成熟、市场经济的引入，加之各国中右翼政党的纲领、制度理念、方针上较为积极，贴近民生，走大众化路线，在策略上选择站在现政府的对立面，同现政府保持一定的距离，能够得到市民阶层的广泛认同，较之左翼和极右翼党团的纲领来说更加温和，民众基础扎实，号召力强等，中亚各国的中右翼党团发展势头迅猛，规模不断壮大，成为中亚多党格局中主要有生力量。中亚国家中右翼政党的崛起，导致中亚的温和多党制图谱发生改变，可能会从现行的中左翼、中右翼、左翼、极右翼党团四分天下的格局，逐渐向中左翼和中右翼两个党团势力平分天下的方向演绎，对中亚政局稳定大有裨益。

---

① [美]卡尔·科恩：《论民主》，聂崇信等译，商务印书馆1988年版，第189页。

② 参见《哈萨克斯坦2007年国情咨文》，哈萨克斯坦驻华大使馆网站。

③ [俄]罗伊·麦德维杰夫：《无可替代的总统纳扎尔巴耶夫：哈萨克斯坦腾飞的组织者和欧亚方案的倡导人》，王敏俭等译，社会科学文献出版社2009年版，第5页。

④ 参见"哈萨克斯坦总统承诺继续推进国家政体改革"，http://news.cntv.cn/20110330/112447.shtml.

⑤ [美]塞缪尔·亨廷顿：《第三波：20世纪后期民主化浪潮》，刘军宁译，上海三联书店1998年版，第153页。

三　政党社会基础的脆弱性

社会基础脆弱是中亚多党制的现实写照。美国学者伊斯顿的政治系统论指出，政治系统流程一般由环境、输入、输出、反馈、流动五个阶段构成。环境是该系统以外对系统有所影响的社会系统，系统与环境之间存在边界线；输入是环境向系统提供情报和资源，促成权威性政策的形成；输出是系统内部的执政者将输入加以化简、集中或变化，对社会价值做出权威性分配，再转达给社会环境；反馈则是政策实施产生结果；流动是政治过程的相互关联和持续不断的永恒转换。[①] 在政治系统的五个阶段中，输入阶段起着关键作用，它来源于国内社会、政治精英人物等方面。国内社会和精英人物的输入框架一般由要求、参与者的支持等要素组成，当要求输入和支持者行动一并投入政治系统时，政治系统的运行方能保持正常状态，否则就会失控。[②] 因此，国内社会的好坏、精英人物的强弱，对政治系统影响巨大。用这一模式衡量中亚温和多党制，则发现中亚温和多党制的社会基础并不牢靠，存在着输入要求和参与者支持的有限性，在一定程度上影响其在中亚政治系统中功能作用的发挥。

（一）中亚温和多党制的民众基础薄弱

在政党政治中，扩大民众选举权和参政权，是政党产生的基本前提。当民众政治参与热情高涨时，他们会积极参与各种政党组织的活动，这为政党吸纳新成员、加强自身队伍建设创造有利条件。苏联解体后，随着中亚国家政治权利的扩大，民众参政意愿不断增强，中亚政党组织迅速壮大，成为中亚国家政治舞台上一大亮点。然而，通观中亚政党的发展历程，不难看出，中亚多数政党从一开始就不是依靠党的纲领和立场、自下而上地发动广大民众参与政党活动，而是选择通过其领袖人物的意志和威望，来牵引着选民的政治倾向，民众成为政党核心权力斗争的“人质”[③]，这样一来，

---

① 参见伊斯顿：《政治生活的系统分析》，华夏出版社 1989 年版，第 19—36 页。

② ［美］罗纳德·奇尔科特：《比较政治学理论》，潘世强等译，社会科学文献出版社 2001 年版，第 176—177 页。

③ 参见杨恕等：“中亚各国制度变迁的政治文化动因”，载《俄罗斯中亚东欧研究》2007 年第 6 期。

民众政治参与的意义变了味道，因而很难得到广大群众的认同和拥护，极大限制政党规模。

在吉尔吉斯斯坦，从吉尔吉斯斯坦司法部的统计资料来看，2001年，在吉尔吉斯斯坦正式登记注册并开展活动的32个主要政党中，只有8个政党组织的党员超过万人，如“尊严”党为1.1万人、吉尔吉斯斯坦民主运动党为1.5万人、吉尔吉斯斯坦团结党为1.25万人、吉尔吉斯斯坦共产主义者党为2.5万人、“自由吉尔吉斯斯坦”进步民主党为1.2万人、人民党为3.2万人、吉尔吉斯斯坦“公正”党为3万多人、阿富汗及其他地区战争老战士党为1.1万人，其他各主要政党组织的党员人数均在4000人以下，有些政党组织的党员甚至只有数百人。

在哈萨克斯坦，资料显示超过万人的政党也只有5个，如哈萨克斯坦祖国党为40万人、哈萨克斯坦光辉道路党为15.8万人、哈萨克斯坦“阿依斯特”(农民党和公民党联盟)为12万人、哈萨克斯坦共产党为5.5万人、哈萨克斯坦人民合作党为4.2万人、哈萨克斯坦共和党为1.7万人，其余政党都在万人以下。[①] 在塔吉克斯坦，政党党员在万人以上的有：塔吉克斯坦人民民主党为8万余人、塔吉克斯坦共产党为7万人、塔吉克斯坦民主党为1.6万余人、塔吉克斯坦社会主义党为2.4万人。

在乌兹别克斯坦，超过万人的政党有：乌兹别克斯坦人民民主党为53万人、乌兹别克斯坦“自我牺牲者”民族民主党为5万多人、乌兹别克斯坦“公正”社会民主党为3万多人、乌兹别克斯坦“民族复兴”民主党为1万多人，而大多数政党的党员人数不足万人。在土库曼斯坦，土库曼斯坦民主党的党员人数为11.5万人[②]。

上述中亚各国政党的党员数字表明，中亚各政党的规模十分有限。这样建立起来的政党，往往只能代表个人或部族的局部利益，而没有真正关注到一个阶层的整体利益，缺乏广大群众的支撑，政党的

---

① 参见吴宏伟：“哈萨克斯坦的多党政治体制”，载《东欧中亚研究》2000年第4期。

② 参见施玉宇：《土库曼斯坦》，社会科学文献出版社2005年版，第83页。

社会基础大打折扣，其社会影响力就可想而知，以至于个别政党（如在吉尔吉斯斯坦国内）连名称都鲜为人知，更谈不上赢得广大基层民众的拥护和爱戴。在吉尔吉斯斯坦，2004 年的吉尔吉斯斯坦民调显示，绝大多数吉尔吉斯斯坦政党组织在吉尔吉斯斯坦国内表现平平，几乎没有任何知名度，民众对其知之甚少。在被调查者中，有 34.1%的人表示，他们不清楚吉尔吉斯斯坦国内都有哪些政党组织，仅有 6 个政党组织的知名度超过 5%，有 3 个政党的知名度超过 3%。① 这在号称“中亚民主典范国家”中是难以想象的。中亚其他国家这种局面也不容乐观。

（二）中亚温和多党制的组织空心化

组织体系是显示政党存在的重要标志，政党要在竞争中获胜，必须拥有稳定的组织体系、严格的组织纪律、稳定的选民支持、在基层分支机构覆盖面广等组织体系来保障。② 然而，中亚温和多党制的组织体系却表现得不尽如人意。中亚各国的政党数量众多，除了土库曼斯坦民主党（该党在全国各州、市、区设有委员会，共有 3598 个基层组织）、哈萨克斯坦共产党（该党基本沿袭原哈共的组织机构，分为基层、区级、市级和州级组织）、哈萨克斯坦人民合作党（该党有 210 个区级、5 个市级和 1233 个基层组织）、吉尔吉斯斯坦共产主义者党（该党在吉 30 多个城市和地区拥有 600 多个基层组织）、乌兹别克斯坦人民民主党（在全国有 200 多个区和市党组织，1.3 万多个基层组织）等少数政党有较健全的组织体系外，大多数政党组织根本没有建立起从中央到地方再到基层的完整政党组织序列，有名无实，形同虚设，空心化现象十分普遍。有些政党只在各国首都设立总部，挂一个招牌、拥有一间办公室，没有其他任何分支机构。

在吉尔吉斯斯坦，2004 年，吉尔吉斯斯坦的一家《AKH Press》杂志社曾以信件方式对吉尔吉斯斯坦政党建设进行问卷调查，结果

① 参见焦一强：《从“民主岛”到“郁金香革命”：吉尔吉斯斯坦政治转型研究》，兰州大学出版社 2010 年版，第 104 页。

② 参见唐贤兴：《民主与现代国家的成长》，复旦大学出版社 2008 年版，第 337 页。

仅有7个政党回应，9个政党因“查无此人”信件被退回[1]，可见吉尔吉斯斯坦政党组织空心化的严重程度。究其原因，与吉尔吉斯斯坦政党活动经费和建党周期有关。吉尔吉斯斯坦政党活动经费主要来源于政党领袖的个人财产及支持者的政治捐款，造成大多数政党缺乏稳定、充足的财力支持。另外，大多数政党建党时间很短，经验不足，无法在短期内组建结构合理的政党组织体系。

（三）中亚温和多党制的政治纲领同质化

政治纲领是政党等根据自己在一定时期内的任务而规定的奋斗目标和行动步骤，是政党有效组织政治力量、开展政治活动的基础，它集中反映政党的政治目标、政治要求、政策倾向和战略策略，体现政党所代表的阶级、阶层、团体或社会集团的利益和意志。一个政党如果没有纲领，就不可能成为政治上比较完整的、能够在事态发生任何转折时始终坚持自己路线的有机体。[2] 在中亚温和多党制进程中，由于中亚的政治民主思想尚未成熟，绝大多数政党组织缺少完整的政党理论思想体系。况且，中亚原本就是一个经济落后、社会两极分化严重的转型国家，中产阶层规模小、政治影响极为有限，很难提出具有远见卓识的政治主张和利益诉求，客观上造成各政党的自身定位（左翼、右翼、中间、民主、自由、极端主义）不清晰[3]。还有极少数党派甚至连自己代表哪个阶层的利益都没有搞清楚，自然就更提不出实现本阶层利益的政治纲领了。这种局面使各政党的政治纲领，要么演化为单纯的政党领袖的个人意志，要么盲目仿效西方国家政党或俄罗斯政党的政治纲领，简单将“自由、民主、人权、繁荣、复兴”等内容空泛的关键词植入其政党纲领中，缺乏明确的目标指向，同质化现象严重。

（四）中亚温和多党制的政治精英层缺位

政治精英层是构成政党组织的中坚力量。任何政党组织在履行

---

① 参见焦一强：《从“民主岛”到“郁金香革命”：吉尔吉斯斯坦政治转型研究》，兰州大学出版社2010年版，第105页。

② 《列宁全集》，第20卷，人民出版社1984年版，第357页。

③ 参见邢广程：《上海合作组织发展报告（2009）》，社会科学文献出版社2009年版，第209页。

一定的政治功能、发挥应有的政治影响、达到特定的政治目标时，都离不开政治精英层的先锋队作用。政治精英分成体制精英和反体制精英，而构成体制精英的核心是统治精英。作为统治精英，必须直接或间接地把在正式制度化了的国家统治机构中的地位和作用作为其正统性的根据，并对国家重要政策的决定具有直接影响力。一般情况下，政治精英的人数极少，却能控制极大份额的资源。他们往往会动用所有手段来维持和增进其权力，并运用广泛的技术手段使其权力和统治合法化。当然，他们也允许和鼓励有限的社会变迁。政治精英"不仅应有能力阐述整个民族的利益，确定整个民族的目标，同时提高民众的自我评价尺度，而且主要是要有能力指出实现这些目标的道路"①。它直接反映了国家与专门实行统治与管理的特殊集团、统治集团、统治阶级等直接的关系。所以，在多党制成熟的国家，政治精英层的力量是非常稳固而强大的。

中亚则恰恰相反，各国政党精英层普遍羸弱，它们既没有政党活动、政党斗争、政党策略的理论修养，也缺少丰富的执行政党纲领和政策、组织开展相关政治活动的实践经验，对政党组织工作缺乏敬业精神。虽然前苏联时期，苏共为中亚各加盟共和国培养了一大批政治精英，但他们的绝大多数都是技术官僚，完全听命于苏共中央的领导，几乎没有政党政治的经验。中亚国家独立后，这批政治精英遗产除了少数人还活跃在政治舞台上外，大部分人已淡出政治视线，因而造成中亚的政治精英发育不全、"体弱多病"，许多政党精英在社会和政府中身兼数职，疲于应付。例如，吉尔吉斯斯坦的"尊严"党主席费·库洛夫曾先后任吉尔吉斯斯坦副总统、内务部长、安全部长和比什凯克市市长等职，吉尔吉斯斯坦"公正"党主席钦·艾特马托夫是吉著名作家，吉尔吉斯斯坦社会民主党主席阿·阿塔姆巴耶夫是吉尔吉斯斯坦最高会议人民代表会议代表，哈萨克斯坦社会党主席阿姆达利诺夫是哈萨克斯坦最高苏维埃监察院主席，塔吉克斯坦人民民主党主席拉赫莫诺夫为塔吉克斯坦总统，塔吉克斯坦伊斯兰复兴

---

① ［俄］罗伊·麦德维杰夫：《无可替代的总统纳扎尔巴耶夫：哈萨克斯坦腾飞的组织者和欧亚方案的倡导人》，王敏俭等译，社会科学文献出版社 2009 年版，第 65 页。

党主席希马特佐达为塔吉克斯坦法律分委会主席等。他们平时就无暇顾及政党内部事务，组织纪律涣散，工作积极性欠佳，临近议会选举时才凑到一起，商量应对之策。他们“在鼓动人们‘造反’的同时，向人们昭示了自己的无知和内部不团结”，“其幼稚程度让人震惊”。①

中亚国家的一些政党组织为了生存需要，只得依附于政治强人，把“政党变成了政客们个人政治野心的战车。如果某个野心家在原来的政党中无所施其计就会组织新党。一个或几个头头凑在一起立刻就能建立一个政党，然后再去招兵买马”②。一旦政治强人倒台，该政党组织随即停止运行。2005 年由吉尔吉斯斯坦总统阿卡耶夫支持的“前进的吉尔吉斯斯坦党”和 2007 年由吉尔吉斯斯坦总统巴基耶夫领导的光明道路党、2007 年由哈萨克斯坦总统纳扎尔巴耶夫领导的祖国之光党均属此类。当然，这些政权党与其他党派有所不同，它们成立的目的是为中亚各国“铁腕”人物便于操控议会，减少自己推行的政策在议会受阻。虽然它们靠“铁腕”人物的庇护，很容易在议会选举中脱颖而出，但作为政党本身来讲，并没有带来多大的发展空间，只不过充当“铁腕”人物的工具而已。其结局自然是“树倒猢狲散”，伴随着“铁腕”人物的倒台而寿终正寝。

简言之，中亚国家从独立初多党竞争原则的创建至今，经历漫长而曲折的过程，最终实现了中亚温和多党制形态。在这一形态下，中亚社会各阶层和集团能较好表达和维护自身利益，公民基本政治权利和自由得到更好保护，有利于中亚各国民众对现有民主政体和民族国家的认同，有利于中亚社会稳定和经济繁荣。

当然，由于中亚各国独立时间短，现代民主政治发展也不长，中亚温和多党制的巩固和发展面临许多问题，诸如民主政治发展不成

① ［俄］罗伊·麦德维杰夫：《无可替代的总统纳扎尔巴耶夫：哈萨克斯坦腾飞的组织者和欧亚方案的倡导人》，王敏俭等译，社会科学文献出版社 2009 年版，第 2 页。

② ［美］塞缪尔·亨廷顿：《变化社会中的政治秩序》，王冠华等译，上海三联书店出版社 1989 年版，第 381—382 页。

熟、经济基础薄弱、社会结构分化严重等。为此，中亚各国应通过大力发展经济、改善民生、增强国家的经济实力，为温和多党制提供坚实的经济基础。在此基础上，应采取各种必要措施强化民众对国家的认同，通过国民教育、日常宣传等各种形式，加强爱国主义教育，培养国民的爱国主义情怀，增强民族自豪感，逐步弱化部族认同。应加强政治建设，培养民众的参政意识，健全民众参政的管道和机制，使之规范化、制度化、有效化，确保民众政治参与渠道的畅通。应强化法制建设，进一步完善《社会团体法》、《政党法》、《选举法》等相关法律，根据需要适时出台新法规，满足政党在国家政治生活中作用的发挥，最大限度地保障政党进行合法政治活动的权利和义务。应通过民主的方式，发挥参与各方承担某种义务来鼓励和平解决争端，并创造一种使诉诸暴力以达到目的成为不必要的和战略上不明智的局面。只有这样，中亚温和多党制才能得到稳定而持续的发展。

第四章　中亚可控民主化的超级总统制

第一节　超级总统制的政治制度辨析

一　超级总统制的缘起：政治制度

（一）政治制度

西方国家的学者对政治制度的定义有多种解释。法国学者迪韦尔热认为，从广义上讲，可以把一个有统治者与被统治者之分的特定社会团体的形成称作政治制度。[①] 政治制度是政府机构的总和，政党制度、选举方式和压力集团的混合体。美国学者阿尔蒙德也认为，政治制度是负责维持社会秩序或改变这种秩序的合法制度。[②] 美国学者赫沃德指出，政治制度是基于一定规则之上和程序之上规范个人和团体行为的长期稳定的安排，它是人们在长期的社会政治实践中形成的，它体现为各种明确的带有强制性的规则和决策程序，通过各种法律、规定、规则、程序、习俗等形式表现出来，其功能在于约束个体行为，解决社会冲突，维持政治共同体的存在。政治制度具有正式和合法的特点，通常被视为国家机器的组成部分。[③] 西方学者关于政治制度的概念界定不是过宽就是过窄，仅限于形式上划分，未触及政治制度的本质特征。为此，我们把政治制度定义为：是一个国家

---

① ［法］迪韦尔热：《政治制度》，法国大学联合出版社 1981 年版，第 7 页。

② ［美］阿尔蒙德：《政治发展史》，波士顿大学出版社 1970 年版，第 9 页。

③ Andrew Heywood, Key Concepts in Politics, N. Y. St. Martin's Press 2000, p. 93.

用宪法、法律确认和规定的国家性质和国家形式两方面制度的总和，是关于国家政权管理形式及有关国家政治活动的制度，它包括国家的政体形式、结构形式、国家政权机构的组织及活动原则；包括在国家宪法和法律范围内建立的、与国家政权相联系的组织及政治行为（如政党制度、选举制度、政治决策过程等）；包括统治阶级所采取的统治方式（如民主制、专权制）等。

政治制度作为统治阶级进行统治的主要工具，它反映国家的阶级内容，属于上层建筑。罗尔斯在《正义论》中指出，公正的政治制度产生公正的社会，而不是公正的社会产生公正的政治制度，从而将政治制度由古典政治学中“游戏的规则”上升到新的高度，成为影响到一个社会公正、集体认同、财产、信任和团结等价值观的规则安排。因而，现代国家的政治制度安排越来越具有公共性和服务性的特征，但同时不可否认，政治制度作为国家权力属性下的规则安排，仍然具有浓厚的权力属性和阶级属性。政治制度的种种安排和设置，其目的均在于国家权力的分配和实现。政治制度的性质表现为：它是在一定的社会经济基础上产生的，反映社会经济关系以及生产力发展水平，是社会制度的有机组成部分。政治制度与国家性质相适应，既表现统治阶级的根本意志，又规定运用国家机器的基本原则。政治制度一经建立就具有相对的稳定性，在社会经济结构不发生根本性变化的情况下，政治制度的性质一般不会改变，且不同类型的国家也可能存在相同的政治制度。政治制度的运行受到社会制度其他方面和外部环境的制约作用。在通常情况下，政治制度是可以用标准来衡量的。美国学者亨廷顿指出，任何政治体系制度化的程度，可用其组织和程序的适应性、复杂性、自立性和凝聚性来限定。同时，任何特定的组织或程序的制度化程度，也可通过这四个方面来衡量。如果这些标准可以被识别和衡量，我们就能够对不同政治体系的制度化程度加以比较。此外，在同一个政治体系之内，我们也可能测定某些特定组织和程序在制度化方面的消长变化。①

---

① [美]塞缪尔·亨廷顿：《变革社会中的政治秩序》，李盛平译，京华出版社 2000 年版，第 22 页。

（二）政治制度的属性

从西方国家的发展历程看，西方政治制度的属性一般表现为民主制。西方民主制主要包括：一是西方民主的基本原则是尊重个人的尊严，人人享有自由和平等的权利。这种权利体现在国家政治及社会生活中，就是实行少数服从多数与兼听少数人意见的原则。少数服从多数，按多数人意见决策，这是民主制度的重要核心，同时也尊重少数人的权利和意见，允许他们通过言论自由、新闻自由、结社自由等形式表达自己的意见和见解。政府在按照多数人意志决策的同时，应注意保障少数人的权利，只有这样才能保证公民参政原则具有实际意义。二是西方民主强调公民一律平等的政治原则，强调人人都有参与国家政治生活、影响国家政策的平等机会，如每个公民不论其性别、职业、种族、出身、财产，都拥有平等的选举权。随着时代发展，平等的观念还包括社会、教育、经济等的机会均等，以保证一切人都有发挥自己才能的机会。三是实现民主需要强调限制政府的权力并保障公民的基本权利。公民享有基本权利是使人民能够拥有权力的前提条件，只有建立完善的法制保障制度，才能使公民真正享有基本权利。

当然，西方民主制主要是通过以宪法为主体的法律制度体现的。其基本内容为：一是确立代议制。代议制与封建君主专制制度不同，它表明国家权力不再属于个人，而是由公民选出的代表组成权力机构来掌握。国家的法律不再是个人的意志，而是由代表公众意志的立法机构制定。代议制使各阶层都有参与国家政治生活的机会，并使统治阶级内部的权力分配得以实现。二是建立普选制。普选权是公民最基本的政治权利。公民是否享有普遍平等的选举权，表明一个国家政治民主的发展水平。西方国家建立普选制，是一个巨大进步。它是公民参与国家政治生活的重要途径，也是确定议员或政府官员是否为合法当选的唯一标准。三是建立政党制度。国家通过法律规定政党的社会地位和作用，并通过竞选活动使各主要政党轮流执政。统治阶级通常通过政党来操纵选举、控制议会立法和政府权力。各党派在不断的权力竞争中缓和其内部矛盾，达到平衡政治权力的目的。四是实行分权与制衡的原则。分权与制衡是西方国家政权机构组织和活动的重要原则，它是针对集权政治提出的，旨在限制权力集中，防止滥用权力。在统治阶级内部起到一定的权力调节作用。五是确认公民各项基本权利。确认公民基本权利并给予切实保障，是西方人权理论的重要内容。西方关于人的价值观由此体现出来。六是建立完善的法律机制。西方国家宣称“法律面前人人平等”，不许任何人享有凌驾于法律之上的特权。它的建立使公民权利得到法律保障，调整国家内部关系，维护社会秩序，从根本上确保了西方国家私有制原则。

二 超级总统制的性质

（一）总统制

所谓总统制，是由总统作为国家元首，掌握国家行政权力，政府非由议会中多数党组成、不对议会负责而只对总统负责的政府制度。[①] 具体包括：总统是国家元首并由宪法赋予最高行政首脑权力；总统是由选民直接或间接选举产生而非由议会选举产生；总统由宪法规定任期限制，其行政权力受立法、司法权的制衡；总统行使的行政权力独立于议会立法权，无需对议会负责。[②] 总统制一般分为两类，一类是分权总统制；另一类是超级总统制。分权总统制是指严格按照三权分立与权力制衡的原则设计的，由总统作为国家元首和最高行政首脑的政治制度设计。分权总统制以美国为典型代表，总统是国家元首并由宪法赋予最高行政首脑权力；总统由选民直接或间接选举产生而非由议会选举产生；总统由宪法规定任期限制，其行政权力受立法、司法权的制衡；总统行使的行政权力独立于议会立法权，无需对议会负责；政府不设总理，政府官员由总统任命，对总统负责；国会没有倒阁权，仅具备一定的弹劾总统和政府官员的权力；总统具有一定的立法否决权；司法机关具有司法审查权，对总统和国会形成权力制约力。分权总统制的特点在于：它严格按照三权分立原则，国家权力平行地分为立法、司法和行政三种权力，其中立法权由国会掌握，司法权由联邦法院掌握，总统则掌握行政权，行使最高行政首脑权力。总统的地位与其他两个部门是相等的而不是超于其上

---

① 参见张新平：《世界各国政治制度概论》，兰州大学出版社 2006 年版，第 14 页。

② 参见古洪能：《比较政治制度》，武汉大学出版社 2010 年版，第 3 页。

的。同时分权总统仅掌握行政权，要受到国会和司法部门的制约，同时也约束着国会和司法部门的行为。

（二）超级总统制

超级总统制是总统制的一种亚形式，主要体现为强总统、弱议会、小政府，即总统作为国家元首，具有宪法赋予的特殊权力，游离于三权平衡之外的政治制度设计。最典型的当属法兰西第五共和国的总统制和俄罗斯的总统制。法兰西第五共和国的总统制同时设有总统和总理，总统是一个有实权的国家元首，由全民直选产生；总统是国家元首，也是军队统帅、外交首脑；总统任免政府总理和组织政府，并主持内阁会议。[①] 在权力地位上，其宪法规定总统通过自己的仲裁来保证公共权力机构的正常活动和国家的持续性，总统地位高于立法、行政和司法部门；其宪法规定政府总理是行政首脑，并向议会负责，从而总统游离于三权平衡之外。俄罗斯的总统制也属于超级总统制。根据俄罗斯1993年的宪法，俄罗斯设有议会，但总统是由选民直选产生的拥有实权的国家元首，同时也是军队统帅、外交首脑，并任命政府总理并组织政府，还主持联邦政府会议。俄罗斯的总统具有宪法明确规定的、明显高于美国总统的地位和更大的权力，超然于三权分立制衡的结构之上。由此可见，超级总统制的类型是多种多样的，归纳起来有半总统半议会超级总统制、强总统弱议会超级总统制、大总统小议会超级总统制、重总统轻议会超级总统制、总统独大超级总统制等形态。

超级总统制的特点在于：它作为国家宪法和国家运转的保证，保证国家权力各分支机构协调一致发挥作用，总统地位明显高于立法、行政和司法部门。法兰西共和国宪法第5条规定，总统“监督遵守宪法，他通过自己的仲裁保证公共权力机构的正常活动和国家的持续性”。俄罗斯联邦宪法第80条也规定，“俄罗斯联邦总统是俄罗斯联邦宪法的保障，并捍卫俄罗斯联邦的主权、独立与国家完整性，保障国家权力机关协调地行使职能并相互协作”。[②] 同时，超级总统制

---

① Robert Eigie. *Semi-Presidentialism in Europe*. London: Oxford University Press, 1999. Ch. 1.

② 参见古洪能：“论分权总统制与超级总统制的区分”，载《太原师范学院学报》2008年第7期。

下，总统虽然是实际上的行政首脑，掌握最高的行政权，但总统并不向国家议会负责，甚至总统拥有解散议会、解释法律的权力。超级总统的地位和权力使其游离于三权制衡之外。法国宪法规定法国政府由总理负责，政府、议会与司法部门之间的权力制衡，总统则实际掌握行政权力，并且可以解释宪法、解散议会等。俄罗斯总统则可以解散国家杜马、向国家杜马提出法律草案，总统有权提名或任命最高法院院长、最高法院庭长和法官，而总统的弹劾方面则受限很大。

总之，通过对分权总统制和超级总统制的分析发现，分权总统制具有立法、司法和行政三种权力严格分立，总统的地位与其他两个部门是相等的而不是超于其上的特征，在许多国家广泛运用。相反，超级总统制的总统地位明显高于立法、行政和司法部门，总统不向议会负责，拥有解散议会、解释法律的权力，在总统制国家中较少采用。中亚国家的总统制是这种超级总统制形态驱动的结果。

第二节　中亚国家超级总统制的演化

一　吉尔吉斯斯坦半总统半议会制的演化

吉尔吉斯斯坦半总统半议会超级总统制，开启于 1990 年 10 月吉尔吉斯斯坦共和国的宪法修正案，用宪法明确规定吉尔吉斯斯坦实施总统制。后经 2003 年 2 月的吉尔吉斯斯坦宪法案的调整，使得吉尔吉斯斯坦的总统——议会制不断发展，最终确立吉尔吉斯斯坦半总统半议会制。

（一）吉尔吉斯斯坦宪法总统的开启

1990 年 10 月，前苏联改行总统制后，吉尔吉斯斯坦共和国也开始实行总统制，并对宪法做相应的修改和补充。据共和国最高苏维埃主席 1990 年 10 月 24 日签署的关于建立共和国总统职位和修改补充共和国宪法的法律称，设立总统制的目的是为了推进共和国的政治和社会经济改造，保证立法、行政和司法活动协调进行，并提高国家机关工作的责任感和效率。修改后的宪法规定，总统为共和国最高首脑，其职责主要有：保证和捍卫共和国主权和安全及领土完整；保证共和国国家最高权力机关和管理机构协调一致；协助人民代表苏维埃实行全权；向最高苏维埃提交关于共和国国内状况和国家生活中其他重大问题的年度报告;提出共和国政府总理、最高法院院长等职务的候选人;提出政府辞职或接受政府辞职的问题;签署共和国法律,对法律进行解释;总统有权暂停执行政府的决定和撤销政府的命令;与外国谈判,签署国际条约,任命和召回共和国派驻外国和国际组织的外交人员等。

共和国宪法规定,年龄在30—65岁之间掌握国语的共和国公民可以当选总统,总统按照普遍、平等、直接选举的原则,以秘密投票的方式选举产生,任期五年,只能连任两届。总统的权力不得侵犯,只有在总统违反共和国宪法和法律的情况下,最高苏维埃才可将其免职。1990年10月27日,阿卡耶夫在共和国最高苏维埃第二次非例行会议上当选吉尔吉斯斯坦共和国首任总统。1991年10月12日举行全国大选,阿卡耶夫连任,成为共和国历史上首位全民选出的总统。

阿卡耶夫就任总统后,由于实施激进的改革政策,导致吉尔吉斯斯坦的经济迅速下滑,引起议会的强烈不满,由议会控制的报纸《自由之山》多次刊登文章,对总统的改革政策提出批评。为扭转这种局面,阿卡耶夫采取反制措施:1994年9月,他指使拥护他的人民代表联名发表声明,要求提前解散议会,修改宪法有关条款,建立两院制的立法机构,通过议会体制改革来牵制议会权力,稳定其总统的宝座。10月24日,吉尔吉斯斯坦通过全民公决,按照西方民主的三权分立的原则,把原最高苏维埃改为两院制议会,尝试构建总统——议会制。

(二) 吉尔吉斯斯坦总统——议会制的曲折发展

1995年12月,吉尔吉斯斯坦提前进行总统选举,阿卡耶夫在大选中获胜连任,任期到2000年。为进一步加强总统权力,1996年,阿卡耶夫对宪法进行修改。新宪法赋予总统至高无上的权力,把总统置于立法、行政、司法三权之上。修改后的宪法还取消议会确定国家内外政策基本方向、组织选举委员会、全民公决和确认政府组成体制的权力,并把这些权力移交给总统。此外,新宪法还赋予总统一定的立法权以控制议会。这使得吉尔吉斯斯坦的总统——议会制,从一开始就面临着总统超强权力的挑战。

1998年3月,阿卡耶夫对政府进行重大改组,撤换了总理、副总理和多名部长级官员，起用一批拥护自己的年轻人，以加强自己的总统集权地位，为 2000 年大选蝉联总统准备条件。2000 年 10 月，吉尔吉斯斯坦进行总统选举，阿卡耶夫以 74.34％的支持率顺利当选总统。①

随着阿卡耶夫权力的不断集中，招致反对派政党的不满。2000 年 10 月，由大约 10 个政党组成的"人民爱国运动"结成反对派联盟，要求修改宪法，将总统的一些权力让给议会，回归总统——议会制国家。2002 年 3 月 17 日，在吉尔吉斯斯坦贾拉拉巴德州，因当局逮捕本地的反对派议员别克纳扎罗夫而发生数千人参加的集体骚乱。5 月 10 日，反对派又借下院通过《吉中边界协定》在贾拉拉巴德、奥什等州挑起更大规模的抗议活动，反对派还鼓动广大民众要求提前进行总统选举。10 月，反对派再次在首都举行示威活动，要求当局释放该党领袖库洛夫，并提出要将国家政体该为议会制。面对反对派的压力，阿卡耶夫同意反对派的修宪要求，并于 2002 年 9 月专门成立宪法会议，吸收各党派代表其中包括反对党派代表参加起草过程，以保证宪法修正案的公正性。2003 年 2 月 2 日，吉尔吉斯斯坦就修改宪法和对阿卡耶夫总统的信任问题举行全民公决，有 212 万吉选民参加投票，占全部选民人数的 86％，其中 76％的人赞成通过宪法修正案，79％的人支持现总统阿卡耶夫到 2005 年任期届满时再卸任，最终通过宪法修正案。②

吉尔吉斯斯坦 2003 年宪法，在内容上，该宪法恢复总统——议会制，把议会体制由两院制改回一院制；取消党派选举制度，议员将不再按照党派，而是全部按地域由单一选区选举产生；政府组成、总理和所有内阁成员的任免则由政府提名，总统任命。宪法还将部分原属总统的权力转交给议会和政府，议会权力重新被扩充。但不可否认，该宪法中依然保留总统权力的首要地位，权力制衡系统未得到应有巩固，而是"被一种杂交的混合权威主义政体的形成提供法律上的前提条件"③，反对派与总统之间的矛盾依旧。2004 年 1 月，吉尔

① http://www.people.com.cn/GB/channel2/18/20001101/294947.html.

② http://news.sohu.com/81/24/news206212481.shtml.

③ 参见焦一强：《从"民主岛"到"郁金香革命"：吉尔吉斯斯坦政治转型研究》，兰州大学出版社 2010 年版，第 122 页。

吉斯斯坦的反对派政党在巴基耶夫的领导下联合组建“人民运动”竞选联盟，围绕议会选举，与执政当局展开激烈较量。

2005 年 2 月 27 日，吉尔吉斯斯坦在国际观察团的监督下开始议会选举。3 月 13 日，政府派在议会选举中获胜，国际观察团没有对选举结果提出异议。然而，反对派以议会选举存在舞弊为由举行大规模示威游行，拉开“郁金香革命”的序幕。抗议最初在反对派集中的南部地区爆发，反对派要求阿卡耶夫总统下台。阿卡耶夫总统的发言人宣布反对派的行动是“政变”，下令内务部队采取紧急措施以维护社会秩序，双方展开暴力冲突。3 月 24 日，反对派进入比什凯克，占领政府大楼、总统府、国家电视台等重要国家机关和部门。当晚，阿卡耶夫与家人乘军用直升机离开首都，出国寻求政治庇护，阿卡耶夫政权倒台。3 月 28 日，新议会选举巴基耶夫为总理，并决定 2005 年 7 月 10 日举行总统选举。在 2005 年 7 月的总统选举中，巴基耶夫成功当选。

（三）吉尔吉斯斯坦半总统半议会制的确立

巴基耶夫当选总统后，吉尔吉斯斯坦的政局并未得到根本好转。2006 年 11 月，由于巴基耶夫上台后没有兑现将总统制改为议会制的修宪承诺，反对派联手议会中原阿卡耶夫的支持者再次向巴基耶夫发难，总理库洛夫甚至以辞职为由逼迫议会解散，要求重新进行议会选举，从而架空巴基耶夫总统。在这种情况下，巴基耶夫只得同意修改宪法，改总统制为议会总统制。不久，该宪法又被宣布无效。12 月 19 日，以总理库洛夫为首的内阁突然宣布集体辞职，巴基耶夫总统要求议会重新修宪，修改后的新宪法几经协商，于 12 月 30 日生效。由于 2006 年宪法过于草率，2007 年 9 月，吉尔吉斯斯坦宪法法院决定废除该宪法，并于 2007 年 10 月 21 日通过全民公决再度修宪。10 月 23 日由总统签署生效。2007 年宪法是吉尔吉斯斯坦“国内政治精英内部角力的被动选择”①，它不但没有削弱总统的权力，反而使总统集权制政体更加巩固。这显然极不利于吉尔吉斯斯坦政治矛盾的解决，为新的政治危机埋下隐患。2010 年 4 月，吉尔吉斯

① 参见包毅：“简析中亚国家总统制及其发展趋势”，载《俄罗斯中亚东欧研究》2007 年第 6 期。

斯坦多地又爆发大规模的反政府示威活动，迫使巴基耶夫总统下台。

巴基耶夫政府倒台后，2011 年 10 月 30 日，吉尔吉斯斯坦举行总统选举，时任总理的阿坦巴耶夫以绝对优势首轮胜出，根据 11 月 12 日中央选举委员会正式公布的计票结果，阿坦巴耶夫获得 62.5% 的选票，马杜马罗夫和塔希耶夫的得票率分别是 14.7% 和 14.3%。随后马杜马罗夫和塔希耶夫支持者的示威活动也未掀起大的波澜。[①] 12 月 1 日，阿坦巴耶夫宣誓就职总统。

阿坦巴耶夫总统就职后的第二天，其领导的社民党就宣布退出先前由故乡党、共和国党和社民党组成的执政联盟，导致联盟瓦解。12 月 8 日，阿坦巴耶夫授权社民党组建新执政联盟。12 日，来自故乡党、时任吉议长的克尔迪别科夫迫于特别调查委员会对其涉嫌腐败调查结果的压力而宣布辞职。16 日，社民党与共和国党、祖国党和尊严党签署合作协议，组建新的执政联盟，唯独把故乡党排除在外。新成立的四党执政联盟占整个议会 120 个席位中的 92 个，反对派故乡党占其余 28 个席位。在新执政联盟成立后的首次会议上，推举来自社民党的叶延别科夫为新议长候选人，同时还推举第一副总理、共和党领袖巴巴诺夫为总理候选人。在议会 21 日举行的不记名投票中，叶延别科夫在全体 120 名议员中获得 78 张赞成票，从而顺利当选议长。来自南方的故乡党领袖塔希耶夫接受了这样的结果，表示根据国家法律规定，故乡党作为反对派将领导议会预算和反腐败委员会，积极参与国家事务。12 月 23 日，在议会特别会议上巴巴诺夫获得议会全体 120 名议员中的 113 票，以绝对多数优势当选为总理。至此，吉尔吉斯斯坦半总统半议会超级总统制得以确立。

二　哈萨克斯坦大总统小议会制的演化

哈萨克斯坦大总统小议会超级总统制发端于苏联解体前夕，1990 年 4 月，哈萨克斯坦最高苏维埃即通过设立总统职位的决议，4 月 24 日选举纳扎尔巴耶夫为哈萨克苏维埃共和国第一任总统，哈萨克斯坦总统制正式建立。作为一种全新的政治制度，哈萨克斯坦总

---

① 参见孙壮志："当前中亚五国政治形势及未来走向"，载《新疆师范大学学报》2012 年第 3 期。

统制经历从最初完全照搬西方模式的宪法总统，到逐步走向集中权力的大总统小议会制，基本形成具有哈特色的超级总统制形态。

（一）哈萨克斯坦宪法总统的颁行

苏联解体后，哈萨克斯坦于 1991 年 12 月 1 日举行直选，纳扎尔巴耶夫以 98.76%的支持率高票当选，12 月 10 日，哈萨克苏维埃社会主义共和国正式更名为哈萨克斯坦共和国，同年 12 月 16 日共和国宣布独立，21 日以创始国身份加入独联体。哈萨克斯坦成为总统制主权共和国。1993 年 1 月 28 日，哈萨克斯坦共和国第十二届最高苏维埃第九次会议通过共和国的第一部新宪法。新宪法规定，总统是共和国的最高首脑，其职责为：向哈萨克斯坦人民提出关于共和国国情和内外政策基本方针的年度咨文；决定例行和非例行的共和国议会选举；经议会同意，任免共和国总理等；决定举行共和国全民公决；担任共和国武装力量最高统帅，任免武装力量高级指挥人员；在共和国的民主制度、独立和领土完整、政治稳定、公民安全受到严重和直接威胁以及国家宪法机构无法正常行使职能时，经与共和国总理和议会两院议长正式研究后，采取因上述情况而被迫采取的措施，其中包括在哈萨克斯坦全境或个别地方实施紧急状态和动用共和国武装力量，并应立即将此情况通报共和国议会；组建安全会议、最高司法委员会和其他协商咨询机构；根据共和国宪法和法律行使其他权力等。新宪法同时还规定，总统根据宪法法律并按普遍、平等和直接选举权的原则以秘密投票方式从共和国成年公民中选举产生，任期五年，能连任两届；凡在共和国出生的公民，不小于三十五岁和不大于六十五岁、能熟练掌握国语且在哈萨克斯坦居住十五年以上者，皆可当选共和国总统；总统权力不得侵犯，只有在总统违反宪法和法律的情况下，才能将其免职。

哈萨克斯坦独立初期，由于没有真正意义上的议会，最高苏维埃是共和国的立法机关，相当于议会，行使立法权。总统是国家元首，同时领导内阁行使行政权力，内阁即是共和国的政府。[①] 1994 年 3 月，由 177 名议员组成的哈萨克斯坦共和国第一个民选议会成立，其

---

① 参见于洪君译编："哈萨克斯坦共和国宪法（1993 年宪法）"，载《外国法译评》1994 年第 1 期。

中，支持政府的议员与反对派议员的比例为8∶7。虽然支持总统和政府的议员达到多数，但在其后不久，议会与政府在经济改革、国家民族性建设等方面发生分歧。1994年，议会通过对政府的不信任案，要求政府下野。为此，纳扎尔巴耶夫对政府内阁进行改组。在改组过程中，由于频繁的人事调动，加之经济改革方案迟迟不能被议会通过，哈萨克斯坦国内的政治、经济状况每况愈下，哈总统的威望也大为削弱。1995年，哈总统纳扎尔巴耶夫借助哈萨克斯坦宪法法院对1994年议会选举违宪的裁定，成功解散议会，把议会权力收归总统和政府所有，哈萨克斯坦总统制逐渐由权力制衡向权力集中过渡。

（二）哈萨克斯坦大总统小议会制的初步形成

1995年，哈总统纳扎尔巴耶夫解散议会后，开始总统的权力集中过程。首先，纳扎尔巴耶夫亲自领导成立哈萨克斯坦人民大会，其成员并非选举产生，而是或由地方推荐或由总统提名，这个代表各族人民的大会旋即成为总统制衡议会的合法性代表。也正是这个大会，通过要求举行全民公决延长总统任期的建议。举行全民公决是纳扎尔巴耶夫所希望的，正如他在哈萨克斯坦人民大会第一次会议上所做的报告中指出的那样："领导人的位子并不像表面上看起来那么令人羡慕。在历史的转折时期，任何一个国家领导人都必须顶住压力，特别是在选择国家经济和政治发展模式这样不一定讨好但却极端重要的问题上。有时候需要引导人们走向那条他们今天还不想走的道路，而那条路实际上必须要走。由于这关乎我们这个国家的未来，所以我的态度坚决，也许还有些生硬。"①虽然哈国内的少数政治精英可能会表现出不满和抗议，但是在全民的范围内，这只不过是极少数。公民对权威崇拜和顺从的条件下举行的全民公决，顺利地使纳扎尔巴耶夫的任期延长到2000年。其次，纳扎尔巴耶夫在议会缺失的情况下，对法律法规进行创设和现有法律的再审核。1993年的宪法并未规定在最高苏维埃无法履行职责时的法律程序，因而，最高苏维埃解散后，国家立法权没有明晰的执行主体，总统的接管其实

---

① ［俄］罗伊·麦德维杰夫：《无可替代的总统纳扎尔巴耶夫：哈萨克斯坦腾飞的组织者和欧亚方案的倡导人》，王敏俭等译，社会科学文献出版社2009年版，第33页。

不具备合法性。但由于共和国的宪政基础较弱,宪法的维护得不到贯彻,各项法律法规仍不完善,法制建设仍不健全,所以,即使是在不具备合法性的前提下,共和国总统仍然可以对各项法律法规进行调整。第三,纳扎尔巴耶夫调整军队的高层人员,先后更换国防部长、内务部长、内卫部队司令、边防军司令、国家安全委员会主席和共和国卫队司令。议会被解散后,纳扎尔巴耶夫又连续逮捕了东哈萨克斯坦内务局局长巴扎罗夫、前国家银行行长拜纳扎罗夫、现任国家银行行长的两名副手、反团伙犯罪和贪污总局的两名领导、共和国海关的两名负责人等一批高官,总统的权力进一步得到集中和扩大,大总统小议会制格局愈加明显。

1995 年 4 月 29 日,哈萨克斯坦就关于延长总统任期至 2000 年举行全民公决。参加投票的人中有 95.4%赞成延长纳扎尔巴耶夫的任期。这表明,绝对多数哈公民希望有一个稳定的政治经济环境,对纳扎尔巴耶夫寄予厚望。1995 年 8 月 30 日,哈萨克斯坦全民公决通过第二部新宪法,即 1995 年宪法。新宪法将总统部分调到议会部分前面,规定总统由直接选举产生,采取秘密投票方式。总统是国家的最高代表,任期不超过两届,每届任期 5 年。议会分上下两院,权限仅限于立法权,总统有权解散议会。政府成员向总统宣誓就职,对总统负责。[①] 总统的职能达到二十多项,成为决定国家对内对外政策的最高代表。哈萨克斯坦开始总统集权制的时期。

1998 年 10 月,哈萨克斯坦上下两院通过修宪决议,将总统任期由原来的 5 年延长到 6 年,议会上、下院任期由 4 年和 5 年延至 5 年和 7 年。结束纳扎尔巴耶夫原定到 2000 年的任期,提前进行总统大选。1999 年 1 月,纳扎尔巴耶夫获连任。2000 年 6 月 22 日,纳扎尔巴耶夫借总统权限法案,被议会赋予"终身特殊权力",其享有领导人民议会、对未来总统和政府要员的人选提出建议的权利等,总统权力进一步集中。2005 年,纳扎尔巴耶夫再次以 91.15%的支持率连任总统成功。

---

① 参见于洪君译编:"哈萨克斯坦共和国宪法(1995 年宪法)",载《外国法译评》1996 年第 1 期。

（三）哈萨克斯坦大总统小议会制的发展

2007年5月18日，哈议会通过一项宪法修正案，规定自2012年起总统任期从7年缩至5年，并正式授予总统纳扎尔巴耶夫无限期总统的权力。同时还提出提前举行议会选举，将议会上、下两院议员总数由116席扩大到154席。其中议会下院议员增至107席，98名议席将通过政党的比例代表制，由得票率超过7%的政党选举产生，其余9名议席将由民族大会推举产生。议会下院多数政党有权组阁政府。该宪法修正案并非总统真正希望放权于议会，而是试图以此限制未来总统的权力。哈议会联合委员会主席茹马巴耶夫解释说，这项修正案充分考虑纳扎尔巴耶夫在缔造国家时的历史作用，以及国家政治、经济改革事业的发展需要。至此，哈萨克斯坦进入超级总统制时代。

2010年5月，哈萨克斯坦议会上院通过法案，赋予纳扎尔巴耶夫"民族领袖"地位。法案明确规定"民族领袖"纳扎尔巴耶夫的总统豁免权，其中包括他在任期间的一切活动将不承担行政和刑事责任，纳扎尔巴耶夫及其家庭成员的财产享受法律保护等。2011年1月14日，哈萨克斯坦议会两院召开联席会议，一致通过关于以全民公决的形式延长总统任期的宪法修正案。1月31日，哈总统纳扎尔巴耶夫建议提前举行总统选举，以取代关于延长总统任期的全民公决。纳扎尔巴耶夫在当天发表的公告中表示，尽管提前举行总统选举几乎将他的任期缩短两年，但这更符合民主原则。2月4日，纳扎尔巴耶夫签署命令，决定4月3日举行总统大选。在2011年4月3日举行的总统选举中，共4人参选。除纳扎尔巴耶夫外，另外3名候选人分别为共产主义人民党中央委员会书记艾哈迈德别科夫、爱国者党领袖卡西莫夫和独立候选人、生态学家叶列乌西佐夫。哈中央选举委员会4日公布总统选举初步计票结果，纳扎尔巴耶夫获得95.5%的选票，以绝对优势赢得选举，其他三名候选人得票率均未超过2%。尽管一些反对派领导人呼吁抵制选举，但投票率仍高达89.9%，大大超过上次选举。2011年4月8日，纳扎尔巴耶夫又第四次当选总统，任期至2016年。从1991年至今，纳扎尔巴耶夫已经连续22年担任哈萨克斯坦的总统一职，超长的任期和独大的权力，标志着哈萨克斯坦大总统小议会制的日益成熟。

三　乌兹别克斯坦强总统弱议会制的演化

乌兹别克斯坦强总统弱议会超级总统制实施于 1990 年 3 月。当时，乌兹别克斯坦共和国最高苏维埃对共和国宪法进行修改，规定乌兹别克斯坦实施总统制。之后，卡里莫夫总统采用各种手段，不断加强总统的权力，乌兹别克斯坦的强总统弱议会制基本形成，并在乌兹别克斯坦议会的推波助澜下，乌兹别克斯坦的强总统弱议会制得到进一步的巩固和发展。

（一）乌兹别克斯坦宪法总统的实施

1990 年 3 月 24 日，乌兹别克共和国最高苏维埃颁布决议，决定建立总统制，并对共和国宪法进行修改，在同日的最高苏维埃会议上，一致选举卡里莫夫为乌兹别克共和国第一任总统。1991 年 11 月 23 日，乌兹别克斯坦公布《乌兹别克斯坦共和国总统选举法》，规定总统须经全民选举。11 月 30 日公布总统候选人名单：人民民主党候选人卡里莫夫、"意志"民主党候选人萨利赫。12 月 29 日经全民选举，卡里莫夫以 86%的得票率当选总统。

乌兹别克斯坦宪法规定，共和国总统兼任部长内阁主席，是国家元首和政府首脑，在国内外代表国家；规定总统候选人必须是 35 岁以上、熟练掌握国语、在共和国境内连续常住 10 年以上的公民。总统任期一届为 5 年，最多可连任两届。总统的重要职责为：保证维护公民的权利和自由，保证宪法和各项法律的实施；采取必要措施以维护国家主权、安全和领土完整；代表国家同外国签署条约和协议；派遣和召回驻外使节和代表；签署法令；向最高会议报告国内外形势；组建国家部委行政机构等；是国家武装力量最高统帅，任免高级将领并授衔；宣布战争状态；接受政治避难；宣布特赦等。

（二）乌兹别克斯坦强总统弱议会制的确立

卡里莫夫任总统后，采用总统集权制，积极推行政治经济改革，逐步扩大社会代表参与国家管理的范围，循序渐进扩大政治参与权，吸引他们参与国家管理的实践，加强公民社会建设，建立保证各阶层民众利益的非盈利性组织、地方自治和代表民主机构，在民主基础上形成政党和社会集团。在议会，卡里莫夫总统一方面与议会之间保持密切的关系。卡里莫夫总统利用人民民主党和地方政权机关中的党团代表控制大多数席位，当选议员也几乎全是卡里莫夫的支持者，在对内对外的重大问题上与总统保持一致，支持总统提出的维护社会稳定的战略方针，使得行使立法权的议会无论在制度上还是人员部署上均从属于总统；另一方面，卡里莫夫总统严格控制反对派，压缩其活动空间。乌兹别克斯坦宪法和政党法都明确规定，不准许旨在反对现行宪法制度、危害国家主权和安全、煽动民族和宗教敌对情绪等政党的建立与活动。其结果使得反对派的力量十分羸弱，很难在议会有所作为，更无力结成联盟对抗总统，只能全力拥护现政府的对内对外政策，在一定程度上强化乌兹别克斯坦的超级总统制，极大维持政局稳定。诚如卡里莫夫总统所言："目前乌兹别克斯坦没能建成民主国家，原因不在于没有民主制度，而在于乌兹别克斯坦居民旧的思想意识较强，他们还难以适应民主化准则，因此，要建立民主社会还需要一段时间。"①

1995 年 3 月 26 日，乌兹别克斯坦通过全民公决，将总统任期延至 1999 年底。同年，乌兹别克斯坦又通过宪法修正案，进一步强化总统权力。宪法修正案规定，总统是国家权力的中心；凡是重要的内阁会议均由总统主持，由总统签署和发布政府的各项决议和命令；总统有权提名和解除总理职务；总统任期届满终身担任共和国宪法法院法官；总统不受侵犯并受法律保护；社会生活和国家生活的最重要问题交给人民讨论和提交全民公决等。② 在通过宪法保证总统地位的同时，乌兹别克斯的各种大众媒体也被广泛利用，以宣传总统政绩，为形成强有力的总统制大造社会舆论。

2000 年 1 月 9 日，在总统换届选举中，卡里莫夫以 95.7%的得票率蝉联乌兹别克斯坦第二任总统。在这次选举中，乌兹别克斯坦将全国分为 14 个选区，设立投票站共计 7721 个。参与监督大选的有美国、俄罗斯、德国、日本等国的 55 名观察员及百名左右的外国记者。乌兹别克斯坦各党派、非政府组织也派出 1.5 万名代表对大选

---

① 参见王鸣野：《美国的欧亚战略与中南亚五国》，新疆人民出版社 2003 年版，第 40 页。

② 参见孙壮志：《列国志：乌兹别克斯坦》，社会科学文献出版社 2004 年版，第 84 页。

进行监督。选前各媒体普遍看好卡里莫夫高票连任，民意调查也显示卡里莫夫胜选在望。由于本次大选只有两位候选人，卡里莫夫代表自我牺牲者民族民主党，贾拉洛夫代表乌兹别克斯坦人民民主党参加总统竞选。投票结果，卡里莫夫代表的自我牺牲者民族民主党获得 95.7％的选票，而贾拉洛夫代表的乌兹别克斯坦人民民主党只得到 4.3％的选票。[①] 卡里莫夫成功当选乌兹别克斯坦总统。

2002 年 1 月 27 日，乌兹别克斯坦再次举行全民公决，90％以上的公民支持总统任期由 5 年延长至 7 年。乌兹别克斯坦中央选举委员会解释说，这次全民公决是在“广泛民主的基础上和社会各界代表、外国和国际组织观察家的参与下公开进行的”，共有 1211 万乌公民参与投票，占应投票者总数的 91.5％。其中，1112 万公民对延长总统任期投了赞成票，占投票人数的 91.7％。[②] 2004 年底，乌兹别克斯坦把一院制议会改为两院制，变立法院（下院）为职业机构，变参议院（上院）为表达民意的地区代表机构。同时，把总统部分权力移交给议会上院，对扩大议会两院的权力及保障立法和执法权力的平衡具有重要意义。此外，还取消宪法中有关执法权力归总统的规定，从而推进乌兹别克斯坦政治民主化进程。经过多年的努力，乌已经形成完整的国家体制，建立起中央和地方的立法和代表体系，以及行政和国家安全体系。

（三）乌兹别克斯坦强总统弱议会制的巩固

2007 年 12 月 23 日，乌兹别克斯坦举行第三次总统选举，卡里莫夫又顺利实现连任，保证政权的稳定和政策的连续性。据报道，这次总统大选有 4 位候选人，除了乌兹别克斯坦自由民主党代表卡里莫夫外，还有乌兹别克斯坦人民民主党代表鲁斯塔莫夫、社会民主党代表塔什姆哈穆德夫、非政府的社会团体代表萨伊多夫。[③] 在经过激烈角逐后，卡里莫夫获得选民 88.1％的选票当选，鲁斯塔莫夫获得 3.17％的选票，塔什姆哈穆德夫获得 2.94％的选票，萨伊多夫获

---

① Nohlen, D., Grotz, F. & Hartmann, C. (2001) *Elections in Asia: A data handbook*, *Volume I*, p490—496.

② http://news.sohu.com/61/56/news147835661.shtml.

③ http://world.people.com.cn/GB/6685992.html.

得 2.85%的选票。①

2011 年 12 月 5 日，乌兹别克斯坦议会上院举行第七次会议，会议审议并通过由议会下院提交的宪法修正案，将总统任期从目前的 7 年缩短为 5 年。会议指出，修改宪法，缩短总统任期是根据现任总统卡里莫夫的倡议作出的，这是国家在政治、经济体制民主和自由化发展道路上迈出的又一步伐，是为了实现进入现代民主发达国家行列的长期目标的具体措施，反映乌兹别克斯坦始终不渝推行改革的客观实际，符合进一步实施民主改革和建立公民社会构想所提出的要求，这也是大多数发达民主国家的做法。② 2012 年 3 月，乌国总统卡里莫夫通过新的选举法，把本应该在 2014 年举行的总统选举推迟到 2015 年，这表明在权力更迭上卡里莫夫没有做好交接准备，由此推升了乌兹别克斯坦的强总统弱议会制的巩固和发展。

四　塔吉克斯坦重总统轻议会制的演化

塔吉克斯坦重总统轻议会超级总统制出笼于 1990 年 11 月，由塔吉克斯坦共和国最高苏维埃颁布的共和国宪法来实施，该宪法规定塔吉克斯坦实施总统制。后由于塔吉克斯坦内战，塔吉克斯坦总统制陷入困境。经拉赫莫诺夫总统的不懈努力，最终形成重总统轻议会的超总统制。

（一）塔吉克斯坦宪法总统的出笼

1990 年，塔吉克共和国发表共和国国家主权宣言，宣布独立。1990 年 11 月 29 日，共和国颁布关于设立共和国总统职位和总统选举程序的法律。根据该法律的规定，共和国第十二届最高苏维埃第四次会议选举马赫卡莫夫为共和国第一任总统。由于共和国改行总统制，这次最高苏维埃会议对宪法进行相应的修改和补充，规定总统是国家元首，行使国家最高行政管理权，兼任共和国内阁主席。总统从共和国公民中通过全民选举产生，任期 5 年，连任不能超过两届。

---

① http://news.ifeng.com/world/other/200712/1225_1396_341976.shtml.

② http://intl.ce.cn/specials/zxgjzh/201112/06/t20111206_22896223.shtml.

塔吉克共和国总统的主要职权为：保证维护共和国公民的权利和自由，维护共和国的宪法和法律；保护国家主权、安全和领土完整；在国际关系中代表共和国，与其他国家签订条约；保障共和国最高权力机构和行政机构的协调行动，经共和国最高苏维埃批准，组建和管理共和国各部和委员会；向共和国最高苏维埃提交报告，通报国内和国际生活中的重大问题；任命共和国副总统、内阁副总理，并提交最高苏维埃批准，向最高苏维埃提出共和国人民监督委员会主席候选人以及免除以上人员职务的请求；签署共和国法律，对持异议的法律，有权在十天内退回最高苏维埃重新审议和表决，如果最高苏维埃表决有三分之二多数票赞成，总统必须签署法律；为保护共和国公民的安全，宣布在共和国全境或部分地区实行紧急状态，并在必要的情况下提请共和国最高苏维埃批准。

塔吉克共和国总统如果违反宪法，共和国最高苏维埃根据宪法委员会的结论，提出对总统不信任，将其罢免，并将总统的问题交全民公决。对总统的不信任案必须有三分之二共和国公民代表的赞成才能通过。如有三分之一以上共和国公民代表要求，最高苏维埃也可审议对总统不信任的提案。总统因故不能继续履职，新总统的选举应在三个月内进行。在新总统未选出前，总统职务由副总统代理。在副总统不能代理的情况下，则由最高苏维埃主席代理。

苏联“8・19”事件后，共和国总统马赫卡莫夫被迫辞职。1991年11月24日，共和国举行第一次全民直接选举总统，纳比耶夫成功当选，成为塔吉克斯坦第一任民选总统。由于塔政局不稳，民主派和宗教势力组成的反对派对纳比耶夫总统不满，他们利用塔国内经济形势困难之机，制造事端，为其掌权造势。1992年9月7日，在反对派武装的胁迫下，纳比耶夫宣布辞职，反对派接管政权，由得到反对派支持的伊斯坎达洛夫代行总统权力。新政府上台后，未能控制局势，支持纳比耶夫的武装和支持新政府的武装发生冲突，塔国内陷入全面的内战。

（二）塔吉克斯坦超级总统制的一波三折

以伊斯坎达洛夫为首的反对派上台后，塔国内局势每况愈下，库利亚布州和吉萨尔地区的反伊斯坎达洛夫民兵武装揭竿而起，攻占首都杜尚别，占领总统府议会大厦和广播电台，呼吁召开最高苏维埃非常会议。1992 年 11 月 28 日，塔吉克斯坦最高苏维埃经过激烈争论，解除伊斯坎达洛夫代总统的职务，选举拉赫莫诺夫为国家最高苏维埃主席，取消总统制，实行议会制。11 月 30 日，在俄罗斯和乌兹别克斯坦的支持下，拉赫莫诺夫新政府对反对派进行坚决打击，迫使反对派退守阿富汗北部地区和塔境内的偏僻山区戈尔诺—巴达赫尚自治州，与新政府形成掎角之势。

塔吉克斯坦内战造成塔国内社会经济的巨大破坏，为早日结束内战，新政府和反对派在俄罗斯等国的斡旋下，开始和谈，双方围绕停止塔阿边界的军事冲突和其他敌对行动、成立联合委员会监督停火、交换战俘和政治犯以及组织难民返回家园等问题，先后进行 6 轮正式和谈和 2 次高层会晤，取得一些成果。从 1996 年 12 月到 1997 年 7 月，拉赫莫诺夫政权与以努里为代表的联合反对派就民族和解委员会职能、难民问题、政治和解的原则性问题、军事问题、政治问题议定书、实现民族和解问题展开一系列谈判。1997 年 6 月 27 日，塔总统拉赫莫诺夫和反对派领导人努里及联合国秘书长特别代表梅里亚姆在莫斯科正式签署《关于在塔吉克斯坦建立和平和民族和睦总协定》文件和莫斯科声明，标志着塔吉克斯坦内战的结束。①

1997 年 9 月，拉赫莫诺夫政府与反对派开始就成立联合政府举行谈判。根据《总协定》的要求，塔联合政府中应为反对派安排的部长以上的席位，而拉赫莫诺夫政府却迟迟不兑现承诺，导致反对派在 1998 年 1 月 15 日宣布暂时退出民族和解委员会。为防止内战再度爆发，拉赫莫诺夫政府与反对派又经过多次谈判，最终就反对派政府中拥有的部长以上职位、改编反对派武装、遣返难民等问题达成一致。随后，反对派恢复在民族和解委员会的工作，拉赫莫诺夫总统也落实 22 名反对派成员入阁，担任部长以上职务的承诺，对反对派人士实行大赦等，塔政局趋于稳定。

（三）塔吉克斯坦重总统轻议会制的形成

1999 年 9 月 26 日，塔吉克斯坦就修改宪法进行全民公决，将总统的任期由原来的 5 年延长为 7 年；总统任期为一届，不能连任；议

---

①　参见陈明山："塔吉克斯坦签署和平协定"，载《国际资料信息》1997 年第 8 期。

会由一院制改为上、下两院，议员职业化，宗教党派合法化。1999年11月，塔吉克斯坦举行总统大选，拉赫莫诺夫以96%的选票成功当选。

2000年2月，塔吉克斯坦举行多党制议会选举，新议会由包括反对派伊斯兰复兴党代表在内的不同党派代表组成。2000年3月27日，新议会第一次会议提出“修改和补充宪法草案”，赋予总统30条职权，使总统居于议会和政府之上，有权决定国家内政外交等重大决策，并兼任强力部门领导职务，进一步加强总统对整个国家生活的控制权。

在拉赫莫诺夫总统的领导下，塔吉克斯坦政局稳定、经济持续增长。2006年11月6日，塔又举行总统选举，拉赫莫诺夫再度当选。其原因在于塔国内形势的不断好转使拉赫莫诺夫总统拥有较高的支持率；拉赫莫诺夫经过16年的执政，积累较强大的宪政资源，他领导的人民民主党在议会中占压倒优势；塔反对派加入政府后，影响力不断削弱，大选前伊斯兰复兴党的领导人努里病逝，使反对派很难推出一位有威望的候选人。2010年以后，尽管塔国内安全形势不太乐观，武装反对派死灰复燃，宗教极端势力再度活跃，但由于塔政府积极采取措施，诸如要求在伊斯兰国家自费学习宗教的塔留学生全部返回国内；通过承办独联体的高级别会议、参与演习争取俄罗斯在安全上的帮助；强力部门开展专项行动，打击恐怖势力；塔吉克斯坦重总统轻议会制基本形成，国内总体局势尚保持明朗。

五　土库曼斯坦总统独大制的演化

土库曼斯坦总统独大超级总统制诞生于1990年10月，由土库曼斯坦共和国最高苏维埃通过修改宪法，确立土库曼斯坦的总统制。在尼亚佐夫和别尔德穆罕穆多夫两代总统的努力下，基本形成总统独大格局的超级总统制。

（一）土库曼斯坦宪法总统的诞生

1990年8月22日，土库曼共和国颁布《土库曼苏维埃社会主义共和国国家主权宣言》，宣布土库曼加盟共和国是联盟体制下一个拥有主权的共和国，拥有近乎独立的政治、经济主权。1990年10月12

日，土库曼共和国最高苏维埃第十二届三次会议决定改为总统制，修改宪法，选举尼亚佐夫为总统。同年12月27日又经过全民投票继续选举尼亚佐夫为共和国第一任总统。“8・19”事件后，土库曼共和国加快走向国家独立的步伐。共和国最高苏维埃第十二届九次会议决定于1991年10月26日举行全民公决，1991年10月27日正式宣布土库曼斯坦独立。

土库曼斯坦总统是国家元首、行政机关最高首脑和最高公务员。总统必须是居住在土库曼斯坦境内的共和国公民，土库曼族，年龄在40岁以上，总统由土库曼斯坦人民直接选举产生，任期5年。总统职责主要为：保障人民的权利和自由，恪守宪法和法律；采取一切措施维护土库曼斯坦的国家独立和领土完整；代表土库曼斯坦与外国交往；保证准确实施宪法和法律；领导实施对外政策，主持谈判，签署国际条约和协议等；担任共和国武装力量总司令，委派武装力量最高司令部组成人员，协调国家防备、保卫和安全机关的工作；发布武装力量的总动员令和部分动员令；根据法律宣布全国或地区的紧急状态；向人民代表大会提交国内形势和内外政策中的重大问题的年度报告；签署法律和法令；举行全民公决；任免最高法院院长等；实行赦免。同时，土库曼斯坦宪法还规定，总统发布的命令、决定和决议在土库曼斯坦全境有效；总统不得担任议员，不得兼任其他职务，不得获取其他金钱报酬；总统的权利不可侵犯；总统因病不能视事时，人民代表大会可提前解除其职务；当总统违反宪法和法律时，人民代表大会可提出对总统不信任案交由全民投票撤换总统。

1993年11月，土库曼斯坦民主党建议议会将尼亚佐夫总统的任期从5年延长为10年。1994年1月15日，土库曼斯坦就延长总统任期的问题举行全民公决，结果99.8%的投票者同意延长总统任期至2002年。1999年12月28日，土库曼斯坦议会又通过一项法律，规定尼亚佐夫的总统职位可无限期留任。这表明，土库曼斯坦总统独大的超级总统制得到全社会的广泛认可。

（二）土库曼斯坦总统独大制的确立

2005年4月7日，已是终身总统的尼亚佐夫在政府扩大会议上表示，希望在2009年前举行总统选举，但土库曼斯坦议会否决尼亚佐夫的要求，希望尼亚佐夫继续担任终身总统，以保持政局的稳定。①

2006年12月21日，尼亚佐夫去世。2007年2月11日，土库曼斯坦进行总统大选。参加选举的候选人除了别尔德穆罕穆多夫外，还有土国的油气工业和矿物资源部副部长努雷耶夫、阿巴丹市市长卡拉贾耶夫、土库曼巴什市市长波马诺夫、达沙古兹州副州长阿塔吉科夫和列巴普州卡拉贝卡乌尔区负责人古尔班诺夫等人。② 结果，别尔德穆罕穆多夫以89.23%的高支持率，当选为土库曼斯坦独立以来的首任民选总统，同时兼任国家武装力量最高总司令和政府总理，任期5年。

别尔德穆罕穆多夫上任后，采取一系列措施稳固其总统地位。一是倡导民主改革。他指出："国家政体固然要保持相对稳定，但也应该根据国内外情况做适当的调整"，甚至认为，"在条件成熟时，土库曼斯坦可以实行多党制。"③同时，他倡导民众参政议政，扩大社会共识，在巩固国家政权和社会民主的基础上的民众参与国家管理工作。二是推进经济改革。他利用土国的能源优势，大力发展工业，对中小型私营企业给予政策支持，实行农业私有化改革等。三是完善社会保障。他继承前任总统的福利政策，保障公民的现有生活水准，提高公民的工资福利待遇和生活质量，承诺继续向居民免费提供天然气、电、水和盐，继续为公民提供优惠住房贷款等，以保持土国社会稳定。

2012年，土库曼斯坦举行总统选举，土执政党民主党联合国内其他青年组织、老战士组织、工会组织、妇女组织等社会团体联合组成的土民族复兴运动，一致推举别尔德穆哈梅多夫为总统候选人。在这次大选中，除总统别尔德穆哈梅多夫外，被全国的社会团体和公民小组推选出来参加竞选的候选人共有10多位，完成登记的有7人，分别是企业、团体和行政区的负责人。2012年1月9日，别尔德

① 参见徐晓天："2005年的中亚形势"，载《国际资料信息》2006年第2期。

② http://news.xinhuanet.com/world/2007-02/11/content_5727178.htm.

③ 参见张宁："土库曼斯坦新总统别尔德穆罕穆多夫"，载《俄罗斯中亚东欧研究》2007年第3期。

穆哈梅多夫总统公布自己的竞选纲领，明确提出要把土库曼斯坦从农业优先的国家变成工业强国，承诺适当进行政治改革，建立对人民负责和有利于祖国繁荣的政党组织，开放新闻自由和媒体独立。2月13日，土库曼斯坦中央选举委员会公布初步选举结果，别尔德穆哈梅多夫以97.14%的绝对优势蝉联总统。[①] 至此，土库曼斯坦总统独大制已成定局。

第三节 中亚国家超级总统制的特性

中亚国家超级总统制是中亚转型社会的一种新型政治制度。该制度以各国宪法为基础，适当扩大总统的权力，把总统权力置身于议会和司法权力之上，使三权分立朝着有利于总统的方向发展。通过梳理中亚国家超级总统制的演绎轨迹，不难发现现阶段中亚国家超级总统制具有总统制权力形态的多元性、总统制权力属性的非对称性、总统制权力根基的独特性。

一 总统制权力形态的多元性

多元性总统制形态是中亚国家超级总统制的普遍现象。在中亚五国，总统作为国家元首，具有宪法赋予的特殊权力，游离于三权平衡之外，这在很大程度上弱化议会和司法部门的权力，不可避免出现强总统、弱议会、小政府的超级总统制。当然，中亚超级总统制不是一成不变，它随着总统权力消长的波动，超级总统制形态也会发生改变，呈现出多元化的特征，具体表现为吉尔吉斯斯坦的半总统半议会制、哈萨克斯坦的大总统小议会制、乌兹别克斯坦的强总统弱议会制、塔吉克斯坦的重总统轻议会制、土库曼斯坦的总统独大制等形态。

在吉尔吉斯斯坦，吉超级总统制表现为半总统半议会制形态。由于吉总统阿卡耶夫迷恋西方的民主政治，在他执政期间积极倡导三权分立制，多次修改宪法，不断赋予总统至高无上的权力，取消议会确定国家内外政策基本方向、组织选举委员会、全民公决和确认政

① http://news.163.com/12/0213/13/7Q57REPO00014JB5.html.

府组成体制的权力，把总统置于立法、行政、司法三权之上。与此同时，他又放任反对派势力的做大，允许反对派结盟竞选议会席位，并借助议会与总统分庭抗礼，由此形成半总统半议会的超级总统制。尽管阿卡耶夫也施展许多诸如全民公决之类的伎俩，试图打压反对派的势力，但效果并不明显，反对派依然可在议会我行我素，甚至还能要挟总统修宪，把部分原属总统的权力转交给议会和政府，重新扩充议会权力。吉总统权力和议会权力的齐头并进，造成吉尔吉斯斯坦政治格局的不确定性，一旦总统与反对派发生政治分歧，极易引发街头政治和颜色革命，导致政权更迭。吉尔吉斯斯坦的两次"郁金香革命"就充分说明了这一点。然而，颜色革命的爆发没有改变吉尔吉斯斯坦的半总统半议会制的基本走势。颜色革命后上台的巴基耶夫和阿坦巴耶夫，继续秉持着吉尔吉斯斯坦半总统半议会制的传统，进一步调整总统和议会的关系，在不改变总统现有权力的前提下，给予议会更多的国家决策权力，使之更加符合吉国超级总统制的发展需要。

在哈萨克斯坦，哈超级总统制表现为大总统小议会制形态。独立初，哈萨克斯坦最高苏维埃按照西方的宪政民主模式，建立一套完整的宪法总统体制，推举纳扎尔巴耶夫为哈总统，并赋予纳扎尔巴耶夫国家元首、领导内阁行使行政权力等基本权力。纳扎尔巴耶夫上台后，为保证其政令畅通，他用合法手段临时解散议会，强化总统在国家政治和经济事务中的主导权。同时，他还通过全民公决，屡次修改宪法，不断延长总统任期，对法律法规进行创设和现有法律的再审核，使总统解散议会合法化。此外，他调整军队的高层人员，要求政府成员向总统宣誓就职，以保证对政府行政权力的绝对控制。其结果，纳扎尔巴耶夫的总统权力得到进一步的集中和扩大，凌驾于政府、议会和司法部门之上，而议会权力则大为弱化，形同虚设，哈萨克斯坦的大总统小议会格局基本定型。为确保这一格局的一劳永逸，纳扎尔巴耶夫授意哈议会上院通过法案，赋予其"民族领袖"地位，特别规定纳扎尔巴耶夫的总统豁免权，其中包括他在任期间的一切活动将不承担行政和刑事责任，纳扎尔巴耶夫及其家庭成员的财产享受法律保护等，从法律上确立哈萨克斯坦大总统小议会制的制度基础。

在乌兹别克斯坦，乌超级总统制表现为强总统弱议会制形态。卡里莫夫总统执政期间，为确保强总统弱议会制的顺利实施，他先后通过两次全民公决进行宪法修正案，强化总统的国家权力中心地位、总统领导内阁成员、总统不受侵犯并受法律保护、延长总统任期为7年等。为加强对议会的控制，卡里莫夫利用乌人民民主党和地方政权机关中的党团代表控制议会大多数席位，在对内对外政策上与总统保持高度一致，使议会完全从属于总统。卡里莫夫还严格控制反对派，压缩其活动空间，禁止旨在反对现行宪法制度、危害国家主权和安全、煽动民族和宗教敌对情绪等政党的建立与活动。卡里莫夫还采取较为激进的策略，改革吏治、惩治腐败，逐步扩大政治参与权，建立稳定的中央政府和地方自治机构。实践证明，强总统弱议会制，是乌国长期以来摸索出来的一条超级总统制模式，它由一系列内部逻辑和管理规则所统治，基本符合该国的国情，也客观反映乌国的政治发展现实。

在塔吉克斯坦，塔超级总统制表现为重总统轻议会制形态。1990年11月，塔吉克斯坦开始实施总统制，后由于塔国内民族宗教矛盾的升级，塔吉克斯坦爆发内战，塔吉克斯坦总统制名存实亡。1997年，拉赫莫诺夫政府与反对派经过艰苦谈判，达成和解，塔内战结束。内战后，塔吉克斯坦重新恢复总统制。为防止国家再度分裂，拉赫莫诺夫总统选择重总统轻议会的总统制模式，以加强总统在国家权力中的主导地位。为此，他一方面采用全民公决的方式修改宪法，把总统任期从5年延长到7年，为其施展抱负赢得更多的时间；另一方面，他还借助在议会中所处的优势地位，提出"修改和补充宪法草案"，扩大总统权力达30多项，使之居于议会和政府之上，进一步强化总统对国家的控制权。这些举措，不仅为拉赫莫诺夫总统迅速聚拢权力资源和扩大影响奠定制度基础，更重要的是它还有利于拉赫莫诺夫整合各种资源，加快塔国的政治经济改革，打击三种恶势力，限制宗教党势力扩张，增强对独立新闻媒体的管控，稳定政局和经济发展。

在土库曼斯坦，土超级总统制表现为总统独大制形态。独立后，土国与中亚其他国家一样选择了总统制，尼亚佐夫当选土国首任总统。在尼亚佐夫执政期间，土国仍秉持前苏联斯大林主义的政策，政治经济没有发生大的改变。他把持政府、架空议会、限制党派活动，俨然一个“个人秀”派头。1994 年 1 月，他授意土库曼斯坦举行全民公决，延长总统任期至 2002 年。1999 年 12 月，尼亚佐夫又借助其领导的土库曼斯坦民主党控制的议会通过法律，把尼亚佐夫的总统职位无限期延长。2003 年，尼亚佐夫又把本来就是总统橡皮图章的 50 名成员的议会权力，转交给了一个由 2507 人组成的充斥着来自各级政府机构的代表、以及其他公共机构和经济领域代表的人民委员会，用以代替土国的部落长老会议，土库曼斯坦总统独大制基本确立。别尔德穆罕穆多夫上任后，尽管他也采取了一些诸如倡导民主改革、推进经济改革、完善社会保障等措施，试图扩大政治民主化的空间，但是他始终没有从根本上改变尼亚佐夫时代的治国方略，总统独大格局依旧。由此可见，总统独大超级总统制是土国现实政治生活的必然结果，并在相当长的时期内存在。

总之，中亚国家的超级总统制是各国政治制度的现实写照。它不仅展示中亚不同政治、经济、社会、文化条件下多元性超级总统制的状况，而且也集中体现中亚各国可控民主化的发展水平。当然也应该看到，中亚五国超级总统制的权力形态不是一成不变的，而是伴随着各国的总统和议会之间权力消长不断发生改变。从总统和议会的权力定量分析看，假设吉尔吉斯斯坦的半总统半议会制的权力定量为：总统权力定量 50%，议会权力定量 50%；那么，其他四国就依次为：哈萨克斯坦的大总统小议会制的权力定量为：总统权力定量 60%，议会权力定量 40%；乌兹别克斯坦的强总统弱议会制的权力定量为：总统权力定量 70%，议会权力定量 30%；塔吉克斯坦的重总统轻议会制的权力定量为：总统权力定量 80%，议会权力定量 20%；土库曼斯坦的总统独大制的权力定量为：总统权力定量 90%，议会权力定量 10%。下图：

50%　　60%　　70%　　80%　　90%
| ——→ | ——→ | ——→ | ——→ | ——→总统权力流向
吉国　　哈国　　乌国　　塔国　　土国
| ——→ | ——→ | ——→ | ——→ | ——→议会权力流向
50%　　40%　　30%　　20%　　10%

根据以上数据排序，不难发现，五国的总统权力定量呈现出从吉的 50%、哈的 60%、乌的 70%、塔的 80%、土的 90%一路上升的趋势，而五国的议会权力定量则呈现出从吉的 50%、哈的 40%、乌的 30%、塔的 20%、土的 10%一路下降的趋势。这表明，五国的超级总统制在吉、哈、乌、塔、土逐步强化总统权力的同时，实际上又渐次弱化其议会的权力，使超级总统制的权力分配不断从议会手中流向总统。正是这种权力流向的差异化，导致各国形成不同形态的超级总统制。

二 总统制权力属性的非对称性

非对称性总统制权力结构是中亚国家超级总统制的显著特征。在中亚五国，由于受前苏联高度集权思想的影响，其总统制结构存在明显的威权主义色彩，总统权力过度放大，议会权力大量流失，一些国家的议会还长期被总统领导的党派联盟把持，形同虚设，成为总统权力的御用工具，议会根本起不到对总统进行监督和弹劾的作用，政府内阁批准的议案是否成为法律，议会也无权过问，只有采纳而没有进行重大修改的权力。不仅如此，当总统出台重大决策时，经常利用全民公决来取得民众的支持，而把议会抛到一边。俄罗斯学者尼古拉·米古诺夫一针见血地指出："总统权力的这种'超党派'的态度，实际上标志着总统权力拒绝仅仅依靠民主的和自由的政党派别"[①]，极大助长总统权力的泛滥。其结果造成各国总统权力无限扩张，议会权力肆意践踏，中亚国家总统制权力属性的非对称性结构严重失衡。

在哈萨克斯坦，总统制设置的初衷是保证行政、立法、司法三权之间的相互制衡，体现哈国的民主政治现代性。然而，这种政治理想在该国却遭遇水土不服，举步维艰。后经过哈国的全民公决和议会修宪，不断修正三权间权力关系，逐步扩大总统权力，减小议会权力，形成大总统小议会的非对称性权力结构，以适应哈国的可控民主化政治环境。譬如，哈国 1995 年宪法规定，哈总统可在保证国家权力各分支机构协调一致发挥作用，总统具有干涉立法、行政、司法部门的权力。总统不仅在特殊情况下具有颁布法律及类似法律效力命令

---

① [俄]尼古拉·米古诺夫："俄罗斯 20 年改革的结果分析"，载《参阅稿》(上海市委宣传部内刊)2013 年 6 月 20 日。

的权力，还可通过举行全民公决进行修宪或延长总统任期的权力，有权解散议会，限制议会对总统的弹劾，以架空议会的立法权；总统任命总理开展政府工作的权力，政府对总统负责，但总理个人对政府工作负责，政府工作出错由总理提出辞职或被总统免职；总统根据最高宪法委员会的提名或推荐任命各级法院院长、庭长，但同时最高宪法委员会 7 名委员中却由总统直接任命 2 名，还有一名是由前总统终身任职，总统在最高宪法委员会和法院体系中都有直接的影响力。这些规定标志着哈总统已成为超越三权之上可以进行权力协调的仲裁者。不仅如此，哈总统还通过合法修宪途径，先后四次对总统任期进行修改。1995 年，哈总统纳扎尔巴耶夫解散哈议会后，亲自领导成立了一个"哈萨克斯坦各族人民大会"，并利用该组织就延长总统任期提出举行全民公决，顺利把总统任期延至 2000 年。1998 年，纳扎尔巴耶夫要求哈议会通过修宪决议，把总统任期由 5 年延至 7 年。2000 年，纳扎尔巴耶夫借总统权限法案，被议会赋予"终身特殊权力"。2007 年，哈议会又通过授予纳扎尔巴耶夫无限期总统权力的宪法修正案。如此一来，哈国把总统权力从三权分立中分离出来，一步步将其推升到巅峰状态。

在乌兹别克斯坦，由于卡里莫夫总统长期实施权威统治，乌国总统制呈现集权化特征，总统与议会的权力属性完全不对称，这在乌国的 1995 年宪法修正案中表现得尤为明显。该宪法修正案除保留 1990 年宪法中的有关总统是国家元首和政府首脑、可向会议发表国情咨文、委任政府总理和各部委部长等基本权力外，还特别增加几项总统权力，诸如总统有权主持重要的内阁会议、有权签署和发布政府的各项决议和命令、有权解除总理职务、总统任期届满终身担任共和国宪法法院法官、总统不受侵犯并受法律保护等，以进一步强化总统的权力地位。另外，乌国的总统权力还通过合法途径积极向议会渗透，挤占议会的权力空间。在乌国的可控化民主进程中，由于卡里莫夫总统采取限制反对党派活动的措施，反对党派的势力弱小，在议会没有话语权，议会席位基本上被卡里莫夫总统的支持者所控制，并与总统在内外政策上保持高度统一，造成议会的立法权无法正常发挥作用，蜕变成总统的第二轨道权力。这无疑助长乌国总统权力的急剧膨胀，使得乌总统制的权力天平发生向总统权力严重倾斜的态势。

在塔吉克斯坦，总统与议会间的权力分化始于塔国内战结束，1999年9月，塔通过全民公决延长总统的任期为7年，议会由一院制改为两院制。后经拉赫莫诺夫总统的积极运作，塔国总统与议会权力的分化更加严重，2000年3月，塔议会又在原有总统权力基础上，增加诸如有权决定国家内政外交等重大决策、兼任强力部门领导职务等职权，使总统权力多达三十余项，远远高于塔国独立初期颁行的宪法中对总统的权限规定，这极大弱化议会的权力，由此形成重总统轻议会的权力非对称性格局。

土库曼斯坦总统制的权力非对称性从一开始就表现得非常抢眼。由于尼亚佐夫总统控制的土库曼斯坦民主党的一党独大，使得他在政府和议会都拥有超强的话语权。这在总统任期上尤为明显，从最初的延长10年任期，到最后无限期留任。尼亚佐夫总统经常说他选择的制度就是土国人民所希望的政治体制。尽管他也谈到在2008—2009年举行总统选举，但没人相信在他有生之年土国会举行真正的选举。他自视为无所不知的慈善的“大汗”，在匆匆咨询他的顾问后就能做出决策。他喜欢公开接见土国人民，这种仪式通常在首都举行，有时也会大张旗鼓到该国最偏远的地方视察。因此，只要尼亚佐夫大权在握，就不可能建设民主社会，甚至根本不可能“种植任何民主社会的种子”。① 以至于许多土国精英惊呼，土国的超级总统制已经使他们的存在面临危险，国家的政治和经济前途以及每个国民也都面临危险。② 土国总统权力独大轨迹可见一斑。

三　总统制权力根基的独特性

独特的威权主义总统制权力结构是中亚国家超级总统制的根本所在。这基于政治理念和制度设计两方面的理解。一方面，从政治理念看，中亚国家总统制是在各国的历史文化传统和独立后不同发展模式的基础上形成和发展起来的，其权力根基具有很深的威权主义色彩。不言而喻，作为一种政治类型，威权主义是以民主为表象，

---

①　[美]玛莎·布瑞尔·奥卡特:《中亚的第二次机会》，李维建等译，时事出版社2007年版，第186—187页。

②　同上书，第193页。

以威权为手段取得政权、治理国家的一种形式。这种集权统治方式的合法性，不仅植根于一国的民族精神和民族心理对专制统治思想的广泛认同，而且还来自于统治者个人在争取独立时的突出作用、发展经济上的重要贡献、国家发展中的伟大思想的崇高威望和人格魅力的基础上。威权主义的功能主要用于控制社会成员，为自己政权形式与政治实践进行合法性辩护的工具，从而在个人与国家关系的认识上形成独特的价值观体系。

在中亚，哈、吉、乌、塔、土五国的民族成分大多以部族和部落为纽带组织的游牧社会，客观上形成一种传统的开放精神。受到封建专制统治的影响，以血缘关系为基础的中亚社会十分讲究尊卑观念，等级森严。伊斯兰教传入中亚后，伊斯兰教对神权的服从，构成伊斯兰教政治化的基础，在这种权力结构下，宗教和世俗生活紧密联系，强化中亚穆斯林对威权主义的崇拜。前苏联七十年的中央集权统治的惯性思维，又集中塑造中亚各国的崇拜权威、集中、顺从的民族心理，使得各国民众从内心深处不排斥独立后各国领导人的身份转换。由此一来，各国总统身上被寄托太多的民众期待，仿佛成为解决中亚社会一切问题的救世主。哈国的大多数精英就这样认为，尽管纳扎尔巴耶夫有许多缺点，但他仍是哈国一个积极的推动力。他在非常困难的情况下使哈萨克斯坦获得了独立，并在没有疏远俄罗斯的情况下尽量得到西方支持。他们希望哈国将来会拥有一个开放而竞争的政治体制，拥有一个正常运作的立法机构，一个至少半独立的新闻制度，一个政党制度，或者其他有效的制度，从而使具有实力的政治精英走上政治舞台。① 加之独立后各国也的确面临着社会稳定和经济发展的客观诉求，需要强势人物出来扭转危局。在这种威权主义氛围的烘托下，中亚各国总统理所当然地会利用各种机会，借助一切合法手段，通过诸如争取独立、稳定政局、发展经济等途径，将国家大权一点点收入囊中，构筑起有利于总统权力的制度体系。况且，哈总统纳扎尔巴耶夫、乌总统卡里莫夫、土总统尼亚佐夫等人本来就是本国政治强人，纳扎尔巴耶夫和阿卡耶夫两人还效仿俄总统叶利钦，在

---

① ［美］玛莎·布瑞尔·奥卡特：《中亚的第二次机会》，李维建等译，时事出版社2007年版，第162—163页。

同本国议会发生争执时，解散议会，重新选举，修改宪法以扩大自己的权力。对此，纳扎尔巴耶夫解释道："在中亚国家的政治转轨中，正是国家担负起了改造社会的主要责任，而国家起主导作用的客观依据是公民制度的薄弱、新的经济和社会结构方面的问题等。一方面是过渡时期的复杂性和社会矛盾的尖锐；另一方面是社会对政权和机构的监督软弱无力，客观上促进了总统权力的扩大。总统成了民族的象征，成了政治体制的最重要因素和中心，总统置身于社会、政党、议会和权力的所有机构之上，协调和引导它们活动，总统成为宪法的唯一保障和国家主权的实际体现。"①

当然，中亚各国总统在大打"民族国家"牌、倡导民族主义、号召民众在国家和民族利益面前树立个人服从大局观、凝练统一的民族价值观的同时，他们不会忘记"安身立命"之本在于民心所向，也会想尽一切办法发展经济，并在政策上给予经济优先发展地位，从而获得经济的快速增长，让民众能够从本国的经济发展中获得更多实惠，以争取更多民众的支持，提高总统的支持率，巩固总统制的合法性。久而久之，威权主义逐渐融入中亚各国的总统权力体系当中，习惯于自上而下的中亚国家总统制的权力架构，这种权力结构能够确保各国总统通过武力或威胁的方式实现对各个方面的权力控制，并导致三权分立制衡被解构，总统权力集中被民众所接受，"出现了加强总统集权的趋势。各国均采用总统制，以强化总统权力"②。超级总统制成为中亚政治社会的一种常态化。

另一方面，从政治制度设计看，中亚国家总统制的设计理念也颇具威权主义特色。其具体表现为：在议会层面上，中亚各国议会名义上拥有独立行使其立法权和对政府权力的监督，但实际上议会在威权主义的制度安排上，并不能独立行使立法权和监督权，只是作为各国政府权力的陪衬而已。在哈萨克斯坦，哈 1995 年宪法明确规定，如果哈议会通过对政府不信任案，或两次否决对总理的任命，或因议

---

① [哈]纳扎尔巴耶夫：《站在 21 世纪的门槛上——总统手记》，陈兵等译，时事出版社 1997 年版，第 107—108 页。

② 参见常庆："中亚五国独立以来政治经济形势述评"，载《东欧中亚研究》1996 年第 6 期。

会两院之间或议会与其他国家政权之间不可克服的分歧而引发政治危机等情况下，总统可以解散议会。在吉尔吉斯斯坦，吉 1993 年宪法规定，吉总统有提前召开议会的权力；总统可把国家生活中的重要问题提交全民公决；可根据全民公决的结果，提前解散议会，并确定新的议会选举等。在土库曼斯坦，土 1992 年宪法也规定，总统可根据议会决议，确定全民公决，有权提前召开议会会议等。这些都为总统延长其任期，巩固威权主义总统制创造条件。①

在政党层面上，中亚威权主义总统制强调精英政治，不允许多党制对其权力的觊觎与争夺。坦率说，中亚各国总统表面上允许在野党的存在，强调多党制民主的必要性，以掩盖总统权力过度集中所带来的政治分化。在中亚国家宪法中，各国都倡导政治多元化，承认多党制存在的合法性，开放其政治运行空间。例如，哈萨克斯坦 1995 年宪法规定，共和国承认意识形态和政治多元化，承认公民享有自由结社的权利，社会团体的活动由法律加以调节；乌兹别克斯坦 1992 年宪法指出，共和国社会生活的发展以政治机构、意识形态的舆论多样化为基础，任何意识形态不得被规定为国家意识形态。公民有权联合成工会、政党和其他社会团体，参加群众运动。任何人不得损害在政党、社会团体、群众运动以及代表权力机关中构成少数反对派人士的权利、自由和尊严；吉尔吉斯斯坦 1993 年宪法则确定，在吉国，可根据自由表达意志和共同利益的原则建立政党、工会及其他社会团体。国家保证维护社会团体的权利与合法利益；土库曼斯坦 1992 年宪法也规定，土国保证公民的权利和自由平等，也保证公民在法律面前一律平等，不论其民族、出身、财产和职位状况、住所、语言及对宗教的态度、政治信仰和所属党派如何等；塔吉克斯坦 1994 年宪法强调，共和国社会政治生活的发展以政治结构和意识形态多元化为原则，国家对其活动提供平等条件。公民有权参加组建政党、工会和其他社会团体，并可自愿加入或退出这些组织。②

而实质上，各国总统对模仿"民主"而非建立"民主"政治更感兴

---

① 参见朱新光：《上海合作组织视角下的中亚地区治理理论与实践》，黑龙江人民出版社 2009 年版，附录。

② 同上。

趣，他们引进民主政治体制的目的只是为了制造一种政治参与的幻觉，以缓和国内外的批评，而非推进总统及其随员与其他社会集团分权的进程。当真正的分权需要出现时，他们的第一反应是阻止，并通过各种规定限制反对派的行动，使其无法形成对威权总统制的威胁之势。在乌兹别克斯坦，乌国 1992 年宪法规定，乌国禁止以暴力改变宪法制度为目标，反对共和国主权完整和安全，反对共和国公民以宣扬战争、社会、民族、种族和宗教敌对，危及人民健康和道德的政党和其他社会团体等，禁止成立秘密协会和社团。这样一来，当乌国要求民主化和伊斯兰化的呼声出现后，总统卡里莫夫能够坚决不允许极端民主化也不允许政教合一的伊斯兰化；[①]在吉尔吉斯斯坦，吉国 1993 年宪法宣称，共和国不允许国家制度和党的规章制度相混合，以及使国家活动服从党的纲领和决议。不允许在国家机关、团体中建立党组织并开展活动。不允许军人及内务、国家安全、司法、检察院和法院机关工作人员参加政党和表示支持某一政党。不允许以宗教为基础建立政党。不允许宗教组织追求政治目的和任务等；在土库曼斯坦，土国 1992 年宪法特别强调，共和国禁止建立以暴力改变宪法制度为目的，在自己的活动中允许使用暴力，危害公民的权利和自由，宣传鼓动战争以及种族、民族、社会和宗教仇视情绪、企图损害人的身体健康和道德品质的政党和其他社会团体。[②] 土总统尼亚佐夫也从一开始就率先进行全民公决，把自己的总统任期延长为终身制。这表明，中亚各国总统是希望建立其自上而下的政党体系，以此取代国内各种形形色色的反对党派，巩固其威权统治地位。

由此看来，中亚各国总统强化威权主义意识，其真实目的不是要在中亚建立一个真正的而非口头上的民主政治，而是要通过威权主义的可控民主化，严肃对待中亚国家的民众对政治自由的诉求，防范因中亚民主政治的成熟而被赶下台的危险。

---

① 参见徐亚清：《中亚五国转型研究》，北京民族出版社 2003 年版，第 20 页。

② 参见朱新光：《上海合作组织视角下的中亚地区治理理论与实践》，黑龙江人民出版社 2009 年版，附录。

第五章　中亚可控民主化的政府善治

第一节　政府善治的政治经济分析

一　政府善治的缘起

（一）善治的含义

何谓善治？目前学界对此没有形成统一定论。美国学者迈克尔·巴泽雷认为，善治就是公民价值体现，与传统官僚范式不同，善治更多体现对公民集体价值这一问题做更多的调查、更明确的讨论、更有效的商榷，暗示社会自治的要求和能力。查尔斯·福克斯也认为，善治是以人为本，善就是人民为促进幸福的实现而民主决定的东西，人民就是标准、是主人，在他们之外没有判定对错的更高标准。罗茨指出，善治是把市场的激励机制和私人部门的管理手段引入政府的公共服务，从而建立以信任和互利为基础的社会网络，形成政府与民间、公共部门与私人部门之间的互动，以真正形成善治的模式。中国学者俞可平把善治解释为公共利益最大化的公共管理。善治是政府与公民对社会公共生活的共同管理，是国家与公民社会的良好合作，是两者关系的最佳状态。[①] 这些学者在论述善治时，都特别强调政府对公共事务管理的重要性，表明政府是公共事务善治的主导力量，国家追求的善治是政府善治。因此，政府善治就是政府和公民社会为使公共利益最大化，通过一定的机制，利用一定的手段，互助合作，共同管理公共事务的民主过程与价值取向。

---

① 参见俞可平："善治和幸福"，载《马克思主义与现实》2011 年第 2 期。

（二）善治的要素

作为善治的价值取向，其基本要素涵盖十个方面：(1)合法性。即政治秩序和公共权威被自觉认可和服从的性质和状态；(2)法治。即法律成为公共政治管理的最高准则，在法律面前人人平等；(3)透明性。即政治信息的公开性，以便公民能够有效地参与公共决策的过程，并对公共管理过程实施有效的监督；(4)责任。即管理者对其自己的行为担负基本的公共责任；(5)回应。即公共管理人员和管理机构对公民的要求做出及时和负责的反映，在必要时主动定期地向公民征询意见，解释政策和回答问题；(6)有效。即管理的效率，主要是降低管理的成本，并使管理机构设置合理，管理程序科学，管理活动灵活，提高效率；(7)参与。即公民的政治参与，也包括公民对其他社会生活的参与；(8)稳定。即国内的和平，生活的有序，居民的安全，公民的团结，公共政策的连贯等；(9)廉洁。即政府官员奉公守法，清明廉洁，不以权谋私，公职人员不以自己的职权寻租；(10)公正。即不同性别、阶层、种族、文化程度、宗教和政治信仰的公民在政治权利和经济权利上的平等。①

二　政府善治的性质

政府善治的性质在于其基础是公民社会。从这个意义上说，公民社会是善治的现实基础，没有一个健全和发达的公民社会，不可能有真正的善治。随着公民社会的日益壮大，公民参与公共活动的几率大大提高，必然导致政府与公民对公共生活的合作管理。一方面，政府善治论主张政府并不完全垄断一切合法的权力，除政府以外，社会还有一些其他机构和单位负责维持秩序，参加经济和社会调节；另一方面，政府在实施善治的过程中，为调动一切有利于公共利益最大化的社会力量，应制定政府与非政府主体的合作机制，不再坚持国家职能的专属性和排他性。此外，政府善治，政府行为的价值取向，有一个不断推进的实践过程，不能一蹴而就，为实现政府善治的目标，政府应利用当前先进的科技知识，不断完善与革新执行社会职能的手段与方法。中亚各国政府善治由此而生。

---

① 参见俞可平："善治和幸福"，载《马克思主义与现实》2011 年第 2 期。

第二节　中亚国家政府善治的嬗变

一　政府行政体制改革的政治基础

（一）各国政府下决心推动行政改革

中亚国家独立以来，各国基本上实行以总统制为权力核心的单一制世俗国家政体，有利于中亚政局的稳定，但这种行政权膨胀、过分突出个人作用的政体容易形成中亚威权主义和个人崇拜，从而导致“帕雷托精英曲线”现象。中亚各国的领导层通过分配私有化过程带来的利益，建立自己的效忠网络，牢固控制着中央政府的权力，政治反对派要么被收买，要么被驱逐出政治体制之外。这种政治格局使得现有体制内能对权威地位构成威胁的力量往往来自地方势力。在中亚，各级地方政权的权力来自中央政府的任命，地方领导人一旦获得职位，便利用手中的权力培植自己的效忠集团，对中央的权威形成威胁，加剧地区割据之势。为更好维护政局稳定，各国中央领导层紧紧把握着手中的权力并努力使其任期延长，这样就可以使他们在较长的任期内保证国内的社会稳定，但也潜藏着继任者问题对国家稳定造成的直接威胁，各国领导层的更迭对地区政治形势的走向影响甚大，极易引发像吉尔吉斯斯坦“颜色革命”之类的社会动荡。

另外，中亚威权主义政治也不可避免会造成各国公共权力的私有化、以及各级政府官员“寻租”现象的出现，致使各国政府管理效率低下、贪污腐败屡禁不止。据吉尔吉斯斯坦媒体报道，在吉尔吉斯斯坦最富有的阶层中80%是官员，总统家族和亲信几乎垄断了国内最盈利的大企业和行业，阿卡耶夫的夫人的两个侄子就分别执掌国家私有化委员会和国有黄金公司吉尔吉斯斯坦国家矿业公司的大权，阿卡耶夫的儿子艾达尔以及他的女婿托伊贡巴耶夫独揽吉尔吉斯斯坦的燃料油分配、酒类销售、房地产、地方酒店业、赌场和媒体等众多领域的大权。① 内阁官员也贪污严重，部长级官员的工资虽在150

① [美]玛莎·布瑞尔·奥卡特：《中亚的第二次机会》，李维建等译，时事出版社2007年版，第129页。

美元左右，但许多官员都开着豪华私车，购置多处高档别墅。[①] 在乌兹别克斯坦，政府官员的裙带体制错综复杂，警方腐败严重（在乌兹别克斯坦军警的工资最高，而普通知识分子的工资则较低），国家的强力部门垄断了棉花等重要经济作物的出口，使广大农民无法从中获益。在土库曼斯坦，由于政府掌控着国内棉花的销售和出口的定价权，加之棉花的官方价格和市场价格之间的差距，土国的棉花贸易中到处是腐败。[②] 在塔吉克斯坦，政府腐败行为更为猖獗，关于政府与毒品之间密切关系的传言一直没有间断过，据说从低级警官到杜尚别市市长都与毒品贸易有来往。他们有一张松散的网络，甚至根本就是一些彼此毫无联系的商人向各级政府官员行贿，以期使他们的商品能够从塔国境内通过，塔国政府也无意割断政府官员与毒品贸易的联系，甚至还曾用与犯罪组织有联系的某人取代"毒品沙皇"，后因面临巨大公共舆论压力，政府才又将此人撤职。可以说，塔国政府和安全部门的官员，从地方基层到中央高层都有参与毒品贸易的现象。[③] 目前，在世界各国的政府廉正形象排行榜中，中亚国家的政府廉正形象排行榜中的排名普遍滞后，导致政府公信力和国家威望的普遍下降，政治体制改革任务更为复杂和艰巨。为此，各国政府纷纷想办法改革现行行政体制，以图从根本上扭转政府公信力下降的局面。

哈萨克斯坦行政改革主要从分散中央集权入手，整合国家管理资源，提高政府部门自身工作效率。在中央与地方的权力关系上，削减中央权力，扩大地方权限。2003 年，吉尔吉斯斯坦总统签署了一项特殊法令，将国家地方选举日期固定下来。2005 年 8 月，哈首次对各地的州、市长进行试验性民主选举，分阶段在区、镇、村等各级行政领导中开展民主选举。同时加快电子政务建设，用现代行政管理理念和先进管理手段，采取措施完善国家公务和行政服务，降低管理

---

① 参见刘明：《街头政治与"颜色革命"》，中国传媒大学出版社 2006 年版，第 185 页。

② ［美］玛莎·布瑞尔·奥卡特：《中亚的第二次机会》，李维建等译，时事出版社 2007 年版，第 116 页。

③ 同上书，第 200—201 页。

上的官僚化，优化国家机构管理水平，提高各级政府向公民和民间组织提供服务的质量和效率。此外，哈出台《国家公务员荣誉法》等法律，禁止公务员经商和从事与企业利益有关的活动。① 哈制定《反腐败法》，改革哈国的吏制，"实行专政，反对贪污腐败、玩忽职守和犯罪的专政"②，实现哈耶克所倡导的"社会正义"的社会秩序。为保持哈国政治力量的平衡，哈政府通过频繁的人事调动来平衡各派势力。2012 年 9 月，哈总理马西莫夫改任总统办公室主任，原总统办公室主任穆辛改任预算账目委员会主席，原政府第一副总理阿赫梅托夫为第八届政府总理。2013 年 1 月，哈组建地区发展部，任命萨金塔耶夫为第一副总理并兼任地区发展部部长，这无疑对防止哈国地区主义和分离主义蔓延有利。

土库曼斯坦行政改革则重点放在机构改革和惩治腐败上面。一方面，土政府提出包括撤销本国许多部和管理机构在内的诸多改革措施，被撤销的管理机构涉及纺织工业部、农业股份公司、食品工业联合会、土库曼斯坦酒业、土库曼斯坦测量、土库曼斯坦石油产品和运输部及其他部门等，极大提高了政府的绩效。另一方面，加大对各种腐败行为的严惩力度，将前政府总理库尔班·穆拉多夫、前石油部长萨帕尔马梅德·瓦利耶夫等一批巨贪送上法庭，并解除了前安全长官穆罕默德·纳扎罗夫、前边防总司令蒂尔基什·蒂尔姆耶夫、前中央银行行长胡代别尔德·奥拉佐夫、前国防部长库尔班杜尔德·别根德耶夫等人的职务，维护了政府的廉政形象。

吉尔吉斯斯坦也采取有效措施惩治政府官员的腐败行为。吉国的独立审计机构指控吉国人权领袖德雷勒达耶夫，利用外援资金在海外购买房产；指控库洛夫在 1997—1998 年任国家安全部长期间挪用公款、滥用权力；控告贝克纳萨洛夫任托克托古尔地区检察院期间滥用职权等，并予以严厉惩处。同时，吉国还通过颁布《道德法典》的形式，建立"阳光政府"，树立公正、公平的理念，让民众从公共权力那

---

① 参见哈萨克斯坦 2005 年国情咨文。

② ［俄］罗伊·麦德维杰夫：《无可替代的总统纳扎尔巴耶夫：哈萨克斯坦腾飞的组织者和欧亚方案的倡导人》，王敏俭等译，社会科学文献出版社 2009 年版，第 15 页。

里真正获得信赖感和安全感,从而使民众对公共权力发自内心肯定性的信任评价。

（二）各国政府出重拳严打三种恶势力

中亚的恐怖主义在苏联解体后成为影响该地区稳定的一大毒瘤,其主要表现为宗教极端型的恐怖主义、民族分裂型的恐怖主义、宗教极端和民族分裂相混合的恐怖主义等。导致中亚恐怖主义泛滥的原因非常复杂。

从中亚内部来看,中亚五国独立初期都把弘扬民族文化传统、推动信仰自由作为巩固新建政权、保证顺利过渡的基本国策,为中亚伊斯兰教的复兴推波助澜。随着中亚伊斯兰全面复兴,伊斯兰原教旨主义成为有影响的政治思潮。极端的伊斯兰原教旨主义势力也随之成为中亚政治生活中颇具影响的势力。这些极端的伊斯兰原教旨主义者为达到自己的政治目的,往往采取恐怖主义方式,因而助长恐怖主义的蔓生。同时,中亚民族关系复杂,彼此间积怨很深。表现为各国主体民族的民族主义情绪高涨,排外情绪严重,造成其主体民族与非主体民族之间的矛盾突出。另外,苏联早期为进行民族区划,人为划分民族并建立民族国家,导致相互间族际矛盾层出不穷,为当前中亚民族问题的复杂性埋下祸根。此外,中亚各国的主体民族内部历史上形成的利益集团之间的斗争也非常激烈,这些都为恐怖主义的滋生提供了条件。受冷战后世界性民族主义浪潮的冲击和中亚民族复兴意识的影响,中亚各国的极端民族主义倾向均有不同程度的表现,民族分裂主义愈演愈烈。况且,中亚的民族分裂主义与宗教极端主义有一定的联系,二者的结合又促成恐怖主义的膨胀,使中亚的恐怖主义具有很大的迷惑性、危害性。

从中亚外部来看,伊朗等国的泛伊斯兰主义和土耳其的泛突厥主义在中亚伊斯兰原教旨主义的极端化过程中产生重要影响。阿富汗塔利班的崛起不仅促进中亚伊斯兰的复兴,而且加重中亚伊斯兰教的激进色彩,特别是伊斯兰圣战思想在中亚扎根,直接推动中亚宗教极端主义和恐怖主义的发展。俄罗斯车臣恐怖主义又在客观上对中亚恐怖主义势力产生示范效应,助长中亚恐怖主义分子向现政权挑战的气焰。西方大国的强权政治和霸权主义在对待恐怖主义问题的态度上的“双重标准”也造成中亚恐怖主义的泛滥。为彻底消弭三种恶势力对中亚社会的危害，各国政府对恐怖主义势力采取重拳出击，毫不手软。

塔吉克斯坦独立后，受国内各种政治、宗教、地方利益集团斗争日趋激烈的影响，政局持续动荡。在塔总统拉赫莫诺夫的领导下，塔政府团结国内各阶层民众，依靠独联体国家和国际社会积极帮助，经过 8 年不懈努力，最终与反对派达成和解，实现国家的和平。2012 年 7 月 21 日，塔国家安全委员会戈尔诺——巴达赫尚自治州管理局局长纳扎罗夫在霍罗格市郊遇害。24 日，当局宣布开始清剿该地区有组织犯罪团伙的特别行动。塔执法机关认为，纳扎罗夫遇害事件是由艾耶姆别科夫所领导的非法武装所为，他们长期从事毒品、烟草及宝石的走私活动，并组织参与多起犯罪事件。塔国强力部门人员在此次行动中打死 30 名非法武装犯罪团伙成员，抓获 40 名武装分子，收缴 100 支各式枪械，彻底剿灭该恐怖组织，该组织头目艾耶姆别科夫流亡国外。

哈萨克斯坦对三种恶势力也毫不惧色，坚决打击。1992 年，哈政府取缔伊斯兰组织“阿拉什”，逮捕和判刑了该组织的许多成员，其领导人也被迫逃往国外，1993 年夏该组织总部也被迫迁往境外。2003 年 7 月，哈国家安全部门在搜查该国境内“东突伊斯兰党”组织成员时，发现他们藏有爆炸物品、武器和军用装备。随后对其展开调查，调查结果证实“东突伊斯兰党”哈萨克斯坦支部同阿富汗、伊朗、吉尔吉斯斯坦和乌兹别克斯坦的恐怖组织有密切联系。按照哈的相关法律，哈政府对这些恐怖组织予以取缔。2012 年 3 月，哈国当局破获阿拉木图恐怖袭击事件。5 月 31 日中哈边境发生哨所枪击案，犯罪嫌疑人切拉赫供认自己杀害 14 名战友和 1 名护林员，并放火烧该哨所。9 月阿特劳州发生民宅爆炸事件，警方打死 5 名恐怖分子。

在乌兹别克斯坦，1992 年，乌政府取缔了乌兹别克斯坦伊斯兰复兴党，抓捕并监禁约 20 名该组织的高级成员，包括主席阿卜杜拉·维塔耶夫。1999 年 2 月，乌国极端宗教势力在塔什干市制造恐怖爆炸事件，乌政府采取强力措施予以打击，制止事件的进一步蔓延。2000 年至 2001 年期间，乌政府对其境内的宗教极端组织进行大规模的清除，“有超过 7000 人的宗教极端主义者被逮捕，这些被关押的人包括与危害社会治安集团有联系的人、著名的宗教人士，还有那些貌似虔诚的人士，如蓄胡子的男人和穿传统宗教服装的女人”①。2005 年 5 月，乌兹别克斯坦的安集延地区又爆发大规模反政府骚乱事件。为捍卫国家统一，防止事态进一步蔓延，事件发生后乌政府迅速采取果断行动，总统卡里莫夫亲临骚乱现场坐镇，指挥乌政府军和警察部队向盘踞安集延州政府大楼内的 100 多名武装叛乱分子发动攻击，并对在市中心广场进行示威的抗议者采取驱赶措施，很快就平息骚乱，恢复国家的社会秩序。为此，乌还颁布《信仰自由与宗教组织法》、《反恐怖主义法》等多部法律，将恐怖主义分子绳之以法，打压其嚣张气焰。乌的刑法也明确将组织极端教派、利用互联网传播宗教思想、散发极端宗教传单等活动列为危害国家安全、妨碍公民信仰自由罪。② 中亚国家上述治理措施，对维护各国的国家主权和领土完整、确保该地区社会稳定、推动中亚社会政治有序发展发挥了重要作用。

美国“9・11”事件后，恐怖主义成为世界的主要威胁。为应对全球恐怖主义势力的挑战，美国于 2002 年 9 月，小布什政府向国会提交一份《美国国家安全战略》报告。该报告指出，在对付恐怖分子威胁上，美国须动用军事力量、国土防御能力、司法制度、情报等各种手段，“破坏和摧毁全球的恐怖组织，并且打击它们的领导人，破坏它们的指挥、控制和通信，切断对它们的物资供应，断绝它们的财源，这样就能做到瘫痪恐怖分子的计划和他们实施恐怖行动的能力”③。报告主张，美国应摒弃过去在反恐问题上的被动“反应”姿态，采取先发制人的军事打击手段和单边主义的行动，“在威胁真正形成之前将其摧毁，并将这种思想作为一种共识和自卫的手段”④。2006 年 3 月，鉴于国际反恐形势发展需要，小布什政府又推出第二份《美国国家安全战略》报告。报告主要侧重于：一则继续奉行对恐怖主义“先发制

---

① ［美］玛莎・布瑞尔・奥卡特：《中亚的第二次机会》，李维建等译，时事出版社 2007 年版，第 53 页。

② 参见国家宗教事务局宗教研究中心编：《国外宗教法规汇编》，宗教文化出版社 2002 年版，第 21—23、98—130 页。

③ The National Security Strategy of the United States of America, Washington: The White House, 2002, http://www.whitehouse.gov/nsc/nss/2002/.

④ Ibid.

人”的军事打击策略。二来开始重视多边合作，以共同应对恐怖主义的挑战。三则积极协调与大国间的反恐立场。

2010年5月，美国奥巴马政府发表《美国国家安全战略》报告，对美国反恐战略做第三次调整。此次调整较前两次有明显变化。一是淡化对恐怖主义“先发制人”军事打击。报告强调慎用武力、争取国际社会支持的重要性，明确提出军事打击只是作为美国外交努力无效情况下的最后手段。二是深刻反思恐怖主义的本质。报告重申美国反恐目的不是摧毁一种抽象的意识形态，而是消灭具体的恐怖分子即“基地”及其附属组织。报告还把美国境内的恐怖分子活动纳入国家安全范畴，指出美国本土所面临的恐怖主义危险不亚于基地组织的威胁，本土反恐至关重要，建议美国情报部门加强与居民社区的协同配合，防范本土恐怖主义的蔓延。① 三是积极推进“全面接触”的反恐策略。报告多次表示，美国“要与各种力量保持接触”。一方面要巩固与传统盟国的关系，深化同中国、印度、巴西等新兴经济体的反恐合作，保持同“敌对国家”的密切接触，促其转变对恐怖主义的态度。另一方面要加强与世界各国民众的接触，发挥非政府组织在反恐中的独特作用。四是注重反恐的制度化建设。报告坦言，国际恐怖主义的扩张已呈现出多元化和分散化的趋势，美国须通过国际反恐合作渠道，建构多边框架内的国际反恐机制，来分担国际反恐责任，共同抵御恐怖主义威胁。②

上述美国反恐战略的三次调整，表明美国对恐怖主义认知在悄然发生转变，反恐的重心、方式、路径等也更加灵活多变，呈现出美国反恐认知从主观判断向客观理性转变、反恐重心从海外转向国内、反恐方式从单一型向多元型拓展、反恐路径由遏制对抗回归多边合作等新变化。③

---

① The National Security Strategy of the United States of America, Washington: The White House, 2010, http://www.whitehouse.gov/nsc/nss/2010/.

② Ibid.

③ 参见苏萍、朱新光：“美国反恐战略的调整及其对中美关系的影响”，载《世界经济与政治论坛》2012年第3期。

在美国反恐战略的影响下，国际和地区间的反恐合作日趋活跃。为彻底根除中亚恐怖主义的危害，中亚各国政府也加入反恐的国际合作的行列。它们普遍认为，三种恶势力已成为各国的不稳定因素，"阻碍着社会经济发展，严重损害爱好和平的伊斯兰宗教"，必须采取措施与任何形式的恐怖主义、极端主义、民族分裂主义进行"不可调和的斗争"①。一再声称不支持本国内的各种旨在推翻、颠覆、分裂他国的非法组织，禁止它们在其境内从事各种恐怖活动。2003 年 7 月，哈萨克斯坦国家安全部门对其境内的"东突伊斯兰党"组织成员进行搜查时，发现他们藏有爆炸品、武器和军用装备。调查结果也证实"东突伊斯兰党"哈萨克斯坦支部确实同阿富汗、伊朗、吉尔吉斯斯坦和乌兹别克斯坦的恐怖组织有着密切的联系。中亚的有关国家还向中方引渡、移交了 10 多名被抓获的"东突"恐怖分子。

中亚各国政府倡导区域反恐合作，签订反恐合作协定，先后与许多国家组建反恐工作组，设立区域安全联盟与恐怖主义斗争地区代表处等。并定期举行双边反恐怖会议，交换反恐情报，切断恐怖主义财源，积极支持他国的反恐行动，使中亚双边反恐合作机制日臻完善。中亚国家政府还广泛开展多边反恐合作，通过签署哈萨克斯坦、吉尔吉斯斯坦、乌兹别克斯坦、塔吉克斯坦《四国安全条约》，联合采取措施，打击破坏国家安全、挑起民族和宗教争端的活动，消除恐怖主义和极端主义的威胁，确保不在本国建立恐怖主义基地和发生针对其他国家的恐怖主义行为；借助独联体的力量，建立统一的反恐怖中心，联手打击三种恶势力；积极参与伊斯兰会议组织等各类国际组织，加强相互间的合作，协调反恐立场，维护地区稳定。

特别是近年来，中亚国家政府在参与上海合作组织的反恐合作方面表现出极大热忱。1997 年 7 月发表的《上海五国阿拉木图联合声明》强调，"各方一致认为，任何形式的民族分裂、民族排斥和宗教极端主义都是不能接受的"。1999 年 8 月，在比什凯克举行的"上海五国"第四次元首会议上，五国元首再次强调，"遏制民族分裂主义和宗教极端主义具有重要意义"，决定"采取联合行动"打击、遏制三种

① ［哈］托卡耶夫：《中亚之鹰的外交战略》，赛力克·纳雷索夫译，新华出版社 2002 年版，第 187 页。

势力以及毒品、武器走私等犯罪活动，并责成五国执法和安全部门加强合作。同年12月，为落实比什凯克元首会晤的决定，召开了五国执法、安全部门领导人合作会议，会上成立协调各国在打击三种势力、毒品、武器走私等方面进行情报交流、司法协助的"比什凯克小组"。2000年3月，中、俄、哈、吉、塔五国国防部长签署《联合公报》，强调绝不容忍恐怖主义、民族分裂主义、宗教极端主义，坚决反对这些势力在本国领土上从事针对别国的任何活动，并将共同采取有效措施进行打击。

2001年6月，中、俄、哈、吉、塔、乌六国在上海成立上海合作组织，通过《打击恐怖主义、分裂主义和极端主义上海公约》，把维护中亚地区安全作为多边合作的一个重点。翌年1月，上海合作组织成员国又举行外长非例行会议，通过《上海合作组织成员国外长联合声明》，再次强调合作打击本地区三种恶势力的必要性，重申进一步加大在打击"东突"、车臣、"乌兹别克斯坦伊斯兰运动"、"伊斯兰复兴党"、"正义党"、"伊斯兰解放党"、"中亚圣战者组织"、"忠诚党"等恐怖主义组织和团伙方面的合作力度，将其作为维护地区安全与稳定的重要手段。同年6月，上海合作组织成员国共同签署了《关于地区反恐怖机构的协定》，该协定规定：地区反恐怖机构是本组织的常设机构，其目的是促进各方主管机关在打击公约确定的恐怖主义、分裂主义和极端主义行为中进行协调与相互协作，该协定还规定了地区反恐怖机构的基本任务和职能、以及相关的运作程序等事宜。该机构总部设在吉尔吉斯斯坦首都比什凯克，各成员国根据需要可设立反恐怖机构的分部。①

2003年5月，中、俄、哈、吉、塔五国国防部长在莫斯科签署《关于举行上海合作组织成员国武装力量联合反恐演习的备忘录》等。2004年，上海合作组织在乌兹别克斯坦首都塔什干成立中亚地区反恐理事会，进一步加强该地区的反恐合作。2005年7月，上海合作组织在哈萨克斯坦首都阿斯塔纳召开元首峰会，元首们一致通过《上海合作组织成员国合作打击恐怖主义、分裂主义和极端主义构想》，

---

① 参见《上海合作组织成员国关于地区反恐怖机构的协定》(2002年6月7日签署)。

同意按照该组织已有的常驻秘书处代表机制的原则，成立成员国常驻反恐机构代表机制，使反恐机构的活动更明确，更有针对性。

2006 年 3 月初，上海合作组织成员国在乌兹别克斯坦的塔什干州举行代号为“东方——反恐 2006”的联合演习，其目的是进一步完善该组织成员国有关部门在搜索和打击恐怖分子方面的合作，以防止恐怖分子通过对重要国家基础设施发动大规模袭击来破坏中亚国家政治和社会稳定。这次演习的发起和筹备工作由上海合作组织地区反恐机构完成，参加演习的有该组织成员国特种部队和各强力部门的武装部队。中国、吉尔吉斯斯坦、俄罗斯、塔吉克斯坦等国的驻乌大使，以及哈萨克斯坦驻乌大使馆代表、上海合作组织成员国有关部门代表观看了演习。

应该指出，由于中亚地区民族关系复杂、宗教传统浓厚、社会经济落后①，长期以来，这里的恐怖主义、极端主义、民族分裂主义相互交织、盘根错节，每时每刻都在蛀蚀中亚安全的堤坡。随着美国等西方国家打恐军事行动的升级，大批周边国家的三种恶势力组织和团伙可能会涌入中亚地区寻求避难和新的生存空间，并同中亚各国的内部敌对势力融为一体，乘势作乱，将给中亚反恐合作以致命的打击。

（三）各国政府齐努力加快建设福利国家

土库曼斯坦从 2003 年通过《关于在 2020 年前免费向居民供应天然气、饮用水、电和盐的命令》以来，把高福利、高补贴政策作为一项长期国策加以落实，将其国家财政支出的近 70%用于社会保障、医疗保险制度等，规定国家向本国居民永久性免费提供水、电、天然气和食盐，对低收入居民低价定量供应面粉、肉类、黄油、食糖等食品。据统计，2005 年前 11 个月，土政府免费供应居民 32 亿立方的天然气和 21 亿千瓦时的电，2006 年又拨款 70 亿美元免费为居民供应天然气、饮用水、电和盐。截至 2006 年年底，政府已向居民免费提供了近 3 万吨食用碘盐。土政府还承诺从 2008 年 1 月起，将居民的工资、助学金、养老金和残疾人的津贴增加两倍。

---

① 参见朱新光：《英帝国对中亚外交史研究》，江苏人民出版社 2002 年版，第 178—186 页。

哈萨克斯坦也把社会保障制度的重点放在公务员待遇、退休金、住房和免费医疗等方面。2005年哈政府把国家公务员的工资平均提高了32%，2007年又提高30%，使其逐步接近私营领域的工资水平。① 并通过发放保健津贴的形式，吸引和巩固教育、社会保障、医疗保健、文化和体育干部队伍，提高他们的社会地位。在退休金方面，哈国2005年的平均退休金为1.3万坚戈，军人最高，为4万坚戈。哈政府从2007年1月起大幅调高基础退休金的额度，允诺2008年再提高35%，以改善167.5万退休人员的生活待遇。② 在住房方面，哈政府一如既往地执行保障政策，加快住宅建设纲要的实施，建设廉租房、保障用地分配的透明性、促进个人住房建设的发展等。在医疗方面，哈政府2004年就增加了1.7倍免费医疗开支，计划从2007年起在医疗条件较差地区建立100家国立医院，扩大社会基础设施。③

乌兹别克斯坦则十分注重国内居民社会福利，通过优惠、补贴、津贴等方式扩大社会保障范围，对社会弱小阶层进行扶持，全年用于社会福利与保障的支出已占国家预算的40%以上。中亚国家政府以民生为本的社会福利政策，对于缩小贫富差距，遏制两极分化，消弭潜在的民族矛盾和冲突，促进社会和谐大有裨益。④

二　各国间经济合作的政府抉择

中亚五国独立后，为保证中亚可控民主化的顺利推进，各国政府积极采取措施大胆创新，通过组建中亚共同体、参与独联体经济一体化进程、扩大与国家行为体、国际经济组织等的经济合作范围的方式，形成以中亚 国为内核，独联体为依托，世界大国、周边国家、国际经济组织等为外层的经济合作新格局，夯实中亚民主政治的经济基础。

---

① 参见哈萨克斯坦2005年国情咨文。

② 参见哈萨克斯坦2007年国情咨文。

③ 参见哈萨克斯坦2007年国情咨文。

④ 参见朱新光："可控民主：中亚民主化道路的理性选择"，载《现代国际关系》2008年第1期。

（一）组建中亚共同体

众所周知，苏联时代，中亚经济是在苏联高度中央集权的计划经济体制下运行的，经济协作仅限于联盟内部层次，一般来说，这种经济协作关系相对比较单纯。随着两极格局的瓦解，中亚近七十年的苏联经济模式被完全打破，地区经济安全日趋严峻，威胁着该地区的稳定与发展，客观上形成推动中亚共同体的强大动力。况且，经济全球化和区域集团化的并行发展，也间接影响着中亚经济的走势，联合自强成为该地区生存与发展的必然选择。面对挑战与机遇，中亚各国积极行动起来，着手建立地区合作的长效机制，由此拉开了中亚共同体建设的序幕。

中亚共同体的设想发端于地区经济合作。早在 1990 年，根据哈萨克斯坦总统纳扎尔巴耶夫的倡议，哈萨克斯坦、吉尔吉斯斯坦、乌兹别克斯坦、塔吉克斯坦、土库曼斯坦的领导人在阿拉木图首次会晤，筹划建立五国间的经济合作组织，以加强相互间的经济贸易往来。五国领导人共同商讨了有关合作事宜，并签署五国间的《经济、科技与文化合作协议》。1993 年初，中亚五国领导人又在塔什干召开会议，就经济合作事宜展开讨论，原则上同意建立多部门跨国委员会，并决定将粮食和石油委员会设在阿拉木图，棉花委员会设在塔什干，天然气委员会设在阿什哈巴德，电力委员会设在比什凯克，水资源委员会设在杜尚别，还同意成立拯救咸海国际基金会等，哈总统纳扎尔巴耶夫被推选为基金会主席。同年 9 月，中亚的哈萨克斯坦、吉尔吉斯斯坦、乌兹别克斯坦三国签署《建立多边伙伴关系协定》，确立三国多边合作的基础，为中亚共同体建设开辟先河。

1994 年 1 月，哈、乌两国围绕建立统一的地区经济空间议题首开谈判，此举标志着中亚共同体建设正式起步。会谈期间，双方本着求真务实的精神，签订了《建立统一经济空间条约》，吉尔吉斯斯坦后来也加入进来。该条约主要在经济合作上就关税、金融货币体制、商品价格等达成一致。条约规定：取消条约国的关税壁垒和双重征税，简化相互间的经贸手续，筹建共同市场，商品、资本、劳动力自由流通；兴建合资企业和优先方向的生产集团；保持对信贷结算、投资、预算、税收、价格、货币政策以及交通和通讯领域政策进一步磋商；条约国允诺各出资 300 万美元作为银行的本金，成立中亚合作与开发银行，解决各国间相互结算中的困难；设立跨国联合委员会，包括由各国总统组成的跨国委员会、在跨国委员会下设解决经济问题的各国总理会议、外长会议、国防部长会议，加强共同体内部可能出现的相关经济利益问题的协调能力。该条约为后来的哈、乌、吉三国统一经济空间条约的签订奠定了基础。

1994 年 4 月，哈、吉、乌又订立《中亚同盟》，作为《建立统一经济空间条约》的补充文件。该文件在“睦邻友好、平等互利、互不干涉内政及其他一些国际法普遍规范的原则前提下，为经济合作奠定了坚实的基础”①。按条约规定：三国承担发展交通运输和邮电通讯等公共基础设施、建立合资企业、发展生产和其他合作、为相互投资提供条件等方面的义务、简化和协调三国海关法等。条约还确定了中亚货币信贷区的范围，要求三国的国家银行首先建立清算机构。为保证统一经济空间有效行使职能，三国建立了协调和执行机构，其中包括国家元首委员会、政府首脑委员会、外交部长委员会和国防部长委员会等。② 同年 7 月，三国组建国家间委员会，总理和外长委员会及其工作机构（国家间委员会执委会）。此外，三国还签署建立中亚合作银行协议，该银行的主要任务是筹建协调三国之间商业和财政联系机构，建立三方货币兑换体制，确立合作与信贷地区方案等。

1995 年 2 月，经哈、吉、乌反复磋商，达成《加强三国经济合作和巩固新建立共同经济合作区协议》，草拟一项长期经济一体化纲要，共同拟订三国生产合作计划、合资企业计划、交通合作计划等 50 多项文件，内容涉及各国国民经济所有重要部门间的合作。其中较为重要的合作计划有：卡拉套流域原料基地的稳定化与发展；天然气和水资源消耗登记设备生产能力的发展；用于家用设备和一般工业设备的发电机的生产等。③ 同年 4 月，三国审议通过中亚经济一体化

① [哈]托卡耶夫：《哈萨克斯坦：从中亚到世界》，赛力克·纳雷索夫译，新华出版社 2001 年版，第 128 页。

② 参见[吉]伊马纳利耶夫：“中亚：区域合作与外部世界”，载《东欧中亚研究》1996 年第 2 期。

③ [哈]托卡耶夫：《中亚之鹰的外交战略》，赛力克·纳雷索夫译，新华出版社 2002 年版，第 53 页。

纲要，决定成立中亚联盟，建构中亚共同体框架。该纲要规定：三国共同开发最优先的部门，如燃料动力综合体、建筑材料工业、地质综合体、轻工业和农业综合体、交通运输和邮电通讯等。在共同使用燃料动力资源和水资源、天然气过境运输以及在交通部门实行协调一致的政策方面也制定了一系列文件。

为更好发挥中亚联盟的作用，1996 年间，哈、吉、乌领导人多次会晤，探讨进一步实施统一经济空间条约落实步骤、三国生产合作社问题以及联合使用水能资源问题等，俄罗斯和塔吉克斯坦两国则以观察员身份参加。

1997 年 1 月，哈、吉、乌签订《永久友好与合作条约》，承诺以和平友好的方式解决任何双边和多边争端，强调一旦三国中的任何一国领土完整受到威胁时，三国将采取统一行动，并将在所有地区性和国际性问题上采取协调一致的政策。7 月，三国领导人又举行工作会晤，强调采取实际措施深化三国经济一体化，充分合理地开发使用各国的原料资源和自然潜力。12 月，三国领导人还签署一项旨在动力、水资源、食品供应、管线、矿产资源的开发和加工等领域建立国际财团问题上相互协作的议定书。此外，还制订三国居民迁移合作纲要和为劳动力自由流动创造法律、经济和组织条件的协议，以及在经济技术合作、反垄断、规范统计资料、交换地震和地质情报、禁毒等方面加强合作的文件。

简言之，中亚共同体创建之初，中亚三国主要以中亚联盟为平台开展工作。通过签署一系列的条约和协议，基本确定该共同体的原则、组织机构、合作范围等，初步形成地区一体化构想的雏形。不仅如此，中亚共同体还取得许多具体成果。例如，开通了德詹经谢尔哈斯至麦什德的铁路干线，将中亚国家与伊朗的港口相连接，畅通中亚和波斯湾的联系；中亚合作与开发银行开始向吉、乌两国的股份公司发放贷款，合作开发农业等领域资源；哈、吉两国企业界合资兴建大型汽车配件企业联合体等等。这一切表明中亚共同体开局良好。

自中亚三国提出建立统一经济空间以来，中亚共同体的设想，伴随着地区经济合作的实践得以丰富。而原有的中亚联盟已远远不能满足地区合作的需要，特别是塔吉克斯坦的申请入盟，中亚共同体开始扩大范围。

1998年1月，中亚三国首脑就加强相互间联系与合作以及在独立自主原则下坚持参加独联体的方式问题发表联合声明，并同意接纳塔吉克斯坦为中亚统一经济空间条约的成员。同年3月，哈、吉、塔、乌四国在中亚联盟的基础上组建中亚经济共同体，并签署加深地区一体化的声明，以及有关建立国际水利资源财团、成立有价证券市场、起草关于联合国发展中亚国家经济特别计划的宣言等。土库曼斯坦也获得了观察员身份。以此为契机，中亚四国针对该共同体内部经济与安全合作问题（例如，共同体章程、关税、货币、劳动力等），积极加强交流与合作，达成广泛共识。同年7月，中亚四国又在吉尔吉斯坦的乔尔蓬阿塔会晤，重点讨论了中亚的地区安全、经济合作以及抗灾等问题。

1999年6月，中亚四国领导人在比什凯克举行会晤，再次就共同关心的共同体章程、职能、效率等问题展开建设性的讨论，取得成果。各国领导人一致决定修改关于中亚经济共同体跨国理事会协议章程，加强该机构的监督执行职能，提高经济合作效率；敦促中亚共同体有关机构就消除贸易、技术和关税壁垒，加快建立中亚自由贸易区问题的磋商；吸收塔吉克斯坦为中亚合作与开发银行成员国等。

2000年6月，中亚四国通过《中亚经济共同体国家一体化发展战略》和关于《建立统一经济空间首要行动纲领》等文件，制定了统一海关立法的措施，决定加强在打击非法金融交易、经济犯罪等领域的合作。同时，重申中亚经济共同体2005年前一体化发展战略，即积极发展经济联系；联合、合理使用水资源动力资源；在交通通讯体系领域中，实施相互协商的政策；完善业已形成的经济联系，发展进口替代生产；为扩大各国间文化人文联系创造有利条件。① 中亚四国还签发了致国际社会和各国际组织呼吁书，请求包括联合国安理会、伊斯兰会议组织和欧洲安全与合作组织等在内的国际社会，在调解阿富汗冲突等问题上有所作为，为维护本地区安全与稳定作出应有的贡献。2001—2002年，中亚四国又多次举行经济合作会议，继续商讨共同体面临的问题和未来发展前景，并在诸多领域取得实质性

---

① [哈]托卡耶夫：《中亚之鹰的外交战略》，赛力克·纳雷索夫译，新华出版社2002年版，第55—56页。

突破。

由此可见，中亚共同体从中亚联盟向中亚经济共同体的转变，是中亚一体化进程的必然产物。它不仅仅在于成员国数量的增加和组织形式的日臻完善，更重要地，它拓宽各国经济合作范围，更益于地区经济的优势互补、协调发展。从某种意义上说，它催生了中亚共同体进入实质性建设阶段。

为有效地将经济一体化纳入整个地区发展的轨道，2001 年 12 月，中亚经济共同体更名为中亚合作组织。2002 年 2 月，哈、吉、塔、乌四国领导人在阿拉木图签署中亚合作组织成立条约。该组织的任务是加强成员国在政治、经济、科技、环保和人文领域的合作，在各成员国独立、主权和领土完整的重大问题上相互提供支持和帮助，协调各成员国间边防和海关政策与措施，分阶段实现建立统一经济空间的计划等。

在中亚合作组织的影响下，中亚各国的划界问题取得实质性进展。2002 年 9 月，哈乌两国总统签署了边界划分最终协议。乌塔和吉塔边界划分工作也在积极有序地开展之中，有望在 2003 年取得实质性进展。2002 年 11 月，成员国议会领导人汇聚塔什干，探讨并建立中亚议会会议机制，为成员国议会间扩大合作及本地区国家立法合作提供了新契机。此外还举行了“中亚合作——加深经济一体化进程”的成员国经济论坛，探讨开展新的经济合作模式，为加强成员国间互利合作奠定坚实的基础。同年 12 月，中亚合作组织的元首在阿斯塔纳举行会晤，对地区安全和区域经济一体化存在的相关问题进行广泛深入的讨论。特别是对毒品威胁问题，四国领导人一致强调，必须采取联合措施打击日益猖獗的毒品贸易并在该领域建立密切合作机制，切断国际恐怖主义组织的主要经济来源。在区域经济一体化方面，主张消除贸易壁垒，建立统一的经济空间，积极推动区域经济一体化进程。在阿富汗问题上，主张积极参与阿富汗战后重建工作，同意邀请阿富汗成为中亚合作组织的观察员，正如乌兹别克斯坦总统卡里莫夫所言：“如果我们希望阿富汗实现和平，使其不再威胁它的邻国，就不应该与其断绝来往，相反要与其建立一种桥梁关系”。①会后发

① 参见孙力：“中亚合作忙协调”，载《人民日报》2003 年 1 月 3 日第三版。

表联合公报，表示四国将在中亚合作组织的框架内加强全方位合作，维护该地区的和平与稳定。与此同时，哈萨克斯坦、吉尔吉斯斯坦、塔吉克斯坦、乌兹别克斯坦等国政府代表及经济界人士也在乌兹别克斯坦首都杜尚别就中亚国家经济一体化问题举行会议，会议着重围绕本地区经济一体化中存在的问题进行讨论，指出货币不统一、贸易壁垒等问题是影响本地区经济一体化进程的主要障碍。2003 年 11 月，中亚合作组织第二次部长会议在乌兹别克斯坦的塔什干召开，各国部长一致表示，要坚定不移地加强合作，实现本地区的共同远景，促进人民生活的和谐和昌盛，促进商品、人员和思想的自由交流。

2004 年 2 月，哈萨克斯坦总统纳扎尔巴耶夫在向该国人民发表国情咨文时，首次提出建立中亚国家联盟的构想，在国际社会引起很大反响。在哈萨克斯坦看来，为了打开中亚地区政治和经济发展的新局面，建立中亚国家联盟不失为一种积极的方式。该倡议的提出具有广泛的客观基础和条件。一是中亚各国具有经济和文化的同一性，体现在同一语族各民族间的归属感、各国经济间的互补性，以及相当便利的交通网络；二是各国具备和平相处的法律基础，例如，乌吉两国已签署永久和平、合作和互助协议，哈吉两国签署了关于确定联盟关系的和约等；三是各国间已具有初步的区域一体化法律基础，例如，哈乌两国在一系列合作互助协议的基础上，已形成统一经济区。在哈吉乌三国之间，关于建立统一经济区的文件也开始生效，为保证同一区域中资本、劳动力的自由转移提供了政策保障。①

当然，建立中亚国家联盟，不意味着要削弱各国的国家主权。相反，它通过在尊重各国的主权下，建立共同的自由贸易区和关税联盟，建立统一的服务、商品、资本和劳动力市场，并以货币联盟形式协调各国的经济和金融改革，以便整合各国的发展潜力，不断增强该地区和各国的竞争力，最终实现各国真正意义上的国家利益最大化。

2004 年 9 月，中亚合作组织成员国领导人又举行会议，决定分阶段组建中亚共同市场。在此框架内，第一步是建立中亚四国海关

---

①　参见［哈］阿曼基利迪·塔热诺夫："哈萨克斯坦与区域合作组织"，载《现代国际关系》2006 年第 1 期。

联盟、运输联盟、水利能源财团、自由贸易区，之后还将组建交通运输和粮食财团，决定在中亚各国境内相互播放各国电视和广播节目，讨论地区安全问题，以及对参加别的国际组织的相互理解问题。同年10月中旬，中亚合作组织高峰会在塔吉克斯坦首都杜尚别召开，吉尔吉斯斯坦、塔吉克斯坦、哈萨克斯坦、乌兹别克斯坦以及俄罗斯的国家元首与会，阿富汗总统作为观察员出席会议。会议重点讨论了俄罗斯加入中亚合作组织问题、阿富汗问题、俄从塔吉克斯坦撤军等问题。各方还讨论了建立一个促进各国交通、水利和食品领域合作的联合机构等问题。同年11月1日，中亚区域经济合作第三次部长会议在哈萨克斯坦首都阿斯塔纳召开，会议主要总结2003年11月第二次部长会议以来的合作成果以及讨论中亚区域经济合作纲要。纲要所涉及的合作领域包括能源、交通、通讯和贸易政策，含14个项目，需近3亿美元，另有33个总计为1850万美元的技术援助项目。阿塞拜疆、中国、吉尔吉斯斯坦、哈萨克斯坦、蒙古、塔吉克斯坦、乌兹别克斯坦派代表参加此次部长会议。

特别值得注意的是，近年来，上海合作组织为中亚经济合作作出重要贡献，有利地推动该地区一体化建设的发展。2001年6月，上海合作组织成立之初就明确提出要开展区域经济合作、启动贸易投资便利化进程，并将其写入《上海合作组织成立宣言》中。宣言明确提出，要利用成员国之间在经贸领域互利合作的巨大潜力和广泛机遇，在该组织框架内开展区域经济合作并启动贸易和投资便利化进程。同年9月，上海合作组织各成员国总理在阿拉木图举行会晤，重点研究区域经济合作问题，并签署《上海合作组织成员国政府关于区域经济合作的基本目标和方向及启动贸易和投资便利化进程的备忘录》，为各国间的区域经济合作制定原则，提出建立成员国经贸部长会晤机制，落实区域经济合作和启动贸易投资便利化谈判。中方建议优先启动能源、交通及人民生活密切相关并能创造就业机会的经济项目。与此同时，要在能源领域充分开发区域内的消费市场，规划设计对各成员国有利的能源运输线路，合作开发油气资源。各国对中方提出的全方位经贸合作纲领草案表示赞同，决定采取措施，改善投资环境，推动各成员国间的贸易往来。各国还就加强政策和法律的透明度、简化海关手续等具体问题达成广泛共识。

2002 年 5 月，上海合作组织成员国的经贸部长在上海举行首次会晤，签署《上海合作组织成员国政府关于区域经济合作的基本目标和方向及启动贸易和投资便利化进程的备忘录的议定书》和《经贸部长首次会晤联合声明》，正式成立包括部长会议、高官委员会和专业工作组在内的经贸部长会晤机制，启动贸易投资便利化的谈判进程，提出成立联合工作组制定区域经济合作的研究报告，为区域经济合作提出措施和政策建议，同时将建立法律法规交流机制，共同寻求符合各方利益的投资项目，确认现阶段该组织框架内开展区域经济合作的首要任务是贸易和投资便利化。同年 8 月，中亚区域海关合作委员会在中国的乌鲁木齐召开会议，成立中亚区域海关合作委员会。

2003 年 9 月，上海合作组织第二次总理会议在北京举行，一致批准《上海合作组织成员国多边经贸合作纲要》，明确中亚区域经济合作的优先领域、现阶段的主要任务和长远战略目标。同时，一个由中方提出的建立中哈自由贸易区的计划也已开始实施。该自由贸易区的建成将极大推动中国与中亚国家的经贸合作进程。

2005 年 7 月，上海合作组织成员国元首在哈首都阿斯塔纳发表元首宣言，强调各成员国应把对外贸易、交通、环保、紧急救灾、文化和教育等部门的合作引上务实的轨道，确定该组织合理的财政预算政策；同意组建该组织实业家委员会，扩大该组织框架内一体化进程的新资源；积极加强各成员国银行间协作，为实施区域合作项目提供融资支持；各成员国应本着协商一致的原则加快建立本组织发展基金等。

2006 年 6 月，上海合作组织成员国的首脑在上海举行会议，发表《上海合作组织五周年宣言》，并制定了区域经济合作长期计划和方向，明确成员国经济合作的目标、优先方向和首要任务，建立实业家委员会和银行联合体等。同年 9 月，上海合作组织成员国政府首脑（总理）理事会会议在乌兹别克斯坦的杜尚别举行，会议发表联合公报，各方就加强地区稳定和进一步发展本组织框架内合作的迫切问题深入交换意见。会议期间还进行多场分会讨论，在经贸部长会议、经贸高官委员会会议（以下简称经贸高官会）和各专业工作组会议上，各方研究落实成员国多边经贸合作纲要措施计划的具体步骤，确定能源、交通、电信领域为近期优先合作领域，商定本组织首批示范项目;建立和启动能源工作组、现代信息和电信技术工作组;高度评价实业家委员会和银行联合体的成立;对中方提供的优惠贷款开始用于本组织框架内的合作项目表示欢迎;一致认为2005年11月在西安举行的首届欧亚经济论坛,2006年6月在上海举行的本组织工商论坛,9月将在伊尔库茨克举行的第四届贝加尔经济论坛等经济论坛促进地区经济合作的深化。

2007年8月16日,上海合作组织高峰会议在吉尔吉斯斯坦的比什凯克举行。峰会期间,成员国元首们回顾和总结本组织发展取得的成就,就成员国今后在安全、经济、人文等领域合作做出新的规划,就重大国际和地区问题广泛交换意见。在经济领域,上海合作组织启动能源、交通、信息和电信技术等优先领域的合作机制,签署了《上海合作组织银行联合体和实业家委员会合作协议》,从法律的层面上保证双方进行长期、高效、务实的合作,进而促进上合组织经济目标的实现。根据协议,双方将就上合组织成员国的财经政策、投资环境、法律法规及其他重要项目等定期交流信息并进行探讨,为各成员国企业的发展和为调动资金实施示范项目和汇总本组织投资创造先决条件。

不可否认,中亚经济共同体进程还存在许多困难,如中亚经济水平总体落后,各国在综合国力、经济战略的价值取向、对国家利益的维护等方面有着明显差异,加之外部强势的干预,使得中亚各国不可能、也没有能力为一体化进程拿出更多的“公共物品”,来维持共同体的可持续发展,致使中亚共同体进展缓慢①,地区经济合作举步维艰。

(二)参与独联体经济一体化进程

1993年,中亚国家与独联体其他六国签署《独联体建立经济联盟的条约》。其主要目标是:为提高人民生活水平、为缔约方经济的稳定发展创造条件;分阶段在市场关系基础上建立共同经济空间;对所有经济主体创造平等的可能性和保证,合作解决生态问题及消除自然灾害后果;②独联体经济联盟的建立,使各国能够相互协调其经

① 参见[哈]斯班诺夫:《中亚经济一体化及对华经济合作潜力巨大》,新华网2002年9月12日。

② [哈]托卡耶夫:《中亚之鹰的外交战略》,赛力克·纳雷索夫译,新华出版社2002年版,第32页。

济改革战略，更好地在独联体框架内运用市场机制管理经济，保证独联体经济与安全合作的正常运行。同年12月，在第十四次独联体国家元首理事会上通过《阿什哈巴德宣言》，将独联体国家一体化以联合宣言形式确立下来。与此同时，独联体各国银行之间还签署经济合作协议，提出了组织独联体内部国家经济贸易结算、建立专业化银行制度、成立支付联盟中心的任务等。1994年4月，在莫斯科举行的第十五次独联体国家元首和政府首脑理事会上，各国首脑签署《关于建立自由贸易区协议》，协议拟通过取消关税方式，逐步向关税同盟的形式过渡。同年10月，除土库曼斯坦、阿塞拜疆外，独联体元首理事会正式签署建立独联体跨国经济委员会和支付联盟协议，该委员会主要负责协调独联体各国经济机构的工作，促进企业跨国多边合作，以此推动建立商品、劳务、资本和劳动力自由流通的统一大市场。

为进一步深化独联体经济合作，1995年1月，哈、俄、白俄三国达成《海关联盟协定》，确定三国落实继续深化合作共识的分阶段纲要。吉、塔两国后来加入。该协定在建立商品、服务、资本及劳动力共同市场方面迈出重要一步，各国同意推行相互协调的经济改革政策，以及建立基于市场经营原则的同一类型的经济协调机制。同时，成立海关联盟跨国委员会和一体化委员会管理机构等。次年3月，哈、吉、俄、白俄四国又签署《经济和人文领域加深一体化条约》，为各国商品、服务、资本及劳动力的自由流动，加强经营主体间的直接联系，建立共同的信息、教育和人文空间等创造了条件。这两个协议的正式生效，预示着中亚经济顺利转入独联体一体化之中，实现双方经济与安全合作的历史性跨越。

伴随着独联体一体化进程的脚步，2000年6月，独联体国家通过《独联体至2005年的发展行动计划》，计划提出，在2005年建立自由贸易区是独联体经济一体化的首要任务。为此，计划提出要在2003年以前完成为商品和劳务自由流动，保证自由过境创造条件的具体措施；在2002—2004年完成为资本自由流动创造条件的工作并解决一系列拖欠问题；在2001—2002年期间创造条件使自由贸易区所必需的运输走廊、通讯和信息保障体系有效发挥功能等。同年10月，哈、吉、塔、俄、白俄五国共同签署成立欧亚经济共同体的声明和条约。该条约规定了落实各项共识的组织法律工具，同步落实国际条约的机制，以及落实决定的监督机制，成立了跨国家理事会、一体化委员会、跨议会大会和一体化法院等一体化管理机构，使独联体一体化在体制、组织机构、职责权限、法治化等方面更趋完善。

必须指出，这种经济联合是一柄"双刃剑"，它在带给中亚发展机遇的同时，也使其面对前所未有的巨大压力。如联合体内的有关国家在经济合作中所处的地位不等，在利益分配上的不公平现象，贸易保护主义、地区经济霸权主义有可能更加突出，各国间的经济竞争和摩擦、贸易纠纷等引发的争端将会大增，不利于地区安全与稳定。尤其是各国对经济更加关注，使资源争夺、领土争端可能白热化，直接威胁地区的经济合作。

（三）扩大与世界各国的经济交流合作

一是中亚国家政府加强同世界大国的经济合作。美国向来为中亚各国政府所重视。双方签订上百种有关贸易、投资、经济合作协议，在石油、采矿、运输、化学、机械制造、高新技术等领域，特别是在中亚油气开发和管道建设方面，合作成效卓著。仅美国的"谢富隆"石油跨国公司就与哈政府签订价值200亿美元的石油开采合同。目前，已有300多家美国公司进驻哈萨克斯坦，有200多家美国公司同乌兹别克斯坦的企业建立合作关系或投资活动，有100余家美吉合资企业在吉尔吉斯斯坦注册。美国国际开发署从1994年至2004年向中亚提供援助总额为13.67亿美元（哈萨克斯坦为4.48亿、吉尔吉斯斯坦为3.18亿、塔吉克斯坦为2.26亿、土库曼斯坦为0.65亿、乌兹别克斯坦为3.10亿）①。美国政府从1995年至2005年向中亚提供援助总额为18.929亿美元（哈萨克斯坦为5.865亿、吉尔吉斯斯坦为3.759亿、塔吉克斯坦为3.132亿、土库曼斯坦为0.943亿、乌兹别克斯坦为5.23亿）②。

欧洲的英、法、德也是中亚国家经济合作的重点。近年来，各方达成一系列双边友好互助条约、保护投资协议，贸易额大幅增长，投

---

①　参见美国国际开发署网站：www.usaid.gov.

②　[美]玛莎·布瑞尔·奥卡特：《中亚的第二次机会》，李维建等译，时事出版社2007年版，第303页。

资范围逐年扩大。英国在中亚地区的合资企业已达300家，涉及石油和天然气开发、基础设施、交通运输、矿产资源勘探与开采、机械制造、食品加工、保健等领域。法国也十分重视与中亚国家的经济合作，合资企业也有100余家，广泛分布在航空运输、纺织工业、通讯、资源开发、原子能、汽车制造、建筑、旅游等部门。德国与中亚国家的经贸往来活跃，双边贸易额近年来已达数十亿美元，在中亚的合资和独资企业有数百家，投资领域包括汽车制造、石油天然气开采、金融业、通讯、制药业等。欧盟作为欧洲重要的联合体也积极开展与中亚国家的合作，欧盟在同塔吉克斯坦的合作中已承诺从2007年到2010年向塔吉克斯坦提供8000万欧元的资金，用于帮助该国消除贫苦和发展经济，2007年已向该国拨款约1700万欧元，剩余部分将在其后3年内到位。预计到2010年前，欧盟向中亚国家提供的资金援助将达到3.3亿欧元。

日本的“超经济强国”地位一直为中亚各国所青睐，是各国重要的经济合作伙伴，双方高层互访不断、经贸往来频繁，石油开发和输油管建设成为双边合作的一大亮点，仅对哈萨克斯坦的投资就已达7.4亿美元。1997年，日本前首相桥本龙太郎访问中亚时，就声称要在这一地带发挥“日本效力”。在此影响下，中亚各国与日本的关系进一步加强。1998—1999年，各国均派出高级官员访问日本。日本政府和企业的代表团也访问了中亚各国。双方讨论的重点是为建设基础设施而提供长期投资和发展援助等问题。吉尔吉斯斯坦总统阿卡耶夫当时高度赞扬日本的中亚政策，称之为先帮助当地实现经济一体化再关注资源开发的楷模。哈萨克斯坦总统纳扎尔巴耶夫也指出，恢复“丝绸之路”的火力首先需要中亚各国加强合作，然后扩大与外部世界的接触。乌兹别克斯坦总统卡里莫夫称赞日本的欧亚现代化战略对中亚地区的经济发展起到积极作用，表示支持日本出任联合国安理会常任理事国，愿意与日本在能源开发方面开展合作。无论是从自身利益出发，还是为了使大国之间保持“均势”与制衡，中亚国家对日本参与中亚地区事务基本上持欢迎的态度。2004年8月，日本外相川口顺子首次访问中亚的哈、乌、塔、吉四国，并参加了在哈首都阿斯塔纳举行的首次“中亚＋日本”外长会议，会议还签署联合宣言。

日本宣布援助中亚国家修建一条通往阿富汗南部、连接印度洋港口的铁路干线，承诺在未来3年内从中亚接收1000名留学人员，主要从事水资源利用、环境保护和反恐等领域的工作。2006年6月，日本在东京召开"日本—中亚外长会议"，日方表示将重点援助中亚各国的经济市场化、以及铁路、公路、电力等基础设施。会议批准了"行动计划"，包括政治对话、地域合作、商贸振兴、文化交流、人员往来等各方面，研究在"日本—中亚外长会议"的框架内举行高峰会议的问题，规定将在打击恐怖主义和毒品犯罪方面进行合作，日本保证积极协助中亚各国解决经济和贫困问题。①

日本还积极向中亚各国进行资金和物资的援助，到2004年为止，日本已向中亚国家提供政府开发援助20多亿美元，用于当地的经济发展和社会进步，这使日本在中亚地区获得合作伙伴的好名声。据报道，日本与乌兹别克斯坦签署《关于日本向乌兹别克斯坦塔日古扎尔—拜松—库姆库尔干铁路建设项目提供1.5亿美元低息优惠贷款(还贷期40年，年利息0.4%)的协议》，用于修建一条200公里的铁路干线，以连接阿富汗铁路网。② 日本已向吉尔吉斯斯坦提供价值500万美元的消防技术装备的援助。③

二是中亚国家政府活跃同周边国家的经济关系。中亚各国政府凭借地缘优势和宗教文化的认同感，巩固与土耳其、伊朗已有的经贸合作成果，夯实安全合作的基石。近年来，土耳其通过向中亚国家提供贷款和直接投资的方式，先后在该地区投资数十亿美元的资金，建立数百家独资和合资企业，在石油天然气开采、天然气管道建设、石油加工、农产品加工、纺织、旅馆和旅游业等领域拥有一定的优势。伊朗则利用其地缘优势，积极加强与中亚国家在公路和航空运输、铁道建设、石油天然气开采、管道建设、发电等方面的合作，成效显著。与此同时，积极改善与巴基斯坦的经济合作关系，以经贸合作促进安全合作的发展。近年来，双方的贸易额逐年增长，并在石油天然气加

---

① 参见新加坡早报网2006年6月2日电。

② 参见"看上石油储备寻求政治支持，日本想法接近中亚"，载《环球时报》2004年9月1日第16版。

③ 参见吉尔吉斯斯坦的卡巴尔通讯社2006年12月11日电。

工、农业、邮电和通讯、旅游等方面发展迅速。

中亚各国政府还通过上海合作组织与中国在贸易、投资、运输、石油开发、输油管道建设等方面展开全方位的合作，实现经济与安全合作的良性互动。到目前为止，中国已在中亚地区投入数百亿美元的资金，仅2005年就向中亚五国投资近80亿美元，进行石油天然气的勘探、开采和加工、修建输油气管道等，并在石油天然气领域拥有一席之地①，并打算与吉尔吉斯斯坦共同投资10—13亿美元修建总长度260公里的中吉铁路。另据土库曼斯坦新闻网报道，中国已参与土库曼斯坦实施的37个投资计划，总投资额约3.8亿美元和3.6亿元人民币，主要集中在石油天然气、运输、无线电通信、轻工业和农业等领域。同时，中国与中亚的双边贸易不断扩大，已达数十亿美元，成为中亚国家最重要的贸易伙伴。中国企业在中亚地区的独资和合资企业也有数百家，并在建筑、纺织、农业、农副产品加工、汽车制造、电信、皮革加工、餐饮业等方面拥有广泛的市场。

最为关注的是，2006年12月，中国和哈萨克斯坦正式签署《中哈21世纪合作战略》文件，为中哈两国经济合作开辟广阔前景。该文件指出：双方将力争使双边贸易额在2010年达到100亿美元，在2015年达到150亿美元；努力在双边贸易中实现进出口平衡，提升高附加值产品的比重，实现商品结构的多样化；促进边贸发展，支持扩大和深化两国边境和内陆地区的直接经济联系，提高霍尔果斯国际边境合作中心作为吸引本地区国家开展经贸活动和发展加工工业中心的作用；支持两国经济实体实施中哈原油管道、天然气管道建设项目，扩大油气勘探开发合作，并在油气加工、建立新的电力能源设施和向第三国市场输送电力等领域开展合作；在继续实施大型油气项目的同时，应加大力度实施非原材料领域重要项目，并改善投资环境，积极支持在本国境内投资的对方企业，特别是投资油气机械设备制造、食品、纺织工业，以及交通与物流服务、冶金、建筑材料和旅游等领域的企业；欢迎并鼓励相互投资，将为此创造条件并采取措施保护投资企业人员的合法权益和财产安全；在本国法律框架下，为两国银行在对方境内开展各项业务创造平等和便利条件，支持两国银行

① 参见美国华尔街电讯2006年6月14日。

建立合作伙伴关系并开展代理业务；提高铁路货物运量，并在确定过货潜力后研究修建中国和哈萨克斯坦铁路新线的可能性；广泛挖掘过境运输潜力，推动建设国际运输走廊，以保障欧亚地区及中哈两国境内的货物运输；发展具有竞争力的现代交通通讯基础设施，通过完善物流服务、优化运输条件，实现货物快速通关，促进欧亚交通运输；采取措施增加跨大陆铁路方向的集装箱列车开行数量，并严格保证集装箱列车按图行车；完善边防、海关、检验检疫及铁路部门的协作；采取切实措施解决两国边防、海关、卫生检验检疫领域合作中出现的问题；简化海关手续，完善海关管理制度，促进建立统一标准；通过贸易投资便利化和实施具有区域意义的经济技术项目，进一步加强在上海合作组织框架内的区域经济合作等。

三是中亚国家政府探索与世界经济组织的交往。中亚各国政府积极申请加入世贸组织，融入国际经济循环，目前吉尔吉斯斯坦已正式成为世贸组织的成员，其他中亚国家也相继获得该组织的观察员身份；参与中西亚经合组织，与土耳其、伊朗、巴基斯坦等国一道在投资、交通运输、输油管道建设等方面共同探索新的合作途径；重视发展与世界银行、国际货币基金组织、亚洲开发银行、欧洲复兴开发银行、伊斯兰发展银行、以及其他国际金融组织的合作关系，寻求更多的外部资金支持，推动中亚各国经济改革的顺利进行。据不完全统计，从1994年至2004年，世界银行已向中亚各国提供援助达22.17亿美元（哈萨克斯坦为12.48亿、吉尔吉斯斯坦为4.43亿、塔吉克斯坦为1.93亿、土库曼斯坦为0.32亿、乌兹别克斯坦为3.01亿）[①]。2005年，世界银行向塔吉克斯坦提供3250万美元的无偿援助，其中1600万美元用于向塔吉克斯坦各地的医疗机构提供先进的医疗设备，1650万美元用于改善塔吉克斯坦一些地区供水等市政基础设施。

国际货币基金组织从1994年至2004年向中亚五国提供的援助总额为5.054亿美元（哈萨克斯坦为0.004亿、吉尔吉斯斯坦为2.06亿、塔吉克斯坦为1.34亿、乌兹别克斯坦为1.65亿）[②]，亚洲开

① 参见世界银行网站：www. wordbank. org.

② 参见国际货币基金组织网站：www. imf. org.

发银行从1994年至2004年向中亚五国提供的援助总额为22.33亿美元(哈萨克斯坦为8.22亿、吉尔吉斯斯坦为1.68亿、塔吉克斯坦为2.72亿、乌兹别克斯坦为9.71亿)①。2006年,亚洲开发银行决定于2006—2008年间向中亚地区投资9.25亿美元,主要用于该地区的交通运输、能源和贸易等,如改造乌兹别克斯坦的铁路、修复从乌兹别克斯坦首都杜尚别通向吉尔吉斯坦边境的公路、改造向塔吉克斯坦的电力输送设施、改造中亚地区输气管网、修缮中亚—中欧输气管道和若干电力联网等。此外,哈萨克斯坦还获得伊斯兰发展银行的总额3亿美元的投资资金等。

特别值得一提的是,近年来,中亚国家积极加强与中西亚经济合作组织的合作。1992年,中亚五国加入中西亚经济合作组织,签署一系列相互间开展经济合作的文件,合作范围涉及贸易、金融、运输和基础设施、能源、旅游、农业、禁毒等领域,并制定具体的实施目标和时间表。

1993年,中西亚经济合作组织成员国在哈萨克斯坦的阿拉木图签署关于发展成员国之间运输合作的《阿拉木图计划》,旨在保证中亚地区各内陆国家的物流最终能够畅通无阻地通过其他成员国领土并顺利到达出海口。为此,计划将几条公路和铁路运输线的无障碍通过确定为合作的重点,即包括经伊朗到波斯湾,经巴基斯坦到阿拉伯海和印度洋,经土耳其到黑海和地中海的公路和铁路运输线。目前,这一计划的第一阶段目标,即各成员国公路联网已基本实现,第二阶段计划也正在实施当中。

1995年3月,在巴基斯坦的伊斯兰堡举行中西亚经济合作组织第三次首脑峰会上,决定成立四个职能机构:贸易开发银行、联合再保险公司、联合航空公司、联合海运公司。伊朗、哈萨克斯坦、巴基斯坦、塔吉克斯坦、土库曼斯坦、吉尔吉斯斯坦还签署《过境贸易协定》和《过境运输框架协议》等。同年8月,土耳其、哈萨克斯坦、乌兹别克斯坦、土库曼斯坦、吉尔吉斯斯坦、阿塞拜疆等国的总统在比什凯克会晤,商讨加强地区经济和文化方面的合作,地区和平与安全问题,呼吁进一步努力加强实现地区和平与稳定,并签署《比什凯克宣

---

① 参见亚洲开发银行网站:www.adb.org.

言》。

2002年10月，中西亚经济合作组织领导人在土耳其的伊斯坦布尔召开第七次成员国首脑会议。会议总结该组织十年来的工作成绩，呼吁进一步扩大成员国之间的经济合作，以应对全球化的挑战。会议发表《伊斯坦布尔宣言》，表示要进一步加强地区间的合作，特别是在贸易和投资、运输和电信、能源、矿业、环境、农业、工业和毒品控制等领域的合作。各国领导人对哈萨克斯坦等中亚国家同伊朗和土耳其之间开通铁路集装箱和客运表示欢迎，希望进一步促进地区间旅游和贸易的发展，并表示要为阿富汗重建工作作出贡献。

当然，我们在积极看好中亚国家经济合作的同时，也不能忽视这种经济合作所带来的负面效应。一方面少数西方大国以提供经济援助和贷款为诱饵，肆意干涉各国内政，极易引发中亚国家的政局混乱和社会经济动荡；另一方面外部经济强势的大举渗透和中亚内部被动卷入经济全球化，也加重中亚经济的对外依赖程度，弱化各国政府管理本国经济的职能，导致主权内涵大幅“缩水”，行使主权受到越来越多的限制。[①] 国家主权特别是国家经济主权的非对等性让渡，将可能成为中亚经济合作中普遍默认的约定俗成。

三 国家高扬民族精神的社会责任

（一）各国政府增强民族凝聚力

民族凝聚力是中亚国家政府社会稳定的基础。中亚地域辽阔，民族众多。公元十世纪后，中亚民族先后经历伊斯兰化和突厥化的过程，[②]逐渐形成以共同民族心理和民族精神为特质的哈萨克、乌兹别克、塔吉克、吉尔吉斯、土库曼等主体民族。独立以来，中亚各国通过各种手段增强民族凝聚力，提升国家的民族精神。

一是利用苏联解体之机，加强和巩固主体民族在中亚国家政治生活中的主导地位，提高其在民族大家庭的影响力。中亚是一个多民族聚居区，民族成分复杂，多数中亚国家的主体民族在本国均不占

---

① 参见朱新光：“全球化时代发展中国家的‘边缘化’现象刍议”，载《社会主义研究》2003年第1期。

② 参见马曼丽：《中亚研究》，民族出版社1995年版，第16页。

压倒性多数，哈萨克族独立初期只占哈萨克斯坦总人口的 39.7%，乌孜别克族占乌兹别克斯坦总人口的 71%，吉尔吉斯族也在吉尔吉斯斯坦的总人口中仅占 52.4%，塔吉克族占塔吉克斯坦总人口的 62.3%，土库曼族占土库曼斯坦总人口的 72%。[①] 中亚各国基本上都没有形成民族国家的历史，也从未有过稳定、统一的民族认同意识，民众的忠诚往往仅属于其所在的民族或部族，不归属于民族国家。独立后，各国都加强了本国主体民族的地位。哈萨克斯坦宪法规定，“国家权力归独立自决的哈萨克族所有”；土库曼斯坦宪法指出，“保护土库曼族的民族价值和利益并加强其主权是国家基本法的宗旨”；乌兹别克斯坦宪法则强调，“乌孜别克族一族执掌国家权力的经验”；吉尔吉斯斯坦、塔吉克斯坦等国的宪法也有类似的规定。与此同时，各国都把主体民族的语言确定为国家语言，在干部选择和提拔中倾向于主体民族，并在议会选举中做出有利于主体民族的安排，使之有可能在议会中占据更多的位置。此外，哈萨克斯坦政府还公开号召境外的哈萨克族回到他们的“历史故乡”，大约 2 万哈族从蒙古、伊朗、塔吉克斯坦、土耳其等国返回哈萨克斯坦。[②]

二是重视与俄罗斯等非主体民族的关系，通过合理的制度安排，保障非主体民族的权利和自由，培育他们对所在国的认同感，增进多民族的聚合力。哈萨克斯坦政府在民族关系上，始终坚持民族团结，社会安定、国内各民族和睦高于一切的原则。哈萨克斯坦宪法规定，“人、人的生命、人的权利和自由”为最高价值，强调不管一个人属于哪个民族都一律平等，任何人不得因为“民族、宗教”等原因而受到歧视。哈萨克斯坦主权属于哈萨克全体居民，而不是某个民族，每个人都有权决定和是否说出自己的民族属性。1992 年哈宪法称：“哈萨克语是哈萨克斯坦共和国的国语，俄语是族际交流语言。”1995 年宪法中除继续规定哈语为“国语”外，还规定在国家组织和地方自治机构中，俄语和哈萨克语一样平等地正式使用，同时增加“国家要努力为学习和发展哈萨克斯坦民族的各种语言创造条件”的内容，并将俄

---

① 参见王沛等：《中亚四国概况》，新疆人民出版社 1993 年版，第 18、145、224、300 页。

② 参见联合国难民署：《难民》1997 年第 1 期，第 10 页。

语视为哈萨克斯坦第二国语,从法律上保证哈萨克斯坦公民不管其民族属性如何,在权利和自由方面的平等。哈萨克斯坦总统多次强调,在公民的基础上而不是在民族的基础上形成文化认同的原则,应该成为哈萨克斯坦国家建设的基础。吉尔吉斯斯坦政府则重视公民和谐与民族和睦,明确指出:"只要国内少数民族强大起来,国家就会强大起来。"①并通过制定少数民族法草案,确立俄语的官方语言地位,来保证少数民族的权益。土库曼斯坦政府主张:"有计划有步骤地革新原有的权力机构",认为"匆忙地完全打破原机构,只会造成权力真空,导致国家政权的混乱",其内政的出发点是"确保土库曼斯坦人民能过上不受民族、宗教和政治观点影响的正常生活",保障所有人"都应有可能实现其向往的幸福"。乌兹别克斯坦、塔吉克斯坦也根据其国情,相应制定不同的民族政策。这些措施不仅及时化解各国民族间的矛盾与隔阂,而且形成了全民族团结合作的精神和海纳百川的内聚力。

（二）各国政府增进文化感召力

文化,只要真正是民族的,就会是世界的,就会具有世界意义。中亚作为丝绸之路的必经之地,自古以来就承载着中华文化、印度文化、波斯文化、阿拉伯文化、古希腊文化、古罗马文化传播重任,孕育了闻名遐迩的古"丝道"文明。独立后,中亚国家政府以"丝道使者"自居,不断拓宽文化交流路径,弘扬优秀文化传统,打造中亚文化的辉煌。

一是重视文物古迹的保护。近年来,哈萨克斯坦为复兴哈萨克精神文化,制定保护雅萨维墓、塔姆加尔景区岩画等 10 处自然遗产和文化遗产名录,修复突厥斯坦古城等一大批文物古迹,整理出版许多珍贵的历史文献,保护和完善众多文化设施。乌兹别克斯坦则根据本国自然和人文景观多(约 4000 多处)、文化底蕴厚的特点,重点对塔什干、撒马尔罕、布哈拉、希瓦等地区的历史遗存进行集中修缮、妥善保护,恢复诸如拉吉斯坦广场、比比·哈内姆大清真寺、古尔·艾米尔陵墓等许多著名古代遗址、清真寺、神学院等昔日风貌。土库曼斯坦也加大文化遗产的保护力度,修缮尼萨古城遗址、阿哈尔坚地

① 参见[苏联]《莫斯科新闻》周报 1991 年 12 月 1 日第 48 期。

下湖、格奥克捷佩清真寺和谋夫古城等。这些成就的取得，为中亚文化开辟了广阔的空间。

二是加大历史人物和文化遗产的宣传力度。哈萨克斯坦通过“支持文化年”、“著名文化、科学、艺术界名流周年庆祝”等活动，纪念阿拜诞辰 150 周年、姆赫塔尔・奥艾佐夫诞生 100 周年、萨特帕耶夫诞辰 100 周年、库尔曼诞辰 175 周年、杜拉提诞辰 500 周年、突厥斯坦建城 1500 周年，并经联合国教科文组织同意，在教科文组织拟定的年历上标有诸如塔拉斯建城 2000 年、马哈姆别特・乌杰米索夫诞辰 200 周年、穆斯列波夫诞辰 100 周年等纪念日。[①] 吉尔吉斯斯坦也举行吉尔吉斯民族史诗《玛纳斯》问世 1000 周年大型纪念活动和国际学术交流，翻译整理出版《玛纳斯》史诗，使之更好地为世界人民所了解和喜爱。中亚的世界历史文化遗产众多，例如，哈萨克斯坦的雅萨维陵墓、塔姆加尔考古景观岩刻、土库曼斯坦的谋夫国家历史和文化公园、库尼亚・乌尔根奇、乌兹别克斯坦的撒马尔罕——东西文化交流中心、伊钦内城、布哈拉历史中心、沙赫利苏伯兹历史中心等已被世界遗产委员会列入《世界遗产目录》。此外，中亚的哈、吉、塔、乌四国还积极着手联合中国、伊朗、土耳其等“丝绸之路”沿线国家，共同申报世界文化遗产，向世界彰显“丝路”文明的无穷魅力。

三是广泛开展与世界各国的文化交流。具体表现为：其一，中亚各国历来重视文化交往。先后与中国等世界许多国家签署了数百项政府文化合作协议和计划，在平等互利的原则下鼓励和支持双方有关机构在文化、教育、文学艺术、新闻、出版、电影、广播、电视、卫生和体育方面开展合作，增进彼此了解和友谊。例如，在中亚各国与中国签订的文化合作协议中均明确规定双方的合作内容，在教育合作方面，双方支持有关组织和院校之间建立直接联系，互派教师、学者，以相互了解教育情况，进行学术研究工作、讲学和交换信息；互派留学人员到对方国家学习；在编辑和出版教材方面相互给予必要的理论和实际协助、交换教科书和其他教育书籍；探讨签订一项双方政府间的关于相互承认两国教育主管部门授予的文凭、证书、学位和职称的

---

① [哈]卡・托卡耶夫：《中亚之鹰的外交战略》，赛力克・纳雷索夫译，新华出版社 2002 年版，第 160 页。

协议的可能性;鼓励学者和专业人员相互参加在双方举办的学术会议、研讨会和座谈会。在文化艺术合作领域,双方支持组织和举办文化日、艺术节;互派艺术团演出;举办造型艺术和工艺美术展览;支持合作排演戏剧和音乐作品;在研究、保护和修复历史文化遗产方面给予协助。在新闻出版合作方面,双方促进新闻、图书出版和图书贸易方面的合作,促进相互翻译、出版和交换文艺作品及儿童、科普和文化书籍。在广播影视合作领域,双方促进两国在电影领域的交流,包括合作制片和交换影片;支持广播、电影领域的合作等。同时,中亚各国还积极利用上海合作组织等多边合作机制开展人文领域的合作,2005 年 7 月在哈萨克斯坦的阿斯塔纳通过的上海合作组织成员国 2005 年至 2006 年多边文化合作计划、2006 年 4 月在乌兹别克斯坦的塔什干通过的 2007 年至 2008 年文化合作计划、2006 年 6 月签署的上海合作组织成员国政府间教育合作协定等,极大地促进各种文明对话与交流,加强上海合作组织框架内的相互理解与尊重。

其二,在平等基础上展开教育合作。哈萨克斯坦已同蒙古、土耳其、吉尔吉斯斯坦等 30 余国交换留学人员,仅土耳其就有约 700 人在哈萨克斯坦深造[①],许多来自蒙古的哈萨克族学生在哈萨克斯坦各大学读书,乌兹别克斯坦接收 20 多个国家的 300 多名留学生就读于乌各大高校,中国也有百余名留学生在哈萨克斯坦的阿尔法拉比国立大学、吉尔吉斯斯坦的人文大学、乌兹别克斯坦的塔什干大学等学习。随着中亚国家软实力影响的扩大,前往中亚各国留学和学术访问的人员还会进一步增加。另外,哈萨克斯坦与俄罗斯合作创办哈俄联合大学、中学,还在吉尔吉斯斯坦许多中学设立哈语教研室等,以“推广本国语言和文化,建立一批本国思想的国际拥护者”[②]。

其三,举办丰富多彩的“文化日”、“文化节”活动,进行学术交流,宣传中亚国家的科学、艺术、文化。土库曼斯坦在伊朗举办“土库曼斯坦文化日”,乌兹别克斯坦在中国举办“乌兹别克斯坦文化节”、“乌兹别克斯坦文化遗产摄影展”、“乌兹别克斯坦现代绘画艺术展”,哈

---

① [哈]卡·托卡耶夫:《中亚之鹰的外交战略》,赛力克·纳雷索夫译,新华出版社 2002 年版,第 110 页。

② 参见傅立民:《论实力》,清华大学出版社 2004 年版,第 33 页。

萨克斯坦在印度举办“哈萨克斯坦文化日”、在中国北京举办“哈萨克斯坦文化节”、在中国上海举办“阿拉木图文化节”、在中国乌鲁木齐举办“阿拉木图—乌鲁木齐文化周”等，以开放的姿态向人们展示其深厚文化底蕴及恒久价值。为庆祝中哈两国建交 15 周年，2006 年 12 月，哈萨克斯坦又在中国北京中华世纪坛举办“哈萨克斯坦艺术展”、“孩子们笔下的哈萨克斯坦人民”儿童画展，展览汇集哈萨克斯坦当代艺术家创作的油画、实用艺术及其儿童画作品 100 余件。哈萨克斯坦还在中国和印度出版汉文和印度文的哈萨克诗人阿拜的《箴言录》、在土耳其出版哈萨克斯坦百科全书和“突厥世界音乐”杂志等，增强两国人民心灵的沟通。

其四，重视广播电视传媒的对外宣传。各国均开播对外广播电台，用英、俄等多种语言传播本国的政治、经济、社会、文化等，其中以乌兹别克斯坦的塔什干广播电台最为著名，它每天用英、汉、俄、乌兹别克、阿拉伯、维吾尔等语种进行对外广播，在世界各地、尤其是在周边穆斯林国家拥有广泛的听众，使人们足不出户就能领略别具特色的中亚文化。哈萨克斯坦还帮助蒙古的巴扬—乌尔吉盟建立电视中转站，播放“哈萨克斯坦 1 套”、“哈巴尔 1 套”、“哈巴尔 2 套”哈语电视节目，[①]深受当地人民的欢迎。

四是繁荣民间文化交往。中亚各国与周邻国家同源民族众多，又统属于穆斯林，民间文化交往一直十分活跃。近年来，哈萨克斯坦、乌兹别克斯坦、吉尔吉斯斯坦的艺术团和个人频繁到中国新疆、土耳其、伊朗、印度、亚美尼亚、俄罗斯等国家和地区进行了巡回演出[②]，并应邀赴美国、日本、法国、意大利等国表演，受到各国人民的热烈欢迎，在一些国家甚至刮起“中亚歌舞旋风”。哈萨克斯坦艺术团还与阿塞拜疆民族模范戏剧团合作，在阿塞拜疆成功上演了哈萨克斯坦作家艾特马托夫及沙哈诺夫的剧本。2005 年，中亚的哈、吉、塔、乌四国在日本爱知世界博览会上开设中亚共同馆，展示中亚悠久

---

① [哈]卡·托卡耶夫:《中亚之鹰的外交战略》，赛力克·纳雷索夫译，新华出版社 2002 年版，第 106—107 页。

② 参见万雪玉等:《柯尔克孜族:历史与现状》，新疆大学出版社 2005 年版，第 287 页。

的历史文化和别样的风土人情，乌兹别克斯坦艺术团和艺术展览还参加在中国举办的《相约北京》大型活动，2006年上海合作组织首脑会议期间，哈萨克斯坦、塔吉克斯坦、吉尔吉斯斯坦的艺术团来到上海进行了多场演出，都给当地人民留下了深刻印象。与此同时，中亚国家还积极主办各类国际艺术节和会展，例如，乌兹别克斯坦举办的塔什干国际电影节，哈萨克斯坦主办的“98亚洲——中心”国际旅游博览会、造型和实用装饰艺术展览会等。此外，中亚的“俄哈世代友好”科技文化协会、阿塔突厥文化语言和历史高级社团、乌文化艺术论坛基金会、哈中文化交流协会、乌俄文化交流协会等一大批学术机构和民间组织，也为加强各国的文化交流发挥重要作用。中亚国家文化交流与合作的空前繁荣，使中亚文化进入健康发展的轨道。

第三节　中亚国家政府善治的特征

一　政府善治决策的主导性

独立后的中亚各国正处于后发展国家阶段，在其现代化过程中，“中央集权、民族融合、社会动员、经济发展、政治参与、社会福利等，不是依次而至，而是同时发生”①。因此，中亚要在相对短的时间内实现现代化，不可能像西方那样依靠“看不见的手”的市场行为，自下而上地逐步推动现代化进程，只能通过壮大政府“看得见的手”的力量，自上而下发挥领导、组织、干预、扶植、推动等不可替代的作用，维持社会发展秩序与安定，为经济繁荣和公民社会成长创造稳定的社会环境。

在哈萨克斯坦，哈政府很看重政府在国民经济发展中的引领作用，哈总统纳扎尔巴耶夫强调，在危机和变革时期，为稳定社会经济，必须加强国家对社会经济的调节作用。在这方面，重点放在提高执政部门的作用和责任感上。譬如，为哈萨克斯坦真正成为国际商品市场、服务市场、劳动力市场，资本市场以及现代思想和技术不可分割的一部分，哈政府必须动用国家力量，保持经济强劲的、可调控的

① ［美］塞缪尔·亨廷顿：《变化社会中的政治秩序》，三联书店1989年版，第8页。

增长，以崭新的眼光看待符合国际市场要求和条件的哈萨克斯坦的工业化；对于国民经济中自然形成的垄断部门，必须借助于部门调整，严格在这些部门进行税率和技术的调整；在自由经济条件下，必须把财政系统迈上稳定和竞争的新高度。① 在大胆进行经济改革和对外开放的基础上，不断强化对外资企业的政府监管，频繁出现修改与外企签订的合同，把资源重新收归国有，以维护本国的经济安全等。

在乌兹别克斯坦，乌总统卡里莫夫重视发挥国家政权对经济社会的干预作用。他认为，国家在经济社会改革中的作用主要体现在这些方面，诸如国家是经济改造的发起者和主要改革者，国家必须在改革的各个阶段占据中心地位；国家是社会安定和社会公正的保证者；国家是族际和睦的保证者。这些对维护乌兹别克斯坦的经济发展和社会稳定，起到重要的作用。② 为此，乌国加强对经济社会中的战略性行业的政府监管，由国家统一安排国内棉花的种植和收购，由国家政府确定出口伙伴和交易价格等。在土库曼斯坦，土前总统尼亚佐夫也认为国家干预对经济发展和国家稳定的重要性，并主张要在土建立一种既不失去个性，又不降低个人责任的制度，就必须有权威主义的国家干预机制。这就是服从一个人的领导，就是尊重国家法律。他公开提出树立国家各级领导人的权威，倡导团结与纪律。③ 由总统亲自批准外国公司在土国境内从事经营活动的许可证以及人员入境签证等。

在塔吉克斯坦，为使塔国经济社会得到稳定发展，塔国十分注重发挥政府的主导作用。塔总统拉赫莫诺夫指出，塔吉克斯坦在继续进行经济改革和完善经济管理体制的同时，塔政府的经济纲领是实现经济稳步发展、减困、改善居民生活水平，而反贫困是重中之重。

---

① 参见哈萨克斯坦 2007 年国情咨文，http://bio-visa.com/program/com/kzembassyc/index.php? file=detail.php&nowdir=&id=5335&detail=1.

② 参见潘志平：《民族自决还是民族分裂》，新疆人民出版社 1999 年版，第 331—332 页。

③ 参见潘志平：《民族自决还是民族分裂》，新疆人民出版社 1999 年版，第 332 页。

因此，塔吉克斯坦要充分发挥塔政府的作用，保证正常生活、维护公民权益、创造就业岗位、发展中小企业、为建立装备有新型设备和工艺的生产企业创建良好外部环境。[①] 这些充分表明各国政府在国家政治经济生活中扮演着主角作用，有利于中亚可控民主化的顺利展开。

二　政府善治手段的灵活性

善治作为一种社会治理理念，是以启动公民社会的价值偏好而实施的优秀治理乃至结出公益最大化的善果。[②] 就中亚而言，它要求各国以发展的眼光，改革政府垄断一切公共事务的传统行政模式和自上而下的权力运作方式，建构政府与社会之间的合作型管理模式和双向互动的网络型运作模式，发挥社会自主性和能动性的治理。一句话，就是更少的统治，更多的治理。为促进社会政治全面好转，中亚五国积极汲取和借鉴西方善治成果，在推动行政改革、加强各国间的经济合作、高扬民族精神的社会责任等方面采取灵活手段，客观上促成中亚可控民主化的良性态势。

在行政改革上，中亚国家政府积极整合国家管理资源，扩大基层民主管理的权限，完善公务员制度，提高政府部门自身工作效率。为防止国家分裂，各国在国家政府权力分配上适当向反对派倾斜，以保持国家政治力量的基本平衡。各国对惩治腐败问题也十分严厉，对涉及腐败问题的官员，无论职位高低，一律予以严惩，毫不手软，有效维护了政府的廉政形象。吉、哈等国还通过颁布《道德法典》等形式，建立“阳光政府”，让民众从公共权力那里真正获得信赖感和安全感。另外，中亚国家在反恐上也态度坚决。各国除了在本国严密监视三种恶势力的动向，制定相关法律，限制和取缔恐怖主义组织，清剿恐怖主义势力外还高瞻远瞩，把反恐合作视为其安全战略的第一要务，通过开展双边和多边反恐合作，最大限度地发挥反恐在安全合作中的引领作用。

---

① 塔吉克斯坦2004年国情咨文，http://tj.mofcom.gov.cn/aarticle/ztdy/200406/20040600231401.html.

② 参见俞可平：《治理与善治》，社会科学文献出版社2000年版，第8页。

在经济合作上，中亚各国通过组建中亚经济共同体，发挥各国经济优势，增强地区经济的“造血”功能，使经济合作更紧密地联系在一起。它标志着中亚经济共同体走向成熟，在中亚一体化进程中具有里程碑意义。它明确中亚经济共同体统一大市场的目标、框架、具体措施等，为中亚各成员国带来丰厚的经济利益，大大提高其市场竞争力和抗风险能力。还加强成员国在安全、社会、人文等领域的合作，推动该组织朝着一体化更深、更广的方向迈出坚实的一步。① 与此同时，各国还依托独联体，理顺彼此间的经济关系，构建跨地区合作框架，实现中亚与独联体在经济合作上的成功对接，为发展中国家如何在经济实力不强的情况下进行经济转轨、完成区域经济大联合辟出了一条捷径。此外，中亚国家广泛开展与世界大国、周边国家、国际经济组织等的交流与合作，进一步拓宽中亚经济合作的外层空间。它不仅消弭中亚与外部世界的经济障碍，“推动相互间的信任与互谅，促进稳定和消除贫困”②，而且有助于安全合作的进一步加强，使“安全与经贸合作相辅相成、相互促进”③，逐步扭转其在世界经济格局中的被动局面。

在社会责任上，各国依托其主体民族，注重族际和睦与社会和谐，不断强化其责任意识和荣誉意识，从战略高度重视民族凝聚力，重点加强各国的广播电视、报纸书刊等的资金投入，造就一批在国际上有影响力的媒体，完善培养高素质人口和生产力的教育体系，重点保护好各国的优秀文化遗产，最大限度地发挥政府在民族凝聚力建设中的主渠道作用。各国还广泛动员民众，展开形式多样的诸如诺鲁孜节、肉孜节、古尔邦节、叼羊、赛马、追姑娘、“阿肯”弹唱会、“马卡姆”演唱会等当地百姓喜闻乐见的民间文化活动，倡导中亚各民族精神文化的新风尚，共同铸就中亚国家民族凝聚力的支柱。同时，各国

---

① 参见朱新光：“中亚共同体：成长与挑战”，载《新疆社会科学》2006 年第 4 期。

② 参见新华社马尼拉 2002 年 3 月 25 日电，《亚洲开发银行推动中亚经济合作》。

③ 参见新华社圣彼得堡 2002 年 6 月 7 日电，《上海合作组织圣彼得堡峰会》。

努力建构中亚国家文化外交战略，在文化外交战略的原则上，以尊重中亚的文明多样性、弘扬民族精神为基本指导思想，秉承“和为贵”的宗旨，大力倡导中亚各国优秀民族文化传统，丰富中亚国家的文化底蕴，完善各国文化外交战略的内涵。在文化外交战略的方法和策略上，采取自愿、互利和双向、细致的方式对中亚国家文化外交战略进行策划，明确该战略的长远目标和近期行动计划。在此基础上，扩大文化交流，重视文明对话，支持和鼓励各国间文化、媒体、学术、民间团体和各界人士增加接触，以巩固传统友谊，促进各国人民相互了解、取长补短、加强合作，进一步提升中亚国家文化外交的国际影响力，使文化感召力朝着各国预设的目标发展，服务于中亚可控民主化的前进方向。

第六章　中亚可控民主化的局限

第一节　中亚的民主政治发育不成熟

一　民主化时间较短

中亚可控民主化时间较短，民主政治属被动式发展。独立前，中亚各国“在苏联的统治之下，从来没有过政治选择的自由”①，基本上是一个以游牧部落为主、混杂“共产式”的地域宗族社会形态，部落间互不统属、各自为政，对国家没有认同感。独立初，中亚各国通过宪法确立议会制、多党制、普选制等，初步奠定民主政治的框架体制，向民主化治理显著迈进。但各国走上民主化道路的时间只有短短 20 年，这对一个从来没有民主传统的转型国家来说，要在如此短的时间里，完成议会制、多党制、普选制的建设任务，实现政治民主化道路，确保中亚的和平与正义，无疑是件极为困难的事情。哈总统纳扎尔巴耶夫指出：“民主是我们努力的目标，而不是一个道路的起点。所以，民主不能靠发号施令实行，要经历一个漫长的磨合过程。”②他反问：“在一个暂时连有效的国家机构都没有的国家，何谈什么民主。在哈萨克斯坦首先要建立起一个强有力的国家，否则一切重要的问

---

① ［美］罗伯特·康奎斯特：《最后的帝国——民族问题与苏联的前途》，刘靖北等译，华东师范大学出版社 1993 年版，第 344 页。

② ［俄］罗伊·麦德维杰夫：《无可替代的总统纳扎尔巴耶夫：哈萨克斯坦腾飞的组织者和欧亚方案的倡导人》，王敏俭等译，社会科学文献出版社 2009 年版，第 49 页。

题都无从谈起。"[①]而"善良的总统正把民主赐给哈萨克斯坦人民，总统正在以符合哈萨克斯坦历史和文化的方式推进国家的民主改革。纳扎尔巴耶夫极力希望把哈萨克斯坦引向世界舞台，但是他决心以自己的方式达到此目的，并保留他所认为的政府的特权"[②]。可见，中亚国家的执政者支持政治改革。但是，他们也担心政治民主化改革可能导致政局动荡，对民主化进程十分慎重。纳扎尔巴耶夫强调："我们要笃信东方人智慧的传统，循序渐进、谨慎行事，确保发展"[③]，选择拿来主义的策略，利用美国、日本、瑞士、土耳其等较成熟的民主模式打造其国家体制和社会发展道路[④]。这种"无源之水、无本之末"被动式发展的民主化改革，即有悖于西方民主理念，也没能使中亚国家真正走上民主化轨道。它如同法国学者托克维尔在研究了18世纪法国大革命后所得出的结论一样，"民主革命扫荡了旧制度的众多体制，却巩固了中央集权制。中央集权制在这场革命所形成的社会中，自然而然地找到了它的位置，以致人们心安理得地将中央集权制列为大革命的功绩之一"[⑤]。这无疑阻碍了中亚国家政治民主化的历史进程。

况且，在中亚许多国家，诸如哈萨克斯坦的社会里，仍然可以看到公众对统一"强权"的不变渴望，人们传统意识中不容忍中央政权的衰弱，在他们眼中，自由主义几乎是对独立的威胁。[⑥] 这在一定程

---

① [俄]罗伊·麦德维杰夫：《无可替代的总统纳扎尔巴耶夫：哈萨克斯坦腾飞的组织者和欧亚方案的倡导人》，王敏俭等译，社会科学文献出版社2009年版，第15页。

② [美]玛莎·布瑞尔·奥卡特：《中亚的第二次机会》，李维建等译，时事出版社2007年版，第171页。

③ [俄]罗伊·麦德维杰夫：《无可替代的总统纳扎尔巴耶夫：哈萨克斯坦腾飞的组织者和欧亚方案的倡导人》，王敏俭等译，社会科学文献出版社2009年版，第50页。

④ 参见赵常庆：《十年巨变·中亚和外高加索卷》，上海东方出版社2003年版，第76页。

⑤ [法]托克维尔：《旧制度与大革命》，冯棠译，商务印书馆1992年版，第102页。

⑥ [俄]罗伊·麦德维杰夫：《无可替代的总统纳扎尔巴耶夫：哈萨克斯坦腾飞的组织者和欧亚方案的倡导人》，王敏俭等译，社会科学文献出版社2009年版，第195—196页。

度上反映了中亚国家民主政治的社会基础的脆弱性。美国的自由之家组织曾对中亚五国 1997 年至 2004 年的民主状况进行调查统计，如下表 1—5①：

表 1　吉尔吉斯斯坦

	1997	1998	1999	2001	2002	2003	2004
选举进程	5.00	5.00	5.00	5.75	5.75	6.00	6.00
公民社会	4.50	4.50	4.50	4.50	4.50	4.50	4.50
独立媒体	5.00	5.00	5.00	5.00	5.75	6.00	6.00
宪法、立法和司法体制	4.50	4.50	5.00	5.25	5.25	5.25	5.50

表 2　哈萨克斯坦

	1997	1998	1999	2001	2002	2003	2004
选举进程	5.50	5.50	6.25	6.25	6.25	6.50	6.50
公民社会	5.25	5.00	5.00	5.00	5.50	5.50	5.50
独立媒体	5.25	5.50	5.50	6.00	6.00	6.25	6.50
宪法、立法和司法体制	5.00	5.25	5.50	5.75	6.00	6.25	6.25

表 3　塔吉克斯坦

	1997	1998	1999	2001	2002	2003	2004
选举进程	6.00	5.75	5.50	5.25	5.25	5.25	5.75
公民社会	5.50	5.25	5.25	5.00	5.00	5.00	5.00
独立媒体	6.25	6.00	5.75	5.50	5.75	5.75	5.75
宪法、立法和司法体制	6.25	6.00	5.75	5.75	5.75	5.75	5.75

表 4　土库曼斯坦

	1997	1998	1999	2001	2002	2003	2004
选举进程	7.00	7.00	7.00	7.00	7.00	7.00	7.00
公民社会	7.00	7.00	7.00	7.00	7.00	7.00	7.00
独立媒体	7.00	7.00	7.00	7.00	7.00	7.00	7.00
宪法、立法和司法体制	6.75	6.75	6.75	7.00	7.00	7.00	7.00

---

① 资料来源：Alexander Motyl：〈Nations in Transit，2004：Democratization in East Central Eurasia〉，New York，Freedom House，2004.

表 5　乌兹别克斯坦

	1997	1998	1999	2001	2002	2003	2004
选举进程	6.25	6.50	6.50	6.75	6.75	6.75	6.75
公民社会	6.50	6.50	6.50	6.50	6.75	6.50	6.50
独立媒体	6.50	6.50	6.50	6.75	6.75	6.75	6.75
宪法、立法和司法体制	6.50	6.50	6.50	6.50	6.50	6.50	6.50

注：民主程度等级为 1—7，1 代表民主程度最高，7 代表民主程度最低。

上述 1—5 表显示，在 1997—2004 年的 7 年里，中亚的选举进程指标总体在 5.00 之后，普遍偏低（吉尔吉斯斯坦在 5.00—6.00、哈萨克斯坦在 5.50—6.50、塔吉克斯坦在 5.25—6.00、土库曼斯坦为 7.00、乌兹别克斯坦在 6.25—6.75）；公民社会指标总体在 4.50 之后，也属于较弱状态（吉尔吉斯斯坦为 4.50、哈萨克斯坦为 5.00—5.50、塔吉克斯坦为 5.00—5.50、土库曼斯坦为 7.00、乌兹别克斯坦为 6.50—6.75）；独立媒体指标总体为 5.00 之后，属于较低状态（吉尔吉斯斯坦为 5.00—6.00、哈萨克斯坦为 5.25—6.50、塔吉克斯坦为 5.75—6.25、土库曼斯坦为 7.00、乌兹别克斯坦为 6.50—6.75）；宪法、立法和司法体系指标总体在 4.50 之后，也属于偏弱状态（吉尔吉斯斯坦为 4.50—5.50、哈萨克斯坦为 5.00—6.25、塔吉克斯坦为 5.75—6.25、土库曼斯坦为 6.75—7.00、乌兹别克斯坦为 6.50）。这些数据表明，中亚五国的民主指标大都处在低位运行，且均呈现出逐年下滑趋势，离西方民主化的标准相去甚远。这种状况非但起不到稳定政局、促进社会经济发展的效果，反而极易把各国引入"街头政治"和"颜色革命"的怪圈，不利于中亚可控民主化的顺利发展。

二　各国频繁修改宪法

中亚各国频繁修改宪法，难以保障中亚可控民主化的正常运行。宪法作为一个政治制度的图纸，"是说明政治系统内部等级关系以及改变这些关系的方法的法律"①，是一国的根本大法，宪法的制度设

① ［美］莫顿·卡普兰：《国际政治的系统和过程》，薄智跃译，上海人民出版社 2008 年版，第 49 页。

计一经确立，须在一个较长时期内保持不变，这是由宪法的功能所决定的。在通常情况下，宪法具有如下功能：其一是契约功能，即人们据以把自己转变成或重新转变成一个国家的成员的契约。其二是符号功能，即它标志着一个国家的诞生或再生，民族的存在和统一；表明一国的公民基本权利、政治结构及其根本的价值、目标和决策程序；表达、指引或重构一个民族要求成为一个社会的愿望。其三是章程功能，即为合法政权的运作设定根本规则。其四是卫士功能，即宪法会维护公民的参政权，限制政府的权力，保护个人的基本权利不受干预和侵犯。其五是意识形态功能，即体现一个社会占主导地位的意识形态并进一步传播这种意识形态，使公民权利神圣化，培育公民的权利意识。所以，一个政权稳固的国家，政府一般不会轻易改动宪法的条款，以维护宪法的权威性。

然而，中亚国家恰恰相反，自独立以来，各国就一直在不断修宪。在吉尔吉斯斯坦，2000 年的吉尔吉斯斯坦宪法规定，政党可通过比例代表制参加议会选举。2003 年新宪法通过后，政党又按选区代表制进行议会选举。2005 年吉尔吉斯斯坦又通过宪法修正案，把议会由两院制改为一院制，取消政党竞选议会议席的权利。2007 年吉尔吉斯斯坦再次修宪，重新让政党进入议会选举。2010 年吉尔吉斯斯坦修宪，正式把国家体制由总统制改为议会制，议会议席完全由各政党通过比例代表制竞选产生。在哈萨克斯坦，1995 年 8 月，哈萨克斯坦经全民公决通过了现行宪法，1998 年 10 月又对该宪法进行修改：把总统任期从 5 年延长至 7 年且可以连任，赋予总统解散议会的权力，增加议会下院议员人数，规定议会作为立法机关不得过多干涉行政机关的事务等。

在塔吉克斯坦，1999 年 9 月，塔吉克斯坦以全民公决的方式通过了新宪法，2000 年 3 月又对该宪法进行修改，规定总统拥有军政大权，居议会之上，每届任期 7 年。在乌兹别克斯坦，2006 年年底，乌兹别克斯坦制订宪法修改草案，规定政党在议会上院和地方代表团中的地位，政党可以参与选举、任命和解除政府及地方行政领导人，同时增加人民代表的职权，目的是增强政党对于中央及地方机关的监督，以及对司法机关和管理机关事务的影响。2007 年 4 月该法律被通过。新法律还规定总理的任免程序，总统与立法院各政党及独立代表协商后提名总理候选人，并交由议会立法院和上院审议，若该提案得不到议会多数通过，则总统需再次与立法院政党及独立代表协商重新提名总理新候选人。中亚各国如此大规模、高频率的修宪运动，在发展中国家民主变革史上实属罕见。它不仅践踏各国宪法的神圣与尊严，而且也使中亚可控民主在中亚民主化运动中难有大的作为。

第二节　中亚五国的经济基础薄弱

一　国家经济发展迟缓

中亚国家独立以来，积极致力于市场经济改革，基本建立起市场经济结构，私有化和自由化显著提高。截至 2010 年，哈萨克斯坦的私有化程度达到 85%、乌兹别克斯坦私有化程度达 61%、吉尔吉斯斯坦私有化程度达 70%、塔吉克斯坦私有化程度达 44%、土库曼斯坦私有化程度达 36%。各国经济总量虽已接近或超过独立前水平，但经济发展总体较为迟缓，导致中亚可控民主化的根基不稳。一般而言，经济发展对政党制颇具影响力。经济发展水平越高，民主亦就越活跃。现阶段，中亚经济发展相当迟缓，以塔吉克斯坦和吉尔吉斯斯坦为例，统计资料显示，在塔吉克斯坦，从 1990—2002 年的 13 年中，塔吉克斯坦 GDP 的增长依次为：2.63%、2.54%、1.9%、1.65%、1.65%、1.23%、1.05%、1.12%、1.32%、1.09%、0.99%、1.06%、1.21%[①]，2012 年才达到 7.5%的水平。在吉尔吉斯斯坦，从 1990—2002 年的 13 年中，吉尔吉斯斯坦 GDP 的增长依次为：2.66%、2.54%、2.32%、2.03%、1.68%、1.66%、1.83%、1.77%、1.65%、1.25%、1.37%、1.53%、1.6%[②]，2006 为 2.5%[③]，2007 为 8.5%，2008 年为 7.6%，2009 年为 3.5%[④]，2010 年为－1.4%，2011 年为 5.7%，2012 年为－0.9%。而中亚其他国家的 GDP 增速也有所放

---

① ［美］玛莎·布瑞尔·奥卡特：《中亚的第二次机会》，李维建等译，时事出版社 2007 年版，第 313 页。

② 同上。

③ http://iwpr.net/report-news/economic-strategy-sets-over-ambitious-goals.

④ 参见吴恩远：《俄罗斯东欧中亚国家发展报告（2010）》，社会科学文献出版社 2010 年版，第 94 页。

缓,哈萨克斯坦 2012 年 GDP 增长 5%,乌兹别克斯坦 GDP 增速 8.2%,土库曼斯坦 GDP 增长 11.1%。同时,中亚各国的失业率也居高不下。在吉尔吉斯斯坦,2005 年吉尔吉斯斯坦总失业水平为 8.1%,2006 年吉尔吉斯斯坦 15 岁以上青年就业水平为 40.1%,2007 年吉尔吉斯斯坦失业率则高达 17%,[①] 2011 年失业率为 2.5%,2012 年失业率为 1.2%。

二 各国民众生活水平低下

中亚各国经济滞涨和失业率攀升,客观上造成贫困人口上升,民众生活艰辛。据统计,在吉尔吉斯斯坦,2003 年约有 50%的民众生活在贫困线以下,而在南方地区同期贫困人口的比例则高达 80%。2006 年吉尔吉斯斯坦总赤贫程度依然为 9.1%。2009 年吉尔吉斯斯坦仍然有一半以上的贫困人口,其中 13%的人口处于极度贫困线以下,居民月收入一般只有 20—30 美元,少数人月收入不到 10 美元,只能维持基本生计。在塔吉克斯坦,2011 年人均 GDP 只有 844 美元,有超过 80%的人口生活在贫困当中,迫于生活压力,每年大约有 62 万塔国季节劳工出国到俄罗斯、哈萨克斯坦、乌兹别克斯坦等国家打工挣钱。[②] 在土库曼斯坦,约有 58%的人口遭受贫困的困扰,其中,有 44%的人口每天的收入低于两美元。[③] 在乌兹别克斯坦,2011 年人均 GDP 为 1511 美元,有 21.8%的人口每天生活费不足一美元,有 77.5%的人口每天不足两美元。[④] 在哈萨克斯坦,1996—1997 年,约有 45%的贫困人口,2011 年人均 GDP 尽管达到 1.12 万美元,仍有 11%的人口生活在贫困线以下[⑤],失业人数也已接近 50 万人[⑥]。

---

① 参见钱平广:"吉尔吉斯骚乱原因分析:政治体制方面不断冲突",载《第一财经日报》2010 年 4 月 8 日。

② [美]玛莎·布瑞尔·奥卡特:《中亚的第二次机会》,李维建等译,时事出版社 2007 年版,第 130—131 页。

③ 同上书,第 120 页。

④ 同上书,第 137 页。

⑤ http://www.xjjjb.com/html/news/70954.html.

⑥ [俄]罗伊·麦德维杰夫:《无可替代的总统纳扎尔巴耶夫:哈萨克斯坦腾飞的组织者和欧亚方案的倡导人》,王敏俭等译,社会科学文献出版社 2009 年版,第 179 页。

三　贫困化弱化政治参与的热情

受中亚国家经济增速放缓、失业率高起、贫困人口上升等的影响，五国民众实际上对政治参与的热情普遍不高，甚至有些政治冷漠，尚不具备中亚可控民主发展的政治参与扩大化的条件。因为“民主主要依靠公民有能力在公共事务上起积极的作用。这种能力在很大程度上是体力方面的；健全的民主要求健全的公民，社会成员如长期营养不良或经常生病，既有广度又有深度地参与公共事务是难以做到的。如果群众中大多无衣无食，或者疾病缠身，指望这样的群众实行真正的民主，那是幼稚的。”况且，“严重贫困的群众，根本无法获知参加公共事务的足够信息，对公共事务进行有效的讨论，进行有效率的组织，并接触他们的代表”①。这势必会严重阻碍中亚可控民主的发展。美国学者奥卡特指出：中亚大量低层民众的存在，已形成一股真正的政治力量。这有助于解释一个问题，即除了在可控的方式之外，哈萨克斯坦等中亚国家领导人一直拒绝扩大民众的政治参与度的根本原因所在。② 要根本解决中亚各国政治参与的瓶颈问题，夯实中亚可控民主的基石，关键在于能否实现中亚经济的可持续发展。只有中亚经济得以发展，各国民众的经济地位达到一定程度时，他们才能够接受到高质量的教育，拥有较高的文化水平，进而有可能真正关心政治，积极融入政治社会，参与政治。否则，不仅中亚可控民主的胜利果实难以保住，而且很可能又重新退回到总统制的老路上。毕竟现有条件下，中亚可控民主化下的议会制极易出现社会秩序失范和社会动荡，而总统制下的一党独大则更有利于社会稳定和经济发展。

第三节　中亚的社会结构裂变过度放大

中亚国家社会结构裂变过度放大，加剧中亚可控民主化的不确

---

① [美]卡尔·科恩：《论民主》，聂崇信等译，商务印书馆 1988 年版，第 110—111 页。

② [美]玛莎·布瑞尔·奥卡特：《中亚的第二次机会》，李维建等译，时事出版社 2007 年版，第 110 页。

定性。不言而喻,中亚可控民主化是在中亚国家社会结构不断分化的基础上形成和发展起来的,没有中亚社会结构分裂,就不可能有中亚可控民主化的存在。当然,任何事物发展都有个“度”,在“度”的范畴内运行是合理的,一旦突破“度”的限制,也就失去存在的合理性。中亚可控民主化就是如此,中亚适度的社会结构分裂有利于中亚可控民主化的生成,若这种裂变被无限放大时,就会给中亚可控民主化带来巨大风险。因为在一个社会结构裂变日益严峻的社会中,存在竞争性政治体制不易管理甚或根本无法控制的冲突。而“当对传统的准国家单位的忠诚同对国家的忠诚和国家的目标发生冲突时,政治共同体的问题就可能成为首要问题,并造成重大的政治危机”①。现阶段,中亚社会结构层中潜藏着部族、民族、宗教三大利益集团分裂层,它们的无限分化与对抗,对中亚可控民主化是一场生死抉择。

一　部族结构上存在不同地区部族的断裂带

部族就是以相近的血缘关系为纽带,具有相同的语言、共同的文化和方言、共同的宗教和习俗,以及相对集中的权力体系。中亚是多民族聚集区,各民族在其历史演绎过程中,形成许多以地域和血缘为标志的部族。中亚各部族因其部族属性的不同,进而产生完全不同的民族和部族性格,呈现出各具特色的传统文化和政治思维方式,久而久之,逐渐演变为部族主义。一般学者认为,部族主义就是试图最大限度地维护自身利益不被侵犯,同时为谋取本部族更多利益而不惜牺牲其他部族利益或国家整体利益,其实质是部族自我中心主义或曰部族利己主义。还有一些学者从政治文化角度来诠释部族主义。例如,比利时学者范西纳认为,部族主义是“一个社会群体认为它在文化上有别于周围所有其他社会群体,而周围的社会群体也具有同样的看法。”②中国学者李保平指出,部族主义是同一部落或部族的人们怀有强烈的集团意识,强调对本部落本部族的忠诚和认同。

---

①　[美]加布里埃尔·阿尔蒙德:《比较政治学:体系、过程和政策》,曹沛霖等译,上海译文出版社 1987 年版,第 39 页。

②　参见张宏明:“论黑非洲国家部族问题和部族主义的历史渊源——黑非洲国家政治发展中的部族主义因素之一”,载《西亚非洲》1995 年第 5 期。

这种部落政治文化被称作部族主义，它是传统政治文化的核心内容。它倾向于排斥其他部族，将对国家的忠诚和认同置于次要地位。[①]中亚国家部族间的断裂所形成的部族主义现象十分普遍，各国的政权结构基本是按照家族—同族—同乡的顺序组成的。

在吉尔吉斯斯坦，吉尔吉斯斯坦是一个游牧部落制国家，在历史长河中，吉尔吉斯族的生活区域发生了由叶尼塞河流域至中亚天山地区的大变迁。进入中亚后，他们不断吸收和融合当地居民，形成一个稳定的民族共同体。吉尔吉斯斯坦境内主要有三大部族：一是北部和西部平原地区的“奥思克”(吉尔吉斯语意为“右翼”)部族，二是南部山地地区的“索饵”(吉尔吉斯语意为“左翼”)部族，三是由众多小部落组成的“伊奇已利克”(吉尔吉斯语意为“内部”或“平原”)部族。[②] 在三大部族中，南北两大部族的利益较量最为激烈。前苏联时期，由于苏共中央的高压态势，吉尔吉斯斯坦南北部族间相安无事。吉尔吉斯斯坦独立后，吉尔吉斯斯坦的部族主义死灰复燃。部族主义作为传统政治文化现象，它是“一个社会群体认为它在文化上有别于周围所有其他社会群体，而周围的社会群体也具有同样的看法”[③]。随着吉尔吉斯斯坦南北部族利益争斗的展开，集中表现在双方对吉尔吉斯斯坦总统宝座的旷日持久争夺，并直接引发吉尔吉斯斯坦两次“颜色革命”。2005 年，由于代表北方利益的总统阿卡耶夫长期执政，损害南方部族利益，引起南方部族的强烈不满。他们推举巴基耶夫为反对派领袖，通过“郁金香革命”，推翻阿卡耶夫为首的北方部族集团，南方部族集团获胜。巴基耶夫上台后，为控制北部地区和构建自己的权力基础，在国家政权的关键职位分配上，重用南方部族的支持者。结果同样招致北方部族的强烈不满，最终演变为 2010 年的街头革命，取而代之的是代表北方部族利益的奥通巴耶娃上台。

---

① 参见李保平：“传统文化对黑非洲政治发展的制约”，载《西亚非洲》1994 年第 6 期。

② 参见张宁：“吉尔吉斯斯坦‘颜色革命’中的选举因素”，载《俄罗斯中亚东欧研究》2005 年第 5 期。

③ [英]巴兹尔·戴维逊：《现代非洲史——对一个新社会的探索》，舒展等译，中国社会科学出版社 1989 年版，第 37 页。

吉尔吉斯斯坦南北部族集团的反复争斗，极大消耗双方实力，不利于吉尔吉斯斯坦可控民主的巩固。

在哈萨克斯坦，大约从16世纪末期以后，哈萨克族及其分布的地区已经分大、中、小三个玉兹（哈萨克语意为部分或方面之意），每个玉兹又包括若干部落。大玉兹分布在中亚七河流域，中玉兹分布在哈萨克斯坦中部地区；小玉兹分布在哈萨克斯坦西部地区。三个玉兹中，以中玉兹人口最多，力量最强，氏族世系保存得最为完整。由于哈萨克斯坦的部族认同与地域认同较强烈，且这些冲突性的认同并不必然有与某一特定的族群或宗教集团有关，而与其所处部族或地区的亲缘性所带来的情感和网络密切联系，最典型的特征就是围绕这一地区比较显赫的家族和部落的部族认同而扩展到其他地区，形成形形色色的部族认同。哈萨克族各玉兹内部具有较强的凝聚力，但各玉兹彼此之间却存在不少摩擦与矛盾。这种争权夺利的斗争从哈萨克斯坦刚一获得独立就爆发了，在哈萨克斯坦政府职位分配中表现得尤为明显，大玉兹瓜分23个政府职位，中玉兹瓜分13个职位，小玉兹瓜分6个职位。而哈萨克斯坦的总统、下院主席、国防部长、外交部长、国安会主席等职位均出自大玉兹，中玉兹的代表很少，小玉兹则处于政治边缘，大玉兹部族势力在哈政治权力中超越了部族和地区势力。譬如，总统纳扎尔巴耶夫来自大玉兹，第一副总统艾里克阿桑巴耶夫来自中玉兹，第一任总理来自小玉兹。

在乌兹别克斯坦，从16世纪初到19世纪的三个世纪历史中，在中亚的费尔干纳等地区，乌兹别克游牧人融合当地原有居民，形成一个新的以定居农业为主的中亚主体民族——乌孜别克族，并先后建立希瓦、布哈拉、浩罕三个汗国。由于长期的定居生活，使得乌兹别克斯坦的部族形成相对自给自足的绿洲文化群体。这种绿洲文化的相对保守性与封闭性，为乌兹别克斯坦的以文化、宗教为依托的地方精英势力的崛起奠定了基础。在乌兹别克斯坦，各地区的地方政治精英间矛盾重重。例如，乌兹别克斯坦南部费尔干纳地区的政治精英，凭借其经济上的优势和文化上的优越感，一直是该国较有影响力的地方势力。加之该地区保持着一整套完整的伊斯兰封建关系，伊斯兰教的影响渗透到社会的各个方面，极易受到伊斯兰极端主义势力的影响，因而表现出对中央世俗政权的不满情绪，并经常使用暴力恐怖手段来威胁中央政府。另外,各地方政治精英势力还为争夺国家政权内部的部门利益,相互间尔虞我诈、明争暗斗。在安集延事件中,执行权力机关表现出来的指挥无序、行动迟缓等现象,就是各政治精英势力之间权力争斗的真实反映。

在塔吉克斯坦,塔吉克族是中亚的一个有悠久历史的古老民族。9—10 世纪,塔吉克诸部建立了萨曼王朝,完成塔吉克族的形成过程。塔吉克族分为平原塔吉克和高山塔吉克。平原塔吉克人主要分布在该国西部的费尔干纳盆地,从事农业,生活相对稳定。高山塔吉克人主要分布在该国东部的帕米尔高原和山区,以牧业为主,生活相对贫困。长期以来,双方以各地区为中心的部族认同较为强烈,而"这些冲突性的认同并不必然与某一特定的族群或宗教集团有关,而内在地与基于所处部族或地区的'亲缘性'所带来的情感和网络密切联系"①。塔吉克斯坦国家权力的地域分布不均和地区经济的发展失衡,又形成以区域划分为标识的形形色色的认同,并产生强烈分裂性的地方主义。受其影响,这些地方主义势力经常围绕国家权力斗争竞相角逐,逐渐形成以苦盏为中心的北部地区和以库利亚布为中心的南部地区的社会分裂,从而导致塔吉克斯坦内战。塔内战结束后,拉赫莫诺夫上台,确立南方人在国家权力中的领导地位。但这一权力变化未赢得北方人的认同,反而引起他们的怨恨与不甘,并千方百计运用各种手段向拉赫莫诺夫发难,争夺国家权力,形成以地域为标志的当权的库利亚布部族与帕米尔部族的对决,以及从事犯罪活动的部族和政党——官僚部族等。由此一来,塔国内政局就显得更加错综复杂。

在土库曼斯坦,土库曼人起源于被称为古思人的突厥语部族。历史上它曾吸收和同化了许多其他民族,包括部分非突厥人的成分,形成土库曼民族。土库曼斯坦的主要部落有艾尔萨利部落、萨利部落、约穆德部落、乔多尔部落、戈克兰部落、萨鲁尔部落、帖克部落等②,几

---

① Suchandana Chatterjee, Society and Politics in Tajikistan in the Aftermath of the Civilwar, New Delh: I Hope India Publications & Puris Business Center Ltd., 2002, p45.

② 参见王沛:《中亚四国概况》,新疆人民出版社 1993 年版,第 306 页。

乎每个部落在政治上都有其代言人。在土库曼斯坦的众部族中，帖克部族势力最大，拥有着支持总统的大量选民群体和各种政治、经济优势，从而成为维护总统权威和政权稳定的重要保障。从尼亚佐夫任总统到哈梅多夫任总统期间，其所属的帖克部落的代表占据了国家政权的3/4多数领导职位，包括政府各部部长、检察院和法院内的多个重要岗位[①]，帖克部族势力通过国家权力体系得以加强，不可避免造成帖克部族与其他部族间矛盾的公开化。彼得罗夫和斯米尔尼亚金在《关于议员选举区域的分析》一文中指出："土库曼斯坦的同源民族间存在着政治倾向方面的差异"，在土库曼民族内部，"帖克人不服从约穆德族的书记；约穆德人也不服从贴金族的书记"[②]。双方潜藏着日益激化的部族对抗情绪。

概言之，中亚国家的部族关系的裂变，都是中亚不妥协的部族主义情结蔓延的恶果，其存在极大破坏了各国的形象和政府威信，造成非主体民族的对抗情绪，把国家拖入危险边缘。同时也有悖于民主的精神，并严重威胁着各国民主化制度变迁的顺利进行。"因为没有妥协就没有民主，而有关各方如不愿妥协，即无达成妥协的可能。"[③]倘若中亚各国以部族利益为核心、缺乏相互妥协的政治气质、为权力而争的格局得不到根本扭转，中亚国家很难出现代表社会各阶层、集团利益的全国性政党，长此以往，必将给中亚可控民主化长期稳定发展埋下隐患。

二 民族结构存在主体民族与非主体民族的矛盾

（一）中亚主体民族与非主体民族的矛盾在政治上表现为大民族主义倾向

由于民族主义势力在世界各地日益高涨，中亚国家的大民族主

---

① 参见包毅："简析中亚国家政治转型中的部族政治文化因素"，载《俄罗斯中亚东欧研究》2009年第5期。

② ［俄］罗塔里："中亚是否能爆炸？"，转引《东欧中亚问题译丛》1993年第1期。

③ ［美］卡尔·科恩：《论民主》，聂崇信等译，商务印书馆1988年版，第183页。

义情绪抬头。他们以“国家的主人”自居，对非主体民族采取歧视态度，盲目排外情绪强烈，一时间造成中亚各民族间关系紧张，暴力冲突时有发生。据前苏联《苏共中央通报》透露，在哈萨克斯坦、乌兹别克斯坦、塔吉克斯坦等地，都曾发生过俄罗斯人和操俄语的其他民族居民遭受歧视、威胁、侮辱、驱赶和殴打事件。随着中亚时局发展，这种盲目排外情绪在中亚国家有进一步蔓延之势。据不完全统计，在哈萨克斯坦，其国家权力的分享和分配出现一边倒，绝大多数重要的职位都由哈萨克人担任，以至教育领域出现在 51 所国立高等学校的领导中只有 5 人是非哈萨克人的现象。而在议会、政府、以及其他行政组织，其第一把手基本上都是哈萨克人，俄罗斯人只是哈政治舞台上的配角。[①] 俄罗斯族受到排挤，沦为“二等公民”，“俄罗斯人现在已不是首领，而是看门狗”[②]。同时，具有大民族主义色彩的政党和社团组织也活跃起来。统计资料显示，在哈萨克斯坦的 1140 个社团中，势力较强大、影响较严重的民族主义政党有“民族独立”党、“十二月”党、“自由”民族运动等，其参加者大都是哈萨克族人。他们坚持强硬的民族主义立场，反对俄罗斯人参政，并不顾当局的禁令，公开进行不利于民族和睦的活动。他们要求将哈萨克斯坦经济的战略部门民族化，让哈萨克语成为国语，以加强哈萨克语的地位，制定使哈萨克斯坦“非殖民地化”的专门规划，这里所说的殖民地化不仅指来自西方的，而且指“俄罗斯帝国推行的殖民政策”。甚至要求更改国名，不叫哈萨克斯坦共和国，改称哈萨克共和国。[③] 乌兹别克斯坦的“统一”运动也是一个极端民族主义组织。

中亚国家大民族主义情绪的泛滥，不仅违背了各民族和睦相处的民族关系的基本准则，而且大大刺伤了各民族的自尊心和责任感，必然引起中亚民族间反目和社会动荡。对此，一位生活和工作在乌

---

① 参见张宏莉：《当代哈萨克斯坦民族关系研究》，世界知识出版社 2007 年版，第 247 页。

② ［美］罗伯特·康奎斯特：《最后的帝国——民族问题与苏联的前途》，刘靖北等译，华东师范大学出版社 1993 年版，第 344 页。

③ ［俄］罗伊·麦德维杰夫：《无可替代的总统纳扎尔巴耶夫：哈萨克斯坦腾飞的组织者和欧亚方案的倡导人》，王敏俭等译，社会科学文献出版社 2009 年版，第 161 页。

兹别克斯坦的俄罗斯作家这样写道:“中亚没有人驱赶俄罗斯人,没有人砸他们的窗户玻璃。新共和国的生活从俄罗斯人面前擦身而过,没有人关注,也没有人冒犯他们。他们的脑海里仍留有那个时代的印记,他们是那个大国当之无愧的大国民。曾经的辉煌,转瞬即逝,使他们无暇检视自己身上正在遭受的苦难,感到自己是一个生活在自我节奏里的流民,苟活在自己那微不足道的私欲和荣耀中。他们只能在最近短短的时间内就在从前积木般的钢筋混凝土建筑的基础上又重新建起的钢筋丛林和眼花缭乱的玻璃中寻找自己的家园。在他们开创事业或做事情时,可以明显地感觉到他们的压抑、沮丧、时而的迷茫、油然的不自信和张皇失措。”①

(二)中亚主体民族与非主体民族的矛盾在经济上表现为狭隘的民族利己主义

中亚独立后,其经济运行机制遇到相当大困难。在日趋恶化的经济形势面前,各国都缺乏宏观和长远的经济利益构架,表现出短视和狭隘的民族利己主义倾向。他们往往过多考虑本民族自身经济利益,在商品分配、住房、就业等方面偏袒主体民族,人为制造裂隙,引起非主体民族、特别是俄罗斯人的不满,大批俄罗斯人外流。据不完全统计,中亚国家俄罗斯人迁出达 100 万人。这些非主体民族的大量迁离,给停滞不前的中亚经济雪上加霜,许多工矿企业和农庄因俄罗斯人等民族的严重流失,处于瘫痪或半瘫痪状态。

另外,中亚国家民族利己主义在对土地问题的态度上也显得过于盲动和操之过急,触动了中亚民族间尘封多年的土地纠纷的隐患,造成对立双方不断发生流血冲突。据报道,吉尔吉斯斯坦和乌兹别克斯坦边界的奥什地区,由于一小块土地纠纷,导致流血冲突。吉尔吉斯斯坦和乌兹别克斯坦矛盾愈演愈烈,对中亚多党制发展极为有害。因为“族姓在形成政治联合时起到了首要作用”②,所以,中亚国

---

① [俄]罗伊·麦德维杰夫:《无可替代的总统纳扎尔巴耶夫:哈萨克斯坦腾飞的组织者和欧亚方案的倡导人》,王敏俭等译,社会科学文献出版社 2009 年版,第 142—143 页。

② [俄]瓦列里·季什科夫:《苏联及其解体后的族性、民族主义及冲突》,姜德顺等译,中央民族大学出版社 2009 年版,第 527 页。

家民族间暴力冲突会干扰中亚多党制的政治环境，甚至会中断议会选举的进程。当然，中亚各国族际矛盾的加深，也会强化民众对政党的民族标签认识，造成双方的政党都不可能得到对方民众的支持。其结果，中亚各国可控民主不仅没能整合各民族的利益，反而会加速以族际为界线的社会分化。

（三）中亚主体民族与非主体民族的矛盾在文化上表现为各国主体民族的文化民族主义倾向

苏联解体后，为强化各国主体文化意识，各国先后制定《语言法》等法律措施，宣布“在今后几年内所有公文处理将逐步过渡到用本民族语言，大中小学教育也将只用本民族语言”①。其目的在于加强各国主体民族民族文化的主导性，使其朝着更有利于加强各国国情的方向发展。然而，由于中亚独特的地理环境，加之沙俄和苏联的长期统治，俄罗斯文化已深深植根于中亚各主体民族的文化载体里，并与中亚文化融为一体，表现出相融性和互补性的特征。眼下，在中亚虽有一些抵制俄罗斯文化的情绪，但俄罗斯文化作为一种大众化的传媒体，被各民族广泛接受。为顺应历史发展潮流，哈萨克斯坦等国家在大力发展本土文化的过程中，开始重视俄罗斯文化在其文化载体中的作用。高扬本土文化，借鉴俄罗斯文化，逐渐把中亚各国从以俄罗斯文化为主体向以各国主体民族文化为主体、兼容其他外来文化的方面转变，已率先做出姿态，以法律形式将俄语定为本国的“第二国语”，以缓和本国民族关系的紧张局面。所以，中亚本土文化中的俄罗斯因素，在相当长的一个时期内，仍将对中亚各民族产生影响。② 如何处理好各国主体民族文化与俄罗斯文化的关系，事关中亚可控民主成败的大局。

三　宗教结构存在宗教极端主义的威胁

中亚五国是以伊斯兰教为主的多宗教国家，5000 万人口中有 3500 万人信仰伊斯兰教。十月革命后，苏维埃国家废除了任何民族

---

① 参见《国际资料信息》1996 年第 3 期，第 24 页。

② 参见朱新光：“独联体中亚五国民族关系多元化格局刍议”，载《新疆大学学报》1997 年第 1 期。

和宗教的一切特权，实行教会与国家分离、宗教信仰自由的政策，加强对各民族人民进行无神论宣传和教育。但过去长期形成的宗教传统观念是根深蒂固的，许多民族居民仍然信奉不同的宗教，进行宗教活动，特别是中亚穆斯林居民还把宗教信仰与民族传统观念紧密联系在一起，来维护民族的风俗传统和利益。1985 年戈尔巴乔夫上台后，以改革和新思维为旗号，提出“与这个国家五千万穆斯林实现和解”的口号，引发中亚地区的伊斯兰教回潮。1986 年 8 月 3 日，塔共第一书记马卡莫夫在杜尚别举行的塔吉克加盟共和国思想工作会议上说，由于无神论宣传教育一直没有认真进行，“一些地方，尤其是在乡村，无疑遵循着伊斯兰教规，因此，各种教派领导人的活动更为活跃。我们共和国人民笃信宗教的程度明显增加。大量事实表明，穆斯林教职人员的反社会行为在增长，接受伊斯兰经学教育的儿童人数在增长，印刷和传播危险思想的印刷品也增多了，还放映很多从国外带进来的宗教录像片”。“我们尤其担忧的是，我们一部分青年人被宗教所吸引，乡村到处都有小伙子封斋，做祷告，参加其他宗教仪式。”①《苏维埃塔吉克斯坦报》1986 年 6 月 11 日也刊文说：“宗教信仰在群众中非常普遍，许多人严守宗教教规、封斋和做祷告，而对自己的本职工作却马马虎虎，不负责任。党组织对此视而不见，以致一些党员随心所欲，顽固地坚持宗教信仰，遵守教规和礼仪。哈萨克斯坦还有一些党员当了毛拉，但他们并没有为此受到处罚。”②随着改革和公开化、民主化的深入，中亚宗教活动更加明显。1989 年后，中亚伊斯兰教已能够公开合法地参与自由化进程，中亚绝大多数地方党组织到 1989 年年底都已转变对伊斯兰教的态度。在乌兹别克斯坦，共和国党组织完全支持宗教自由化及信仰者的合法权利，并与宗教界合作，信仰者在参与共和国公共政治与文化生活方面拥有完全平等的机会。一些被关闭和改作他用的古老清真寺和圣地重新开放，一些宗教教育机构获得重新开放。③ 在哈萨克斯坦，一些政府官

---

① 参见张振国：《中亚伊斯兰教的历史与现状》（研究报告），北京大学亚非研究所 1996 年版，第 69—70 页。

② 同上书，第 70 页。

③ 同上书，第 75 页。

员和学者将恢复宗教文化作为自己民族复兴的重要标志，积极推动宗教团体活动的恢复，默许宗教管理部门和民间宗教团体筹集资金，修复清真寺等设施，助长了伊斯兰教的复兴。独立后，中亚国家开放对宗教的限制，大批清真寺开始修复和新建。据统计，1990 年年底，中亚各地的清真寺已由两年前的 160 座增加至 5000 座，仅塔吉克斯坦的清真寺就已由两年前的 17 座增至 2870 座。1991—1999 年，吉尔吉斯斯坦清真寺已由 39 座发展到 1200 座。哈萨克斯坦 2004 年也有 1500 座开展宗教活动的清真寺，而据伊斯兰神职会统计，哈萨克斯坦清真寺和诵经场所总数超过了 5000 所。①

与此同时，中亚信教人数也与日俱增，随之而来的是形形色色的伊斯兰教派的涌现。中亚五国独立前，一些具有浓厚伊斯兰色彩的政治组织如乌兹别克斯坦人民阵线、伊斯兰民主党、哈萨克斯坦的“阿拉什”党、塔吉克斯坦的“拉斯托赫兹”等均表现出强烈的参政意识和强有力的参政能力，并开始鼓吹伊斯兰政治和文化自治，甚至提出建立伊斯兰共和国的口号。据当地媒体报道，中亚“多年来一直为共产党附庸的穆斯林权力集团，目前也重新亮出自己的政治面孔，虽然这一权力集团还没有抛弃共产党的领导。而一些极端分子正在利用戈尔巴乔夫的思想，企图最终建立一个独立的伊斯兰共和国”②。中亚国家独立后，伊斯兰复兴浪潮更加高涨。2003 年初，吉尔吉斯斯坦登记注册的宗教团体有 270 个。2011 年，哈萨克斯坦的宗教组织也已超过 4500 个。③ 伊斯兰教派四处活动，掀起了一股伊斯兰教的狂潮。哈萨克斯坦的许多清真寺还经常为愿意接受初级宗教教育的人开设培训班，学校毕业后男生可以做伊玛目，女生可以做教师或宗教工作人员。高等宗教教育主要在阿拉木图的“努尔·穆巴拉克”埃及伊斯兰文化大学。哈萨克斯坦伊斯兰教宗教管理局还经常派信

---

① [俄]罗伊·麦德维杰夫：《无可替代的总统纳扎尔巴耶夫：哈萨克斯坦腾飞的组织者和欧亚方案的倡导人》，王敏俭等译，社会科学文献出版社 2009 年版，第 185 页。

② 参见张振国：《中亚伊斯兰教的历史与现状》（研究报告），北京大学亚非研究所 1996 年版，第 76 页。

③ http://www.xjjjb.com/html/news/78788.html.

徒到东方国家的伊斯兰教学院学习。[①] 由于“伊斯兰教不仅是一种宗教信仰，还是一种综合性的意识形态。伊斯兰教不仅谋求人们要遵守一定的精神道德教规，对人们在家庭内部的举止以及他们对真主的态度进行全面监督，而且要对人们的整个社会政治、经济生活和个人生活进行监督”[②]。所以，一些宗教极端主义势力趁机打起伊斯兰教的旗号，公开煽动民族分裂，使混乱的中亚民族关系又增添几分危机色彩。

受这种狂潮的影响，伊斯兰教原教旨主义在中亚兴起。对于伊斯兰教原教旨主义，美国学者亨廷顿理解为，“伊斯兰教原教旨主义通常被视为政治的伊斯兰教，其范围更加广泛的伊斯兰教观念、实践和辞藻的复兴，以及穆斯林对伊斯兰教再作贡献的一个组成部分。它是主流而不是极端的，是普遍的而不是孤立的”。[③] 德国学者米勒也断言：“原教旨主义给人们指出了一个看似明确的前进方向，它促进了个人和集体的认同感，因为它大量追溯共同的历史和人们还一直坚守的传统价值观念，而所有这些都和人们的日常生活息息相关。因此，它在动员民众方面就可以发挥特殊的作用，并且很容易争取到合法地位。”[④]伊斯兰教原教旨主义的政治使命是主张各国建立一个纯粹的、单一的、政教合一政体，反对西方的民主政治。从内容上看，该主张既不利于各国当前的改革进程，又违背民族关系发展的客观规律，企图把各民族拉回到中世纪时代。苏联解体后，中亚各国政治动荡，经济不景气又使人们在失望、悲观之时更容易依附宗教。因此，“伊斯兰教作为一种宗教，作为一种世界观，作为一种特殊的生活方式，不仅在信徒们的灵魂中，而且在生活实践中也仍然保持着几乎

---

① 参见张宏莉：《当代哈萨克斯坦民族关系研究》，世界知识出版社 2007 年版，第 225 页。

② ［俄］罗伊·麦德维杰夫：《无可替代的总统纳扎尔巴耶夫：哈萨克斯坦腾飞的组织者和欧亚方案的倡导人》，王敏俭等译，社会科学文献出版社 2009 年版，第 182 页。

③ ［美］塞缪尔·亨廷顿：《文明的冲突与世界秩序的重建》，周琪等译，新华出版社 2002 年版，第 111 页。

④ ［德］哈拉尔德·米勒：《文明的共存》，郦红等译，新华出版社 2002 年版，第 182—183 页。

是原封不动的状态"①。处在这种迷茫状态下的人们，为填补内心空虚和保持心里平衡，开始转向从伊斯兰教原教旨主义中寻求安慰和寄托，为原教旨主义提供滋生的温床。美国学者本杰明·巴伯指出："没有什么地方比在伊斯兰世界里，民主与吉哈德之间的紧张关系更加明显。尽管很明显伊斯兰教是一个复杂的宗教且绝不是吉哈德的代名词，它相对地敌视民主且这种敌视反过来培育了一种偏爱本位主义、反现代主义、排外以及对他者的敌视。"②在中亚国家，塔吉克斯坦受其影响最深。由于塔族与伊朗人同属伊朗语民族，伊朗的原教旨主义首先在该国兴起。塔吉克斯坦政府起初对原教旨主义危害性认识不足，采取放任自流的态度，并在其宪法中明文规定，公民有权建立宗教性质的政党，平等地参与国家的政治生活，大大助长原教旨主义势力的膨胀。他们组建伊斯兰复兴党，积极重构原教旨主义意识形态，初步形成以伊斯兰信仰、自由市场制度、西方民主政治制度为基础的政治伊斯兰价值观，频频向政府发难，使塔国政局几度濒临危机。

中亚原教旨主义活动的日益猖獗，其影响已波及中亚各国。1999年7月，乌兹别克斯坦伊斯兰运动由塔吉克斯坦潜入吉尔吉斯斯坦奥什州的巴特肯地区，袭击哨所、绑架人质。③ 2000年8月，该组织又袭扰吉尔吉斯斯坦南部地区，造成该地区人员财产的巨大破坏。伊斯兰解放党也自20世纪90年代以来，在吉尔吉斯斯坦的贾拉拉巴德州、奥什州等地大肆发展信徒、修建宗教场所。据统计，伊斯兰解放党在奥什州修建清真寺677座、经文学校4所，在贾拉拉巴德州修建清真寺123座、经文学校1所。④ 还通过因特网、图书、报

---

① ［波兰］杜比茨基：《土库曼斯坦的不忠分子》，纽约出版社1954年版，第16—17页。

② Benjamin R. Barber, Jihad Vs. McWorld: Terrorism's Challenge to Memocracy, New York: Ballantine Books, 2001, p. 205.

③ НурбекАмуралиев, АйнураЭлебае Ра: "Баткенские Сщбытия Р Қыргызстане", //"ЦентральнаяАзияи Қавказ", Швеция, 02, 2000.

④ УранБотобеков: "Внедрениеидейпартии", ХизбАт-ТахрирАл-Ислами "наюге Ки Р гизии"//"Исламнапостсоветскомпространст Ре: Рзгладизнутри", Московскийцентр Қарнеги, Москва, 2001, С. 106.

刊、组织“宗教学术研讨会”等手段传播“政治伊斯兰主义”思想①，并参与推翻阿卡耶夫政权的“郁金香革命”②，成为吉尔吉斯斯坦具有相当影响力的宗教极端主义政党。

中亚各国为维护其统治，采取了种种宗教政策，实行世俗化、政教分离的治国方针，容许有宗教信仰自由，并拒绝宗教极端主义。哈萨克斯坦总统纳扎尔巴耶夫指出：“鉴于我们国家目前的混乱状态，伊斯兰原教旨主义正在试图向中亚地区渗透，我们不会听任这一趋势发展下去，因为它可能破坏这一地区的稳定。”③土库曼斯坦总统尼亚佐夫明确指出：“我不认为土库曼斯坦将成为一个伊斯兰国家。虽然大部分人信奉伊斯兰教，但政府的方针既清楚又明确，即建立一个非宗教性的国家。土库曼斯坦是个多民族国家，每个人都可以自由地信仰某种宗教，但任何一种宗教都不应享有特殊待遇。在这方面不必夸大土库曼斯坦伊斯兰化的可能性。”④

尽管如此，中亚伊斯兰教原教旨主义仍具有广泛的影响。其理由，美国学者亨廷顿认为，是现代化的产物，也是把握现代化的努力。其原因在于“那些造成非西方社会的本土化趋势的一般因素：城市化，社会动员，识字率和教育水平的提高，通讯和媒体应用的加强，与西方和其他文化的相互作用的扩大。这些发展破坏了传统的乡村和氏族纽带，造成了异化和认同危机。伊斯兰教的象征、信奉和信仰满足了这些心理需要，伊斯兰福利组织满足了穆斯林在现代化进程中的社会、文化和经济需要。穆斯林感到需要回复到伊斯兰教的观点、习俗和体制，为现代化提供指导方向和动力”⑤。中国学者张振国也有同感，他指出，伊斯兰教原教旨主义是中亚民众对信仰渴求的结果，而非强烈要求按教规教法对社会政治经济体制进行全面变革的

---

① Э. Курманов: деятельность “Хизб- Ут-Тахрир”, Р Кыргыстане// “ЦентральнаяАзияи Кавказ”, Швеция, No. 3(21), 2002, С. 139.

② 参见张宁：“吉尔吉斯斯坦‘颜色革命’中的选举因素”，载《俄罗斯中亚东欧研究》2005 年第 5 期。

③ 转引《中亚研究》1993 年合刊，第 74 页。

④ 参见《土库曼火花报》1992 年 2 月 24 日。

⑤ [美]塞缪尔·亨廷顿：《文明的冲突与世界秩序的重建》，周琪等译，新华出版社 2002 年版，第 118 页。

结果。更多时候，伊斯兰是被看作一种手段而非一种结果。伊斯兰教作为一种古老的意识形态，尽管它同某些政治、社会理想至今仍具有一定的合理性与吸引力，但从政治角度看，它能否与当今整个社会政治发展潮流相一致并加以推动，为许多人所怀疑，它所构建的伊斯兰政治秩序也并未被中亚大多数人民所接受。因此，他们乐观地估计，中亚民众广泛投向伊斯兰，只是一种暂时现象，一种暂时的精神文化寄托而非一种政治取向。① 美国学者卡利扎德则强调："中亚被伊斯兰原教旨主义者接管是一种可能，但普遍认为对苏联解体后出现这种危险后果的可能被过分夸大了。"②

当然，更多学者和政界人士持悲观立场，他们认为，中亚这种现象若持续蔓延的话，会刺激越来越多的宗教极端组织跟风发展，蛊惑更多穆斯林接受并支持他们建立政教合一的"哈里发"国家主张，最终葬送中亚可控民主化。德国学者贝赫鲁兹·万德直言不讳地指出，像伊斯兰解放党这些团体在做出结束贫困的允诺，以致伊斯兰原教旨主义团体将来有可能在吉尔吉斯斯坦等国接管政权。如果民众的生存状况仍然得不到改善的话，伊斯兰原教旨主义团体，如伊斯兰解放党，不仅会主宰吉尔吉斯斯坦，而且主宰整个中亚地区将只是个时间问题。③ 俄罗斯前总统梅德韦杰夫也警告说，如果中亚可控民主制下的一些持有极端政见的人上台的话，将使各国面临崩溃瓦解的危险。④ 可见，中亚宗教极端主义势力的蔓延，对中亚可控民主化的危害是巨大的。

第四节　地区安全多孔化引发大国的介入

冷战后，国际情势风云变幻，地区安全呈现出以色列化、巴尔干

---

① 参见张振国：《中亚伊斯兰教的历史与现状》(研究报告)，北京大学亚非研究所 1996 年版，第 83—84 页。

② ［美］扎米尔·卡利扎德等：《21 世纪的政治冲突》，张淑文译，江苏人民出版社 2000 年版，第 176 页。

③ http://www.cetin.net.cn/cetin2/servlet/cetin/action/HtmlDocumentAction? baseid=1&docno=423458.

④ 参见谢奕秋："吉尔吉斯斯坦为什么放弃总统制?"，载《南风窗》2010 年第 24 期。

化、塔利班化、新门罗主义化等多孔化格局。近年来，随着中亚可控民主化的逐步展开，中亚与美俄在可控民主化的裂隙扩大，加速美俄等大国势力对中亚的介入，左右中亚可控民主化的走势。

一　地区安全多孔化

苏联解体后，美国主导的多极格局取代美苏的两极格局，国际格局本应向有利于美国的方向转变。然而，此时的美国今非昔比，实力式微的残酷现实，已无力承担全球安全的大任。况且，对美国"正在出现的、更直接的威胁并不是社会破坏，而是那些小型的、破坏性的攻击，它们中的一部分有可能来自'理智的'制衡理论引导的'符合逻辑的'成本效益分析中被忽视的国家或者组织"①。这就迫使美国改弦易辙，全面收缩其全球战略，把有限的力量集中到其安全利益至关重要的地区。美国这一看似单纯的国家战略调整举动，孰料却触发冷战后国际格局的大震荡，地区安全情势也变得更加错综复杂，"呈现出特有的、由地区所决定的区域间行动集结体"②。它表现为以地区安全为支轴的以色列化、以地缘政治为核心的巴尔干化、以恐怖主义为后盾的塔利班化、以新兴经济体为龙头的新门罗主义化等一系列的多孔化安全格局。按照美国卡赞斯坦的说法，这些多孔化安全结构形态，"其发展动力完全不同于过去那种封闭地区所具有的动力，它完全是一种垂直关系，将地区核心国家与美国、地区与次地区、美国与各个地区联系起来，以便从政治上加强地区的多孔化"③。可以说，正是以色列化、巴尔干化、塔利班化、新门罗主义化等地区安全形态的并存，为后冷战时期的国际格局增添诸多变数。

（一）以色列化

以色列化是地区安全结构中的一种原发形态，它通常称具有较

---

①　[美]扎尔米·卡利扎德等：《21世纪的政治冲突》，张淑文译，江苏人民出版社2000年版，第15页。

②　[德]恩斯特—奥托·岑皮尔：《变革中的世界政治》，晏扬译，华东师范大学出版社2000年版，引言。

③　[美]彼得·卡赞斯坦：《地区构成的世界——美国帝权中的亚洲和欧洲》，秦亚青等译，北京大学出版社2007年版，第1页。

强的军事潜能、具备驱动或左右地区安全情势能力的国家行为体，为达到自身安全目标，不顾国际社会的压力，利用包括核威慑在内的一切非常军事手段，最大限度地征服或威胁周邻国家的安全，实现其在地区安全事务中的绝对话语权地位。最典型的当属中东的以色列和东北亚的朝鲜。这种用军事威慑作为代价的安全形态后果，一则会给地区安全局势带来不确定性，容易造成地区内的核心国家为所欲为、利益攸关国家强者恒强，而其他国家则处于"被安全"的尴尬境地。二来也会引起大国间的相互猜疑和缺乏信任，加剧地区紧张局势，对国际格局造成严重危害性。

以中东的以色列为例，坦率地说，中东的阿拉伯国家整体实力从一开始就远超以色列。第一次中东战争后，以色列以其非凡的勇气和坚韧不拔的毅力，战胜强大对手，才牢牢把地区安全的制控权掌控在自己手中，占据地区安全事务的主导地位。美国的格瑞伯戈指出，以色列从建国的那一天起就在地区安全事务中发挥着关键作用，以令人震惊的胜利显示出它已经变成地区的超级强权。① 冷战后，为缓解中东地区的紧张局势，以色列曾试图通过调整外交政策，改变其在该地区的强势形象，化干戈为玉帛，与地区相关国家签署《奥斯陆协议》。后因拉宾遇刺和《奥斯陆协议》中若干核心议题共识的缺失，中东和平进程中途夭折。从中东局势的走势看，由于该地区"充斥着由过多的人口、失败的前政府、失调的经济、不断恶化的水资源短缺问题、不同国家之内和之间的意识形态冲突以及种族问题引发的大量矛盾和冲突"②，短期内尚不可能形成一致抗衡以色列的阵营，以色列主宰中东安全局势的单边格局恐怕难以得到根本改观。

如果以色列化安全形态在中东表现为以色列的军事超级强权的话，那么这种安全结构在东北亚则体现在朝鲜的核威慑能力上。朝鲜作为东北亚的成员国，冷战期间因是抗衡西方阵营的前锋国家而备受瞩目。苏联解体后，朝鲜的战略地位一落千丈，逐渐淡出国际社会的视野。为扭转危局，朝鲜领导人一反常态，甘愿冒天下之大不

---

① Gershom Gorenberg: Israel, Foreign Policy, May-Jun, 2008, P. 28.

② [美]扎尔米·卡利扎德等:《21世纪的政治冲突》，张淑文译，江苏人民出版社2000年版，第11页。

踱，拿国家命运为赌注，大打核武器牌，利用研发核弹等非常手段，通过频繁进行地下核试验和发射洲际导弹，提升朝鲜的核威慑能力，跻身有核国家行列，来改变其在地区安全事务中的弱势或被边缘化的困局。朝核问题的出笼，打破东北亚安全格局中的美中日三分天下局面，朝鲜一跃为地区安全的主导力量和重要驱动因素，并戏剧性地导演朝核六方会谈机制的生成。朝核六方会谈主要以朝鲜"去核化"为核心议题展开，经过多轮谈判，取得一些成果。该机制的形成，在一定程度上确立朝鲜在东北亚安全事务中的优势地位。

（二）巴尔干化

巴尔干化是地区安全结构中的一种普适形态，它广泛分布在巴尔干半岛、东南亚、中亚等地区，美国的布热津斯基曾把从苏伊士运河到中亚的弧形地带也纳入巴尔干化地区，称为"全球巴尔干"，有泛化巴尔干化的意味。所谓巴尔干化，通俗讲指处在地缘政治敏感区域的国家行为体，因其民族和宗教矛盾不断升级，出现包括领土争端在内的各种冲突，致使地区安全环境恶化，国际格局面临挑战。巴尔干化发端于巴尔干半岛，这里民族众多、宗教派别云集，素有"欧洲火药桶"之称。起初，巴尔干冲突只是波黑境内的三个主要民族围绕波黑前途和领土划分等问题展开的，后经外部势力的推波助澜，逐渐演变成大规模的波黑战争，酿成整个巴尔干半岛的战争悲剧。于是，学界就把这种由民族和宗教矛盾所引发领土争端的波黑战争，连同在东南亚、中亚等地发生的类似争端一起统称为巴尔干化。

巴尔干化是冷战后地区战乱迭起、热点丛生的缩影，其安全形态具有明显的动态性和与国际格局呈负相关性特征。在属性上，巴尔干化具有动态性。即它不是一个固化的、一成不变的安全形态，而是一个动态化的安全形态，不管在发达国家或发展中国家，只要是国家间因民族和宗教矛盾所产生的任何地区冲突，都可视为巴尔干化。在关联性上，巴尔干化与国际格局呈负相关性。在一个时期内，当巴尔干化的地区国家数量减少时，国际格局就越趋于稳定；一旦巴尔干化的地区国家数量增加，国际格局就会剧烈波动。

造成巴尔干化现象的原因在于：一方面，巴尔干化地区在地缘政治上多处于欧亚大陆的边缘地带，扼世界交通咽喉，其周边多被欧盟、中国、俄罗斯、印度等欧亚大陆的主要力量所包围，战略地位重要，历来被世界大国所觊觎。美国的斯拜克曼早就断言：谁控制了边缘地带，谁就能控制欧亚大陆；谁支配着欧亚大陆，谁就能决定世界的命运。[①] 另一方面，由于巴尔干化地区的社会经济发展不平衡，原始的民族主义势力强大，加之区域内缺乏具有支配地位的大国存在，所以，这些地区长期处于四分五裂的状态，"充满了受日益增加的反对外部支配的政治仇恨驱动的激烈的种族和宗教暴力，当外部支配是由来自宗教和文化上不同社会的军事力量所强加时尤其如此"[②]。尽管对任何一个从地区经济活力中获益的国家来说，武装冲突与构成自身利益的每个因素都显得背道而驰，但武力仍成为这些地区国家解决领土争端最平常的组成部分，地区冲突在所难免，地区的安全稳定也就成为一种奢望。

（三）塔利班化

塔利班化是地区安全结构中的一种次生形态，一般表示在阿富汗境外，实行与塔利班当权时期类似的政治统治，原教旨主义式的宗教，借助武装割据和极端宗教势力的国际合作，一味地复古、排外和反西方、反现代化，获得不少人的同情、支持、甚至积极参与。[③] 塔利班化集中分布在后塔利班时代的阿富汗、巴基斯坦的西北部落地区、孟加拉、马来西亚、索马里、乌兹别克斯坦、塔吉克斯坦等地区。冷战后，伴随着国际恐怖主义、极端主义、民族分裂主义三种恶势力的喧嚣尘上，国际非传统安全情势不断恶化，塔利班化逐渐成为三种恶势力的代名词。

作为地区安全的重要载体，塔利班化的特点表现为：从结构形态上看，塔利班化势力一般由若干地方割据政权组成。这些地方政权经常与中央政权抗衡，其中以部族对抗居多。例如，阿富汗西南部的杜兰尼人地区的塔利班势力强大，与卡尔扎伊领导的北方

---

① N. J. Spykman: The Geography of the Peace, Harcourt Brace & Co. NY, 1944, P. 43.

② [美]兹比格纽·布热津斯基：《第二次机遇——三位总统与超级大国美国的危机》，陈东晓等译，上海人民出版社 2008 年版，第 121 页。

③ 参见王联："论巴基斯坦部落地区的塔利班化"，载《国际政治研究》2009 年第 2 期。

联盟中央政府形成对抗局面；巴基斯坦西北部的联邦管辖部落地区的政治地位至今仍形同独立，甚至巴国中央和地方政府都对该地区事务无掌控的权力；索马里则一直处于部族纷争、军阀混战的状态，国家政权形同虚设；乌兹别克斯坦的“乌伊运”和塔吉克斯坦的伊斯兰复兴党等势力也十分猖獗，与其中央政权形成掎角之势。从政治纲领上看，宗教极端主义和民族分裂主义的思想成为塔利班化势力的精神支柱。塔利班化势力崇尚伊斯兰原教旨主义，主张在当代社会生活中，以伊斯兰教法为衡量一切、判断是非的标准，用伊斯兰教的本来精神作为改良、复兴宗教与社会的动力，重建以伊斯兰教法为基础，以古代哈里发国家为楷模的理想伊斯兰国家、伊斯兰社会和伊斯兰秩序。从组织策略上看，塔利班化势力惯用武装抗争和恐怖暴力手段。他们普遍采用恐怖暴力手段，制造地区冲突，阿富汗、索马里、塔吉克斯坦等国家的持续内战，巴基斯坦西北部落地区的恐怖爆炸事件，乌兹别克斯坦境内的安集延事件、“乌伊运”的恐怖活动等不胜枚举。它们自称为一种文化核心，强烈推行原教旨主义政策，通过整合相关国家内部的各类激进和极端主义组织，不断吸引越来越多的极端分子加入进来，“不断授权在世界各地设立分支机构”①，不仅严重威胁这些国家的和平稳定，而且还对那些不愿追随它的邻国构成威胁，孕育新的地区政治变数，“对国家核心、主权以及武力垄断的挑战，比任何其他一种威胁更能唤醒国家权力抵御的原始自然力”②。巴基斯坦的勒拉警告说：“巴基斯坦西部领土上不断推进的塔利班，有可能会威胁到巴基斯坦国家的领土完整。”③如果塔利班化不受限制地任其蔓延，将给国际格局带来安全隐患。

---

① Noam Chomsky Interviewed by Gabriel Mathew Schivone, “United States of Insecurity” , Monthly Review, http://www.chomsky.info/interviews/20080519.htm, May,19/2008.

② ［德］哈拉尔德·米勒：《文明的共存》，郦红等译，新华出版社 2002 年版，第 263 页。

③ Simone Nella, “Pakistan's Tribal Areas: Achilles Heel or Strategic Outpost?”, http:// www. Argoriente. It/-modules/ download/ download/ Pakistan/ Pakistan-ots-tribalareas-eng pdf.

(四) 新门罗主义化

新门罗主义化是地区安全结构中的一种派生形态，它借用 19 世纪初期美国门罗主义的概念，意指冷战后的新兴经济体大国，为捍卫其领土主权，增强在地区安全事务中的主导地位，反对外部势力干涉地区事务，通过制订国家新安全观战略，加强国防建设，组建地区安全合作互信机制，介入本地区的领土争端，插手热点问题的解决，发挥地区大国的作用，稳定地区局势。新门罗主义化主要分布在新兴经济体内的“金砖国家”，如俄罗斯、中国、印度等。作为地区安全的派生形态，新门罗主义化不是美国门罗主义的翻版，而是冷战后新兴大国崛起的必然结果，因而其形态明显带有整体性、扩张性、排他性的时代烙印。

在外交战略上，新门罗主义化国家注重地区的整体利益。进入新世纪以来，世界重心正在从大西洋移向太平洋，中国、印度等世界关键国家不断崛起，国际格局发生根本性转变。在这场变革当中，新兴大国一改原先只专注其国内事务的防守型外交战略，相继推出一系列大外交战略新构想。新构想摒弃国家本位主义的惯性思维，从地区本位主义出发，本着地区的整体利益与国家利益兼顾原则，着力打造地区性大国形象。俄罗斯的联邦安全构想指出，俄罗斯今后一个时期安全战略的重点是实现独联体一体化，发展与世界其他大国的平等伙伴关系，全面参与集体领导全球政治进程的所有组织和机制。中国的新安全观构想也主张，积极加强“互信、互利、平等、协作”为核心的新安全观，超越意识形态和冷战思维，营造长期稳定、安全可靠的周边地区环境，实现地区的共同安全。印度的外交战略构想则在继承“印度中心主义”思想的基础上，突出自身的南亚和印度洋地区天然盟主地位，强调在该范围内，印度负有特殊的责任和义务来维护地区秩序。

在对外政策上，新门罗主义化国家主张激进的扩张策略，彰显地区性大国风采。俄罗斯在对外政策上通过独联体一体化建设、俄白联盟、出兵格鲁吉亚等措施，确立在独联体盟主地位；运用“经济依附、派遣间谍、利用苏联时期遗留下的接触和关系，以及通过军事部署和演习进行军事威吓”①等手段，对东欧和中欧国家施加影响；加

① [美]扎尔米·卡利扎德等:《21 世纪的政治冲突》，张淑文译，江苏人民出版社 2000 年版，第 154 页。

强中俄战略伙伴关系，巩固了其在东方的“战略后方”。中国则通过加强国防建设，增强海军实力，在钓鱼岛、南海诸岛等领土主权问题上采取强硬立场，向太平洋地区标识中国大国身份的存在；通过上合组织、中国与东盟 10＋1 框架下的合作机制、朝核六方会谈机制的运作，确立对中亚、东南亚、东北亚等地区事务的绝对话语权；通过鼓励和支持中小国家倡导地区和次地区的机制性合作，推动东亚峰会机制向亚洲机制转化，将中国的国家利益上升为亚太地区的整体利益。印度在外交政策上通过西攻巴基斯坦、东进东盟、北防中国、南下印度洋的战略，确立印度的战略利益边界，大胆宣誓其在南亚和印度洋地区的垄断地位。

在外交关系上，新门罗主义化国家对周边大国具有先天的排他倾向。在欧亚大陆，俄罗斯视欧洲和美国为其主要威胁，在外交关系上，俄罗斯一直对欧洲和美国采取不信任态度，针对欧美的有关国际和地区事务的重大决议，经常提出反对意见或施以反制行动，排他意愿强烈。在印度洋地区，印度视印度洋为自己的“内湖”，把美国、日本、中国作为其潜在竞争对手，在对外关系上，印度秉持把外部军事力量从印度洋排挤出去的海洋安全战略，并针对这些国家制定相关政策，以便在地缘政治中发挥日益重要的作用。在亚太地区，中国面临的最大地缘政治挑战，来自美国的战略东移和日本的国内政治右倾化。在对外关系上，中国以国家利益为基准，准确定位中国的地区身份，反对外来干涉，不接受美国介入亚洲事务①，灵活处理各种敏感话题，维护地区稳定。

二　美俄加大对中亚可控民主化的操控力度

（一）美国强化对中亚可控民主化的影响

美国为在地区安全多孔化中抢占先机，强化对中亚可控民主化的干预，在中亚国家广泛建立各种非政府组织。美国在中亚做这项工作先从农村开始，然后扩展到城市和整个地区。这些组织一方面从事帮助老年人和穷人的慈善活动，另一方面招收青年人，并向他们

---

① ［美］约翰·米尔斯海默：《大国政治的悲剧》，王义桅等译，上海人民出版社 2003 年版，第 543 页。

讲授西方国家语言，这些组织都将主要注意力集中在青少年身上。在目前的哈萨克斯坦，当父母支付不起幼儿园学费或者不知道如何安置孩子时，他们经常会把孩子送到天主教堂、犹太教堂、基督教堂，使这些孩子从小就受到西方意识形态的影响。

现在中亚的地区性非政府组织已在该地区内各国设有办事处，与当地非政府组织建立了密切联系，不断向有关项目、部门和人员提供经济援助，资助相关人员到国外培训学习，并从事各种反政府、反总统的活动。例如，美国的自由之家组织，在吉尔吉斯斯坦议会大选期间，特地成立了一个“人权保护支持项目”，并派驻大量的国际观测员，来实施对大选的影响。在吉尔吉斯斯坦爆发“颜色革命”中，它还替美国政府资助 7 万美元给吉尔吉斯斯坦反对派报纸《MSN》，用以搞垮吉尔吉斯斯坦总统的名声。此外，该组织还设立各种访问学者课程，用来吸引那些正在从事民主改革或按美国的民主模式发展国家的学者及对这些国家有研究的人员和来自媒体与非政府组织人员。美国的和平队组织在乌兹别克斯坦、吉尔吉斯斯坦两国都有其分支和志愿者，他们与当地美国使馆保持密切联系，并按该组织在冲突地区的“紧急预案”做出反应。“9・11”事件后，他们已在乌兹别克斯坦拥有 700 名志愿者从事各种活动，为美国中央情报局等收集情报。青年人权团组织在吉尔吉斯斯坦等发展迅速，该组织提倡青少年有上学和社会认可的权利，并对教师开设培训班，举办研讨会，出版青少年人权刊物，开设人权电台、法律咨询与援助中心和信息站，广泛监督各国的人权现状并促使各国对其人权保护不利的现象进行改革等。

2003 年 2 月，美国总统布什提出“大中东民主化”战略后，美国专门从事“民主”、“人权”和“政权更迭”工作的各种非政府组织又将工作重点放在中亚等地区。在吉尔吉斯斯坦，美政府在“郁金香革命”前就通过各种方式为吉尔吉斯斯坦“民主活动”提供大量资金，仅 2004 年向吉尔吉斯斯坦提供约 1200 万美元的资金。[①]“郁金香革命”期间，公开支持库洛夫为首的反对派，并邀请反对派代表到美国参加培训。另外，美国还通过绍罗什基金会帮助吉尔吉斯斯坦的民

① http://www.globalview.cn/ReadNews.asp? NewsID=3688.

主化改造。据吉尔吉斯斯坦媒体报道，2004年美国绍罗什基金会向吉尔吉斯斯坦提供了总额为189.8万美元的援助。2004年4月，美国绍罗什基金会主席绍罗什在访问吉尔吉斯斯坦时，吉尔吉斯斯坦总统阿卡耶夫曾与他共同商讨加强吉尔吉斯斯坦国内民主、促进绍罗什基金会在吉尔吉斯斯坦项目实施等问题。2005年绍罗什基金会又将重点放在制定和推广公共政策上，通过举办学术会议，资助吉尔吉斯斯坦官员、学者和学生短期赴美留学等方式，向他们灌输西方的民主价值观。这些人在参与吉尔吉斯斯坦国家立法，制定经济、社会生活的纲领性文件，甚至编制语言教材时都不同程度地体现了西方价值观。在乌兹别克斯坦，美国绍罗什基金会也每年向乌兹别克斯坦提供100万美元的资金，在乌兹别克斯坦组建非政府组织，支持乌兹别克斯坦的反对派，从事各种反政府活动。

2005年2月，美国国会众议院秘书处宣布，众议院开始审议、表决一项旨在支持哈、吉、乌、塔、土五国民主进程的法案，以提升中亚民主问题的重要性，其目的在于"力争建立一种国际秩序，使更多的国家和民族融入一个与我们和我们的合作伙伴的利益和价值观相符的世界——这些价值观包括：人的尊严、法治、尊重个人自由、开放而自由的经济、宗教宽容"①。同年3月，美国国会审议通过了《2005年推进民主法案》，明确表示美国的责任是促使那些"表面上允许反对党、公民团体和新闻自由的存在，但事实上却对其进行种种限制的""部分民主国家"向"完全民主国家"转变。② 该法案规定，每年将拨款近2亿美元，推动中亚民主进程，规定每年至少拨款1.88亿美元，采取一系列措施，推动中亚五国民主进程。法案规定了许多苛刻条件，如果中亚国家不遵守美国提出的要求，将以冻结美国援助的形式，包括五角大楼的军事援助在内，实施经济制裁。法案还规定，对中亚国家的民主资助拨款由美国总统批准，主要措施是在中亚五国创建非政府组织推行美式民主，维护人权，发展稳固的公民组织，包

---

① 参见吴大辉："美俄中三国在中亚利益诉求的比较分析"，载《欧亚社会发展研究》(论文集)2003年版，第74页。

② 参见赵常庆：《"颜色革命"在中亚》，社会科学文献出版社2011年版，第162页。

括民主政党，在独立印刷业支持下创办主要在中亚国家活动的独立媒体，发展对中亚国家的独立电台和广播，监督选举进程，反腐，培训执法机关工作人员，协助制定新法律等。法案规定2006年及以后年份补充拨款至少1500万美元，加大“美国之音”和“自由广播电台”用中亚五国语言对中亚广播的力度。法案规定美国总统每年一次总结中亚国家政府遵守美国提出的民主援助要求的情况，主要是在遵守民主化进程、保障新闻、宗教和言论自由、以人道方式对待囚犯、制止腐败等方面义务的情况，视情况批准对中亚五国的财政、经济和军事援助。如果在法案通过后的第一年内，白宫未能向国会证实某中亚国家在上述方向上的进步，援助规模将缩减33%。如果第二年还没有进展，未得到总统认可，援助规模将缩减66%，第三年则将全部停止。

此外，美国还拨出4400万美元专款，用于执行一系列“民主与保护人权”计划。具体措施之一就是向哈、塔、吉等国的独立媒体提供支持。其中拟投入100万美元在塔吉克斯坦成立5个独立广播电台并对记者进行培训；投入50万美元在哈建立一个起协调中心作用的信息机构。2006年，美通过世界银行向吉尔吉斯斯坦拨款2000万美元，帮助吉尔吉斯斯坦改革国家管理体制。2008年，美又通过“千年挑战计划”向吉尔吉斯斯坦提供1590万美元援助，支持吉尔吉斯斯坦司法改革，进一步强化对吉尔吉斯斯坦可控民主的影响。①2009年，美国又向吉、塔、哈、土、乌五国分别提供2750万美元、2860万美元、1900万美元、950万美元、800万美元的民主基金②，主要用于中亚可控民主的建设。2010年10月吉尔吉斯斯坦进行多党制议会选举，美国对选举结果充分肯定，称赞此次吉尔吉斯斯坦议会选举是吉尔吉斯斯坦民主发展的重要转折，完全符合美国的利益。③

（二）俄罗斯关注中亚可控民主化的走势

俄罗斯通过各种手段左右中亚可控民主化的进程。在吉尔吉斯

---

① 参见邢广程：《俄罗斯东欧中亚国家发展报告（2009）》，社会科学文献出版社2009年版，第368页。

② 资料来源：中国驻吉尔吉斯斯坦大使馆经商参处。

③ http://big5.xjass.com/zy/content/2010-10/21/content_170442.htm.

斯坦2010年的吉尔吉斯斯坦议会选举中，积极扶持亲俄政党，据报道，吉尔吉斯斯坦议会选举前，在每架从比什凯克飞往莫斯科的航班上，都会遇到前往俄罗斯寻求各种支持的吉尔吉斯斯坦各政党代表。在吉尔吉斯斯坦参选的29个政党中，至少有5个政党宣称，他们竞选的资金来自俄罗斯，这些政治资助额平均在1000—1500万美元之间。[①] 俄尤其对库洛夫领导的“尊严”党的支持特别卖力，在吉尔吉斯斯坦临近议会选举前的最后两周里，库洛夫的形象就一直出现在俄罗斯各主要媒体上。[②]

针对美国对吉尔吉斯斯坦议会选举结果的积极表态，俄持不同立场，俄罗斯前总统梅德韦杰夫公开表示，俄不支持吉尔吉斯斯坦实行多党自由竞争的议会制民主。他说：“由于吉尔吉斯斯坦政府的力量目前不足以整顿秩序，政权的合法性很低，支持这个政权会造成很多问题。我无法想象，议会制共和国如何能在吉尔吉斯斯坦有效运作。”[③]这表明，俄对吉尔吉斯斯坦可控民主的发展心存疑虑，不希望吉尔吉斯斯坦可控民主走得太远，使得吉尔吉斯斯坦可控民主的推进又多了一道无形压力。

---

① http://qnck.cyol.com/content/2010-10/08/content_3855182.htm.

② http://www.xjjjb.com/html/news/64498.html.

③ http://rusnews.cn/eguoxinwen/eluosi_duiwai/20100628/42820926.html.

第七章　转型国家的民主经验对中亚的借鉴

第一节　东南亚威权主义政体

一　威权主义论

威权主义即威权政治，其来源于权威，美国学者萨托利指出："权威是一种权力形式，一种影响力的形式，来自人们自发的授权，它从自愿服从、为民认可中获得力量，权威是建立在威望和尊敬之上的权力。"[①]对于威权主义，萨托利认为，是一种几乎没有给自由留下余地的政治制度[②]。西班牙学者胡安·林茨等人则认为，威权主义是"一种不负责任的有限多元主义政治体系，它没有一套精致的、导向性的意识形态，但具有一套独特的民族心理；除了偶尔情况下，它没有深入而又广泛的政治动员；统治者和统治集团行使形式上拥有不受约束但实际上有限制的权力"[③]。林茨指出：在动员方面，威权主义除了政治制度发展的某些时刻外，其他时候不存在广泛深入的动员；在多元主义方面，威权主义政治制度具有有限的、非责任的政治多元化，通常是非常广泛的经济和社会多元化，在威权主义政体中，大多数的多元化在政体建立之前就根植于社会中，同时会给予半反对派

---

① [美]乔万尼·萨托利：《民主新论》，冯克利等译，上海人民出版社 2009 年版，第 208 页。

② 同上书，第 212 页。

③ 转引自陈尧：《新权威主义政权的民主转型》，上海人民出版社 2006 年版，第 24 页。

一定的空间；在意识形态上，威权主义没有详尽的指导下意识形态，但有独特的精神；在领导权方面，威权主义由领袖或小团体来行使权力，这种权力受到正式的、不甚明确的，但事实上却可预测的、规范的限制。①

美国学者亨廷顿也认为，威权主义是“几乎没有政治争论和竞争，但政府对社会中其他群众经济的控制是有限的”②。也就是说，威权主义是在民主的外壳下，以威权的手段取得政权、治理国家的一种形式。这种形式不同于民主政体，也有别于独裁政体。换言之，它既有某些民主的成分，又有对集权的强制。国家除特定政治领域不和其他社会力量分享权力外，给社会留出一定的空间，使之呈现出有限多元和有限参与的特点。中国学者罗荣渠从国家现代化的角度将威权主义界定为：“那些曾经遭受过西方侵略的国家，因面临严峻的外部世界的挑战，在强烈的民族主义意识与时代紧迫感的鼓动下，把现代化作为国家重建的全民任务，这样就需要国家利用政治杠杆来改组行政机构。在第二次世界大战后现代化第三次浪潮中涌现出的一批经济发展卓有成效的集权国家就属于这种类型。由于执政当局把推行高速经济增长作为国家发展的首要目标，故称它为‘发展型国家’。”③卢正涛也认为，威权主义是“在已经取得政治独立的国家出现形式上保留的选举、议会、政党等民主制度，但实际上限制公民自由，权力高度集中，而议会、选举等包含的民主功能无法充分发挥出来的政治形态”④。

总之，威权主义作为一种政体，是东南亚国家在其社会经济基础尚不强大时所采取的政治过渡形态，即通过强制性的政治整合维持秩序和稳定，达到发展经济、促进社会进步的目的。威权主义是代表

① 参见[西班牙]胡安·林茨等：《民主转型与巩固的问题：南欧、南美和后共产主义欧洲》，孙龙等译，浙江人民出版社 2008 年版，第 46 页—47 页的表 3.1 现代政体的主要理想类型及其判断依据。

② 参见“亨廷顿谈权威主义”，载《世界经济导报》1989 年 2 月 27 日。

③ 参见罗荣渠：《现代化新论：世界与中国的现代化进程》，商务印书馆 2004 年版，第 201 页。

④ 参见卢正涛：《新加坡威权政治研究》，南京大学出版社 2007 年版，第 17 页。

新兴工业化势力的利益,担负国家现代化的使命,保持形式上的民主体制,依托执政党来发挥作用。

威权主义的实质是把国家主义作为治国逻辑的一种政体类型。美国学者胡安·林茨认为:“威权主义是一种稳定的政体类型,它有着自己内在的逻辑,能够长期地凝结为一个不断加固、一体化的、相对稳定的制度。”①林茨进一步强调,威权主义并非介于全能主义和民主体制中间的政体类型,也不是全能主义向民主过渡的过渡性政体形式,威权主义不必然向另一种政体类型转变。当欧洲诞生民族国家后,这种类型的国家呈现出许多优势,即高效的国家能力、层级严密的组织和动员力、国家机器对公民与社会的整合潜力、以及在意识形态和行为规范上的极强可塑性,民族国家成为处理近现代国家内政与外交诸种问题最有效的组织形式;国家作为暴力的合法拥有者,掌握控制社会的一切强制力量,成为精英主义治国工具中最有力的一种;工业革命启动了资本主义生产方式在世界的扩张,传统的封建人身依附关系被打破,人成为自主但原子化的自然人,个人的原子化为民族国家直接控制个人提供了条件;伴随现代产业结构而形成的官僚政治体系层级森严、分工明确、协作有序,成为民族国家控制社会,汲取资源的有效工具等,从而加强了民族国家作为资产阶级统治工具的效力。

20 世纪 30 年代的资本主义经济危机后,国家主义在凯恩斯理论的影响下奉行国家对经济的干预主义政策,将国家权力与自由市场结合起来,推动现代化的发展。而后发国家经济基础薄弱,资本主义生产方式造成国家内部各阶级对立严重、社会问题突出,社会自治组织能力低下、缺少自我管理的经验等,为此,威权主义国家需要将国家权力与市场经济结合起来,借助国家主义推动本国的现代化发展。同时,国家主义与威权主义的结合,强化彼此效力,加强对社会的控制。20 世纪 50 年代后,随着东南亚地区民族解放运动的兴起,地区各国相继独立。独立后的东南亚各国,在选择自己发展模式过程中,把西方民主价值观与东南亚地区的传统体制、政治文化、阶级

---

① [美]胡安·林茨、阿尔弗雷德·斯泰潘:《民主转型与巩固的问题:南欧、南美和后共产主义欧洲》,孙龙等译,浙江人民出版社 2008 年版,第 41 页。

构成等元素相结合，形成具有东南亚特质的威权主义政体。该政体不仅重塑东南亚各国政治生态和利益阶层，而且也适应东南亚转型国家对国家发展主义的共同追求。

二　东南亚威权主义政体的条件

（一）政治条件

二战后，东南亚国家纷纷独立。建国初期，由于受到世界反法西斯战争胜利的影响，民主制度战胜极权主义，成为世界的主旋律，极大振奋东南亚各国民众的政治参与热情。为彻底摆脱殖民统治，实现当家做主，各国在制定本国的大政方针过程中，全盘吸纳西方的民主理念，把代议制民主作为各自国家的基本国策。例如，菲律宾为三权分立的代议制，泰国为君主立宪制，印尼为总理内阁制，新加坡为议会制，缅甸和马来西亚为议会民主的两院制等。一时间，民主政治成为东南亚国家最时髦的政治术语。

当然，民主形式需要民主内容作为支撑，这样民主质量才能得以巩固和体现，否则仅有程序民主而无实质民主，必然会导致政局的混乱和无序。东南亚国家民主制初期都曾出现类似问题，就是当民主制在各国实际运行时，议会制民主往往会与东南亚国家的现实、历史传统、政治文化，以及政治精英们普遍追求效率以迅速振兴国家的愿望发生激烈的冲突，许多国家在制度建设上都很薄弱，缺乏组织良好的、多元的利益集团和能发挥作用的政党与有效的政府机构，因而产生背道而驰的结局。印尼自1950年实行总理内阁制以来的十年间，内阁频繁更迭，多达八次，造成国内政局动荡，时任印尼总统苏加诺也不得不承认西方民主制与印尼社会现实水土不服。在缅甸，身为总理的吴努在当选后的四年中从未以总理身份在议会发表过讲话，而作为执政党的自由同盟，由于内部派系众多，成员构成复杂，致使各派系之间明争暗斗、互相拆台，严重影响政府的日常运行。在马来西亚，甚至出现对华人和印度族等少数族裔不信任和排斥现象，使得本应成为各种声音和利益诉求集散地的议会变成马来西亚执政党巫统一党独控的舞台。在新加坡，议会也成为人民行动党制定限制反对派发展法案的政治工具和摆设。在菲律宾，总统马科斯利用金钱、威吓等手段大肆收买议员，利用家族恩赐等手段获得利益集团的支持,并逐渐抛弃议会制度转为他本人的独裁统治。

东南亚国家议会制民主的乱局,不仅没有给各国带来政通人和,反而激发各国的军人、外国势力和本国强人对政治进行干预的冲动。20 世纪 60—70 年代,伴随着一系列军事政变与政治改革的发生,东南亚国家普遍放弃议会制民主,纷纷建立军人执政、强人独裁、一党专政等威权主义政体。正如马来西亚马哈蒂尔所言,“在发展中国家,如果政府没有权威,不实行运用权威的手段,结果将会是灾难性的”,“无政府的民主并不比任何一种无政府状态强”①。要实现国家现代化,就必须依靠强有力的掌权者来总揽大局。

（二）经济社会条件

作为西方列强的殖民地,东南亚地区经历长达数百年的殖民统治,殖民经济畸形发展,仅仅充当着向宗主国提供生产原料并消化宗主国的工业制成品的角色,导致该地区经济结构单一,经济基础脆弱。独立初期,东南亚国家经济仍以农业为主,工业基础薄弱。各国农村人口占总人口 60%以上,少数国家接近 90%。经济水平低下使得各国社会结构呈现出“金字塔”型,除极少数资本家和政治精英等上层阶层外,底层民众人数规模庞大,不具备西方代议制民主的民众基础。

与此同时,东南亚地区长期的殖民统治,各国教育水平落后,学校数量有限,识字率普遍很低,文盲和半文盲人数占据大多数的人口,他们极易受到各国少数政客煽动,难以成为社会变革的主力军。其结果,东南亚国家的精英阶层凭借其雄厚的经济实力,一跃变为国家政治生活的实际操控者,左右国家的政策和政府行为,成为威权主义政体的最大受益者。在各国现代化建设中,该政体能够为经济发展营造良好的宏观政治环境,积极制定经济发展战略,建构市场经济体系,促进资源合理配置,比民主政权更快更好地实现既定目标,完成国家现代化的任务。

（三）文化条件

东南亚是一个深受传统儒家文化影响的地区。新加坡的李光耀

① 参见《马来西亚总理马哈蒂尔讲演集》,世界知识出版社 1999 年版,第 83 页。

指出，文化是人生最深刻、最有决定性的方面。不同人群的文化价值观有很大差异，在东方主要的目标是要有一个秩序良好的社会，以便使每个人能最大限度地享受自由。他强调，一个国家在进行发展时所需要的是纪律多于民主。在历史上，集体主义、服从上级、家国一体的思想观念在各国的政治文化中根深蒂固，儒教思想教导人们长幼有尊、长幼有别、注重集体观念和协同协作，佛教影响的国家则提倡宽容、忍耐和顺从等。这些价值观念在东南亚造就独特的政治文化。为此，新加坡还自1980年以来，发动一场规模空前的弘扬新儒学的儒化运动，在一定程度上保持儒家文化的社会和政治地位。在这场运动中，李光耀等人企图用儒家文化来平衡西方文化和工业化所引发的不稳定状况，强调法律规范，构建新的道德价值体系，倡导用儒家政治伦理来抑制多元化，使"每一个社会都把有着自身特色的规范和价值传给它们的成员，人们反过来又有着既定的一套观念，希望政治系统是如何运作的，什么是政府对他们做的和为他们做的，以及他们自己针对政治系统的要求和义务"①。该运动对新加坡和其他东南亚国家的政治文化的形成产生深远影响。

不可否认，这种政治文化与代议制民主的施行存在着理念差异。西方代议制民主是建立在崇尚自由、崇尚个性的个人主义文化之上的，而东南亚地区形成的却是集体主义精神，"遍及东南亚政治的一个基本问题，是民主理想和当政者所偏爱的文化现实的紧张关系的问题"②。当一套外来的政治体制在一块没有适合这种体制生存下去的地区强行建立时，水土不服与文化差异无疑成为体制存在的巨大障碍。而原有历史文化与现实政治需要的相互融合的威权主义，自然也就成为各国的首选。

（四）国际条件

东南亚国家的威权主义政体与冷战期间美国的支持或默许有着密切的关系。在新加坡，新加坡人民行动党在1963年，以新加坡社

---

① ［美］迈克尔·罗斯金：《政治科学》，林震等译，华夏出版社2001年版，第130—131页。

② ［美］卢西恩·派伊：《东南亚政治制度》，刘笑盈等译，广西人民出版社1993年版，第137页。

会主义阵线卷入叛乱为由，逮捕社会主义阵线中央执委会的一半成员，对社会主义阵线造成极大打击，从此，新加坡国内再无任何力量可以抗衡人民行动党，“首次确立了人民行动党一党独大的地位，也在很大程度上决定了李光耀今后的政治命运”①。在印尼，为打击苏加诺为首的左派力量，美国不仅对印尼国内的反苏（苏加诺）势力进行援助，并且在苏哈托建立起威权统治后对其进行大力支持。例如，美国福特政府时期把印尼作为重要援助对象，卡特政府把苏哈托政权排除在“人权外交”的黑名单之外等。在菲律宾，美国同样采取支持独裁的马科斯政权的政策。简言之，作为冷战前沿和美苏两大阵营争夺的重要地区，东南亚国家面临冷战和热战的双重压力，对共产主义的恐惧和来自美国的支持是东南亚国家建立威权主义政治的国际因素。

三 东南亚威权主义政体的适应性

（一）政党形态的非竞争性

在威权主义政体的影响下，东南亚国家的多党制结构形同虚设，执政党一党独大的格局非常普遍。在各国的政党政治中，执政党作为威权主义政治的代表，在国家政治生活里发挥主导作用。它不仅起着培养社会精英、输送政治候选人的基本功能，还肩负夺取政权、治理国家的重要使命。可以说，各国的执政党是威权主义统治下“铁腕人物”的御用工具，也是东南亚国家威权主义权力谱系中的重要组成部分。例如，新加坡李光耀领导的人民行动党，自独立后就一直掌控着国家政权，形成较为典型的一党优位制的多党制形态。马来西亚的巫统则是一个拥有十几个党派的多党联盟，尽管联盟内派系众多，但经过长期的磨合，逐渐取得共识，成为马来西亚的执政党。而在印尼，苏哈托通过政变上台后，依靠军人集团，建立以军人为核心的“专业集团”组织，并依靠该组织充当军人干政和威权模式运行的执政工具。在缅甸，以国家和平与发展委员会为核心的军政府，依托军队与行政资源，打压昂山素季的民主党，独霸缅甸的国家政权。这

① 参见尤洪波：“国际环境对东南亚威权政治的影响”，载《南洋研究》2006 年第 2 期。

种现象在东南亚地区十分普遍，各国的执政党不仅通过掌控政权，维护自身利益，而且也试图把执政党打造成全民型政党和全能型政党。在一些东南亚国家，甚至出现党即国家的怪象，党国一体化把承认党的执政地位与国家发展方向相提并论，严重阻碍国家的正常发展。

在东南亚国家一党独大的政党格局中，各国反对党的生存空间极为有限。作为反对党角色，常常被执政党通过合法的手段或非法的活动进行打压。反对党一般无法在国内事务中发挥影响，更谈不上监督执政党的作用。由于威权主义国家中的执政党掌握巨大的行政资源和立法、司法资源，他们可以动用各种政治资源对反对党进行弹压。反对党的发展陷入一个越想发展越被压制，越被压制越没有实力发展的恶性循环当中。反对党如果要发展，就意味着被打压，甚至有亡党的危险。若不发展则意味着反对党失去存在的价值和意义，这种非竞争体制下的多党制格局不利于各国政党的健康发展。

（二）精英统治常态化

精英统治决定东南亚威权主义的发展方向。在东南亚，精英阶层由强权人物和技术官僚组成。强权人物是统治阶层，占据领导层的顶端，决定国家大政方针。技术官僚是国家的管理层，他们一般通过自己的学识和才干进入政府，管理国家事务。

从东南亚国家的政治构架来看，国家权力向行政集中，行政权力向强人集中，强人政治形态非常显著。① 作为开国领袖或国家经济起飞领航者，强人政治在国家现代化建设上能够起到领导、决策和推动作用；在整合国内利益诉求、恢复国内稳定与秩序上能够动用铁腕手段，迅速稳定局势；在经济发展上能够循序整合资源，减少议会讨论的拖沓，并在短时期内推动经济结构的调整；在国内权力分配上能够利用手中的资源进行政党分肥，亲信与拥护者能够得到强人对其效忠的回报；在发挥政治效能上能够利用自身魅力将呈现分散、分裂化状态的社会各阶层力量整合一体，使之释放超过自己规模的能量；在政治诉求上能够直接将自己的政治诉求诉诸于公众，动员公众获得所谓大众授权。总之，东南亚国家的强人政治，在某种意义上可以

---

① 参见许开轶："东亚威权主义体制下的政治权力谱系"，载《理论导刊》2009 年第 10 期。

说是威权主义政体的一个缩影。它在继承该地区权力集中历史传统的同时，又积极适应现代国家构建中对秩序与稳定的需要，有力推动了东南亚威权主义体制的有序发展。

从东南亚各国的国家治理来看，国家的经济发展方针、运行计划、社会管理与行政决策是由一批技术型官僚制定并实施的。这些技术官僚拥有良好的教育背景，大都在西方国家受过高等教育，熟悉某一门专业知识或掌握某一门专业技术；他们在政府中成为骨干，被政治强人所重用，拥有成为统治阶层的机会和渠道；他们通过为威权主义政权服务获得回报，有望成为统治阶层的一员。同时，强人政权也努力招贤纳士，塑造威权主义体制的合法性。在新加坡，李光耀执政期间就非常看重技术型人才对治国理政的重要性，广泛吸纳各种技术性人才进入政府部门，充当国家经济运行的主力军。[①] 东南亚国家的技术官僚与强人政治的结合，构成威权主义体制下国家利益的共享者。强人政治为技术官僚提供在体制内施展自己抱负的机会，技术官僚则通过其才识为威权政权服务，共同维护威权主义体制的正常运行。

（三）军人高度介入政治生活

在东南亚威权主义国家中，除新加坡和马来西亚外，印尼、菲律宾、泰国和缅甸等国都发生过军事政变或军人干政现象。军队已成为各国的国家政治生活、国内秩序稳定、国民经济发展、社会阶层整合等重要力量。在印尼，苏哈托通过镇压军事政变之机铲除异己，建立国家“新秩序”，并在意识形态上把印尼军队界定为具有“双重职能”的社会——政治团体，拥有介入国家大政方针的制定权。[②] 在菲律宾，马科斯让军队直接参与社会经济管理，委任军人接管企业，把军人派驻公司董事会来监督经济运行，安排大量现役及退役军官担任地方政府首长、政府部长等，直接对政府部门进行渗透。在缅甸，自 1962 年奈温将军发动政变推翻吴努文人政府至今，缅甸都实行军

① 参见任一雄：《东亚模式中的威权政治》，北京大学出版社 2002 年版，第 164 页。

② 参见许开轶：“东亚威权主义体制下的政治权力谱系”，载《理论导刊》2009 年第 10 期。

政府统治。军队不仅在国家政治生活中，更在经济生活中占有绝对地位。在泰国，频繁的政治动荡带来常态性的军事政变，军队通过施加自己的压力，迫使政府更换成员甚至直接更换政府。

(四) 注重建构本土化的意识形态

意识形态是社会的指导原则，任何一种社会形态都会拥有自己的指导社会发展意识形态体系。在东南亚，各国非常注重意识形态的构建，形成以新加坡为代表的“亚洲价值观”，以印尼为代表的“潘查希拉民主”、以菲律宾为代表的“民主革命论”三种威权主义价值观。

“亚洲价值观”是新马两国在经济起飞后，面对西方的批评而做出的反制措施，通过“亚洲价值观”重构两国的国家和社会整体价值观理念，实现威权主义体制的合法性。在“亚洲价值观”中，新加坡强调国家权威的首要性，提出“国家至上，社会为先；家庭为根，社会为本；关怀扶助，尊重个人；求同存异，协商共识；种族和谐，宗教宽容”的共同价值观，在保持社会一致性和保持个性的某种自由度之间找到一条中间道路，主张只有有秩序的社会，才能带来安定和有效率的社会生活，具有很大的包容性和灵活性，获得各族际广泛支持，产生积极的社会效应。所以，“亚洲价值观”的形成，是新加坡的威权主义体制在意识形态领域的成功尝试，有助于协调政治利益集团之间的关系，有助于保持政治系统的团结与稳定，能够为政治系统采取特定行动提供合理理由并动员社会成员积极参与进来，反映一种经济强大后民族与国家所展现出来的自信。

“潘查希拉民主”是印尼政治强人苏哈托在总结苏加诺的民主思想基础上提出来的执政理念。苏哈托认为，协调、团结和平衡是“潘查希拉民主”的核心，强调协商一致和国内各派的共识，“经过协商，大家达成一致决议后，尽管你还有不同意见，也应该遵守和服从已经做出的决议”[①]。“潘查希拉民主”不仅作为苏哈托领导的专业集团党的指导纲领，同时也是印尼全国各党派、社团所必须奉行的意识形态。它是政治强人为维持其合法夺取权力的一种权宜之计，不具备

① ［印尼］苏哈托：《苏哈托自传——我的思想、言论和行动》，居三元译，世界知识出版社 1991 年版，第 324 页。

任何思想价值。

“民主革命论”是菲律宾政治强人马科斯创造出来独裁统治合法性的论调。马科斯认为，世界史上的革命分成暴力革命与非暴力革命，前者以法国大革命为代表，后者以英国光荣革命为代表。革命不仅在社会发生深刻变革的前提下会发生，在民主社会中也会发生。当权者应谨慎面对社会变革带来的潜在革命挑战。马科斯主张，民主社会的革命应由中央政府来领导，中央政府领导的革命在他看来是公正的、不偏不倚的，是可以在富人集团和穷人集团这两大社会集团中保持中立的。[①] 马科斯的中央革命论是马科斯为掌握政治权力，巩固自身地位抛出的政治说教。在他的“民主革命论”逻辑中，政府的权威必须得到加强，而他本人作为总统，他的权威自然必须至高无上，他拥有革命的领导权。事实证明，马科斯正是通过所谓的“民主革命论”来加强自身权力，镇压反对势力，巩固独裁统治的。

（五）普遍倡导发展主义

东南亚国家在经济发展上，普遍采用出口导向型经济模式，利用各国丰富的人力与资源和区位优势，大力发展劳动密集型和资源密集型工业，取得世人瞩目的巨大成就。在1965—1980年的15年间，新加坡取得了平均增长率10.1%的成就，印尼也高达8%，马来西亚为7.3%，泰国7.2%，发展最慢的菲律宾也有5.9%。[②] 究其原因，一则东南亚各国通过拥有一定自主性的经济社会官僚机构，借助资本集团的资金与威权政治的权力，大力发展符合本国实际的产业政策。二来威权主义体制利用其对社会的操控力，来动员社会的大多数进行经济活动，在经济发展初期通过压低工资等措施获得资本的最大化。这种经济发展政策即符合国内民族主义对国家独立自主的渴望，也符合普通大众对生活条件的改善的诉求。“威权主义有时可以无意间解决运用市场力量的经济发展中出现的政治问题，即如何

① 参见许开轶：“东亚威权主义意识形态的特征解析”，载《暨南学报》2009年第5期。

② 参见世界银行编：《世界发展报告》，中国财经出版社1993年版，第220—221页。

动员绝大多数民众为发展的规划服务。"[①]

当然,各国经济成长为威权主义政治带来天然的合法性。在威权主义体制下,资本集团是威权主义政权的天然合作者,他们需要与权力的结合进行资本的扩张。而中产阶级也是威权主义政体的直接获利者,在一定程度上他们受益于这个体制及其推行的经济政策。此外,广大农民阶级也在各国推行的经济政策中获益。随着经济发展,大量农民离开土地,进入城市成为产业工人,其结果促进了各国城市化发展,提高了农民的生活水平。

四　东南亚威权主义政体的调整

20 世纪 90 年代后,随着民主化浪潮的不断推进,东南亚威权主义国家面临严峻挑战,各国的强人政权先后被推翻,仅有新加坡、马来西亚、缅甸等国尚未发生政权更迭。为此,东南亚国家开始调整威权主义政体模式,以适应新形势的需要。

(一) 扩大反对派的发展空间

面对民主化浪潮,东南亚威权主义国家调整以往政策,对反对派给予适当的活动自由和发展空间,允许他们在宪法和法律的规定范围内活动。在新加坡,由于中产阶级的壮大,越来越多的年轻一代开始关注政治,有较强的政治参与诉求,"年轻一代基本上只关心新加坡的经济增长和繁荣,并且急于挑战政府的观点,他们不仅对国家经济有较高的期望,也要求更多的参与"[②]。因此,新加坡反对派在 1990 年代中期后就获得一定发展空间。反对党在大选中有激烈的竞选,反对党议员在国会中发表不同政见,对政府政策与政府官员进行质询。反对党在 1999 年成立"新加坡开放中心",为公众打造开放透明的政治论坛。媒体可以公开报道反对派意见,对执政党构成直接的压力。在马来西亚,政治强人马哈蒂尔退出政坛后,2004 年 9 月新政府释放巫统前领导人之一的安瓦尔,马来西亚威权主义模式

---

① [美]禹贞恩:《发展型国家》,曹海军译,吉林出版集团有限责任公司 2008 年版,第 62 页。

② 参见孙景峰:"世界民主浪潮下的新加坡威权体制",载《吉林大学学报》2007 年第 4 期。

出现放松迹象。

（二）更加注重选民授权的作用

东南亚国家在民主化浪潮影响下，纷纷调整统治策略，把选举放在非常重要的位子上，强化选举的程序民主。作为民主国家政府合法性的主要来源，各国通过选举获得选民的信任和授权，增强其威权统治的合法性。在新加坡，新加坡政府继续实行集选区制，通过集选区的扩大，以增加人民行动党获得选票的数量。在缅甸，缅甸政府也在 2010 年实行军管 20 年后，首次举行全国性的大选。在泰国，泰国前总理他信尽管被军事政变推翻，但他信一直以自己是选民民选的政府首脑的合法性，对泰国政治保持影响，并依靠国内支持者继续争取自己的政治地位。

（三）完善机制和强化职能

东南亚国家在民主转型和国内增长的政治参与诉求的双重压力下，一改传统的统治方式，逐步完善执政党（集团）职能，加强党（集团）的建设，对执政党（集团）进行自我更新，强化威权体制职能。在新加坡，新加坡人民行动党通过改变总理的提名方式，变现任总理与内阁决定下任总理的模式为由人民行动党的国会议员选出，增加新任领导人的合法性，减少内部决定的因素。在缅甸，缅甸军政府将由自己人组成的"国家治安建设委员会"改名为"缅甸联邦和平与发展委员会"，以淡化军队色彩，博取人民的同情和支持，并在 2010 年的大选中组建联邦巩固与发展党，由原军队第四号人物吴登盛担任党首，以政党而不是军队的身份参加全国大选等。

第二节　拉丁美洲"授权民主"政体

一　"授权民主"论

拉丁美洲国家的"授权民主"是在军人干政的威权主义体制基础上产生的。二战后，拉美民主化的成功推进，独立后的拉美各国纷纷选择了西方的民主政治。在民主化过程中，各国的经济发展遇到极大困难，军人势力趁机掌控国家权力，建立官僚威权主义体制。这种体制在阿根廷学者吉列尔莫·奥唐奈看来有一个共同点，即官僚威权主义国家是一种排除民众部门参与的制度，它建立的基础是占统治地位的部门和阶级对政治经济危机的应对性反应，这种危机是民众主义及其发展主义继任者导致的。[①] 其特点表现为：官僚威权主义国家的主要社会基础是上层资产阶级；就制度而言，官僚威权主义国家的两项任务分别是，借助于禁止民众活动来恢复社会秩序和使经济恢复正常化；在政治上排除以前在国家舞台上活跃的民众阶层，使之服从于严格的控制；与第三个特征相联系，这种排除已经包括对公民权的压制；就官僚威权制国家推动资本积累模式而言，它也是在经济上排除民众阶层的体制，因为这种模式高度有利于大的私有垄断资本和一些国营部门；它还符合并推动生产结构的日益国际化；通过按照预期技术的中立和客观标准处理社会问题，使其"非政治化"；其威权性甚至包括关闭民众接近政府的民主渠道等。[②] 拉美国家在军人干政期间，军政府没有放弃对经济发展的追求，普遍建立起进口替代型经济模式，采取更为严厉的经济紧缩政策，吸引外资发展本国经济。70 年代后期又推行新自由主义经济的"华盛顿共识"式的经济发展战略，各国经济有所起色。

20 世纪 70 年代末，由于新一轮经济危机的到来，拉美国家经济社会问题再度爆发，外债急剧增加，通货膨胀再次升高，广大民众的经济政治变革呼声高涨。与此同时，国际形势也不乐观，美国人权外交为基础的自由民主出笼，西班牙、葡萄牙等国威权统治的终结，极大动摇了拉美国家威权主义体制的根基。拉美国家迫于内外压力，执政的军人政权或军事强人通过和平方式向文人转交领导权，国家体制开始由军人干政的威权主义体制向民主体制转型。1978 年，多米尼加开始进行民主化改革，到 1991 年海地举行民主选举为止，拉美民主化过程持续 13 年，除古巴外几乎所有地区国家都卷入其中，民主制度在拉美地区得到恢复，从而奠定拉美"授权民主"的基础。

所谓"授权民主"是指行政部门首脑自行将权力集中于自己手

---

① Guillermo O'Donnell, "*Reflection on the patterns of change in Bureaucratic-Authoritarianism state*", Latin American Research Review, 13-1, 1978, p. 13.

② 参见冯秀文："世界政治史研究中的威权主义及其历史定位"，载《世界历史》2005 年第 2 期。

中,而广大选民或被动或积极认可。“授权民主”的理论假设是任何人只要赢得总统选举即可视为获得了按照自己意志进行统治的授权,除现有政治势力之间的权力关系和宪法规定的任期以外不受任何限制。因此,我们可以看到拉美这样一幅图景:民主制度盛行,宪政自由退场。[①] 即由选民通过自由公正的民主选举选出来的民选代表(总统),通过行政命令、法规,限制言论、集会的自由,甚至侵犯人权等。

二 拉美“授权民主”政体的前提

(一) 两种民主化转型体制的出现

在拉美的民主转型过程中,出现断裂型和改良型两种民主化类型的体制。断裂型体制是以 1979 年尼加拉瓜和阿根廷的军政府垮台为代表,通过威权体制突然垮台或完全崩溃的形式展开。而改良型体制则是以巴西、智利为代表,通过政治对立的两股势力之间通过讨价还价的谈判形式展开。这两种类型尽管有所不同,但都存在共同隐忧:反民主的势力都可能在民主转型过程中,对刚建立起来的脆弱民主政权构成威胁或影响。

在断裂型体制中,由于民主转型过程过于激烈和突发,民主势力羸弱,尚未做好接管政权的准备,可能由另一个强人或强权势力接管政权,通过继续实行威权统治,来避免突发性的社会和政治动荡。在改良型体制中,威权主义军政府通过自己可以控制的政治自由化步骤与文人政府谈判,协商军人政权退出政治权力中心的各种政治安排。当然,这种退出机制是渐进式的,每一步的完成都伴随军人势力的审慎判断。这期间,军队对文人政权仍具有强大的影响力和操纵力,无疑埋下了军队再次插手政治的隐患。为避免重蹈覆辙,各国文人政权通过一系列法令,强化行政首脑(总统)的权力,期望行政首脑能够以集权巩固民主,为“授权民主”体制的建立奠定基础。

(二) 经济社会发展的现实困境

20 世纪 60—80 年代,拉美的威权主义政体的确给各国的经济

---

① 参见张凡:《当代拉丁美洲政治研究》,当代世界出版社 2009 年版,第 15 页。

社会带来一线曙光，经济发展，社会稳定。但由于经济危机的打击，拉美的进口替代型工业模式到军政府后期已经显出发展的颓势。尽管这种工业结构为产业工人带来相对多的利益，却对于广大城市新移民受惠很少。这些来自农村的新移民无一技之长，只能从事“不受国家管制以赚取收入的活动来谋生”，“这些阶层的人数众多，为部分新崛起的政治家，如秘鲁的藤森推行新自由主义经济政策获得民众基础。当藤森的新自由主义政策取得绩效时，藤森的民众支持率大增，在 1994 年 2 月后，他总是能得到社会最贫困阶层的强有力支持”①。为推行新自由主义政策，避免某些利益集团与政府机构之间紧密的利益联系而导致的官僚低效率和官员寻租行为对总统权威的侵害，通过选民“授权”获得权力的总统，经常采取行政命令来立法，或迫使议会接受他们的建议方式来加强总统的权威。有的国家甚至成为总统威权制，秘鲁的藤森最具代表性。他在 1992 年发动“自我政变”，宣布解散议会，彻底改革司法机构，将立法、司法、行政三权集于一身。由此一来，拉美的国家发展压力与期待，以及为推行新自由主义政策而对官僚机构的改组等，都驱使各国总统必须加强自身权力，避免受到官僚体系及三权分立政治格局的掣肘。在智利，智利的皮诺切特将军政变上台后，就改变阿连德政府对经济的干预政策，任由其“芝加哥弟子”推行彻底的自由市场政策。② 这些自然就为“授权民主”营造了宽松的时空维度。

（三）民众主义风生水起

拉美民众主义是拉美威权主义体制向民主化转变的重要推动力量。它形成于 20 世纪 60 年代，当时各国的经济增长刺激大量农村人口向城市转移，充当劳动密集型工业的劳动力。由于社会福利被人为压低，产业工人的工资水平不高，生活窘迫，对威权主义政府心存不满，各种民众主义思潮滋生蔓延。在民众主义的发展过程中，曾支持过军事政变的军人建立官僚威权主义体制，也曾在民主化到来

---

① 参见董经胜：《拉丁美洲的殖民化与全球化》，江西人民出版社 2010 年版，第 152 页。

② 参见钱承旦：《世界现代化历程・拉美卷》，江苏人民出版社 2010 年版，第 302 页。

之际依靠自身力量迫使威权主义体制向民主转型。许多拉美政治强人还时常利用民众主义夺取政权。在秘鲁，藤森在竞选时将政治对手和既得利益集团讥讽为国家和改革的障碍、无能的腐败分子而获得了广泛的支持。一些政治强人为巩固其权力，利用民众主义力量推动修改宪法，延长总统任期或修改总统任期届数等。在委内瑞拉，查韦斯通过民众主义推行自己的"21 世纪社会主义道路"，推动国有化政策。所有这些都为"授权民主"体制的形成创造了条件。

三　拉美"授权民主"政体的表现形式

（一）加强总统制

拉美国家普遍采用总统制，总统制是国家政治制度的核心。作为国家元首、政府首脑、武装力量总司令，拉美总统一般由选民普选选举产生，总统选举与议会选举无关联，总统权力来自选民授权，总统组建的政府不需经过议会的批准。因此，拉美总统授权是选民基于选举结果赋予总统实行政策或进行治理的权威，其政策或治理方式具有合法性。① 拉美政治文化与政治实践表明，在国家发展与政治建设上取得成就的总统，往往都是一些能够抵御权力制衡要求的集权主义"超级总统"。"授权民主"指的就是这种"超级总统制"，它用来描述一些选举民主体制业已确立的拉美国家的情况。② 当然，"授权民主"下的"超级总统制"颇具争议性，其中，总统权限、总统与议会的关系、总统任期与总统是否可以连选连任等最为突出。但从总体趋势看，拉美各国总统权力在不断加强。具体表现为：

一是在总统选举规则上，拉美国家的选举规则是以相对多数制、二轮绝对多数制和降低门槛多数制为主。③ 尽管三种规则各有差异，但对多数制规则的遵守仍是这三种选举规则的共同点，多数制选举要求对总统施政的合法性具有重要意义。二是总统选举与立法选举同时举行。当总统选举与议会选举同时举行时，总统候选人及其

---

①　参见张凡：《当代拉丁美洲政治研究》，当代世界出版社 2009 年版，第 235 页。

②　同上书，第 236 页。

③　同上书，第 265 页。

所在的政党能够利用总统候选人的声势助其政党赢得议会选举，成为议会内多数党，减少其他政党获得议席的数量，降低未来执政过程中议会反对党对行政机关(总统)政策的牵制。在拉美国家中，除阿根廷和墨西哥外，所有国家的总统选举与议会选举都是同时进行的，这就避免总统与议会之间的矛盾，加强总统权力和施政能力。三是总统任期与连选连任规则不断改变。拉美"授权民主"体制建立以来，各国总统任期逐渐缩短，平均任期时间从 5.1 年变为 4.6 年。[①] 其中，5 个国家的总统任期缩短，2 个国家的总统任期延长。与此同时，7 个国家容许本国总统连选连任，7 个国家容许本国总统隔届竞选，4 个国家禁止总统有第二任期。

总之，拉美国家总统任期的变化强化总统对选民的责任，谋求连任的总统也会增加对选民诉求的回应，并争取利用政绩拉拢选民继续支持自己。拉美国家的总统连选连任的改变也强化总统的权限，使总统有更长时间推行自己的政策，且能将权力掌控在自己手中，从而大大强化拉美"授权民主"体制。

(二) 扩大全民公决

全民公决是拉美国家政治生活一项较为频繁的政治参与活动。全民公决是一种多数决表达和决策方式。在拉美特定语境下，常被领导人用来推行宪法或法律所未规定或未允许的事项，以规避宪法或法律束缚，实现其政治目标，取得多数支持的合法性。1988 年，智利军政府领导人皮诺切特曾想利用自己的声望和当时良好的国家经济发展状况，来举行全民公决，得到国民授权以获得延长其统治时间的目的，但公决结果显示多数选民反对延长他的任期。随后的 1990 年，智利便开始向"授权民主"体制过渡。类似的例子在拉美仍有不少，例如，延长总统任期(如委内瑞拉 2009 年举行全民公决，决定给予查韦斯无限期连任的机会)、推动宪法修改(如厄瓜多尔 2008 年 9 月的全民公决，在宪法中增加保障下层民众利益，修改总统任期，有权颁布紧急经济法案，有条件解散议会等内容)、推动经济改革(如玻利维亚 2009 年 1 月全民公决决定赋予贫困印第安人更多的权利)

---

① 参见张凡:《当代拉丁美洲政治研究》，当代世界出版社 2009 年版，第 269 页。

等。也就是说，当总统权力和政策不能在宪法和行政程序上得到满足时，总统往往采用全民公决的方式，来获得施政的多数合法性。这不仅符合拉美政治文化传统，与民众主义思潮形成共鸣，而且为总统获得选民直接授权提供便利。

（三）注重政党体制建设

20 世纪 80 年代以来，随着拉美传统大党衰落，一些曾执政的党失去国家政权，传统政党体系崩溃。为维护“授权民主”体制，各国领导人利用民主化转型期，强化政党体制，组建自己的政党，建立新的政党体制，并借助政党参加竞选、动员大众，获取国家政治权力。政党在“授权民主”体制中的作用得以恢复。在委内瑞拉，查韦斯利用该国的两党制解体之机，迅速组建由其领导的“第五共和运动”，并逐渐发展成为国内第一大政党，呈现一党独大态势。在秘鲁，藤森也利用秘鲁国内政党体系衰微期，加强自身政党的建设，牢牢掌控国家的权力。应当看到，在拉美政党体制建立初期，由于拉美民众的“民主疲劳”，对政治的参与热情不高，许多选民放弃自己的投票权并质疑民主的效用。在 2000 年秘鲁和委内瑞拉的总统大选中，分别有高达 50％和 43％的合格注册选民选择弃权。在巴西，也有 85％的选民认为政治仅有利于政客，50％的选民漠视自己的权利。① 所有这些，为拉美政党体制的健康发展埋下隐患，也不利于“授权民主”体制的巩固。

四 拉美“授权民主”政体的潜在风险

（一）拉美“授权民主”体制有待进一步观察

由于拉美“授权民主”体制形成的时间不长，未来发展存在诸多不确定性。民主的巩固在于民主质量，而民主质量的基础在于民主自律理念和特定制度及其特征，以及它们如何反映并塑造着社会。在拉美，“授权民主”体制已在各国普遍建立起来，各种层次的直接选举、不受政府干预的媒体、活动频繁的党派等，都显示出拉美民主模式的有效性。然而，拉美的社会状况不容乐观，诸如民众对民主的不

① 参见江时举：“第三波民主化浪潮后拉美政治发展进程的特点”，载《国际政治研究》2009 年第 1 期。

信任、政府腐败、高发的犯罪率、军人对文人政府的蠢蠢欲动等现象，表明拉美"授权民主"令人堪忧。有资料显示，截至2006年，拉美仍有62％的民众对本国民主运行感到不满意。在危地马拉和巴拉圭，分别有高达35％和30％的人认为，一定条件下的威权政府比民主政府更为可取。①

在拉美，公众对政府不信任，直接导致社会的显性规则得不到正确的施行与遵守，而一些潜规则（如庇护主义、教会规则、黑帮规则）却成为民众遵守的行为规范。政府与法律的缺失带来的是社会公平和公正的缺失，引发人民对已有政治体制的不满，这极大影响民主的运行效率和民主的信誉。正如美国的李普塞特所言，任何一种特定民主的稳定性，不仅取决于经济发展，而且取决于它的政治系统的有效性和合法性。② 目前，拉美社会对民主体制普遍不信任，导致"授权民主"体制的加强。民选的领导人利用民众对现状的不满情绪，对选民进行不负责任的空头承诺，获得选民对他的权力授予。"授权民主"是拉美民主化进程中，对权力集中行使的要求的必然反应，这种反应自然对要求权力进行分权制衡的现代民主制度产生冲击。

（二）拉美"授权民主"体制受制于军人干政的威胁

在拉美，尽管"授权民主"体制下，强势政治人物加强其手中权力，但仍旧无法摆脱军事政变的威胁。受历史传统的影响，拉美军队有充当法律和秩序"监护人"角色的传统，他们对国家秩序有一种天然的责任，当国家陷入危机时，文人政府无力处理国内外的压力，导致行政机构瘫痪，加之公众政治参与浪潮，极有可能把国家带入无政府状态，客观上要求军队从军营中走出来站上国家政治舞台的中心，维护社会的秩序与稳定。另外，许多拉美国家的军队在民主转型后仍保有许多特权和利益，他们在国家宪政中的地位仍很高，这在一定程度上为军队再次干政提供可乘之机。在"授权民主"体制形成过程中，军人通过与文人之间订立契约，将权力让渡给文人政府。作为回

---

① 参见张凡：《当代拉丁美洲政治研究》，当代世界出版社2009年版，第65页。

② ［美］西摩·李普塞特：《政治人——政治的社会基础》，张绍宗译，上海人民出版社1997年版，第55页。

报，文人政府对军队权益给予了某些让步和保障，如赦免军政府时期一些侵犯人权的事件和军警，维持军队预算在国民经济中的固定比例，军方保持对军队高层的推荐和任免权等。这些都意味着军队在还政于民的同时，仍保留强大的有生力量。一旦条件成熟，他们会卷土重来。2002 年委内瑞拉推翻查韦斯的未遂政变和 2009 年洪都拉斯军队与立法、司法机构联手推翻民选的塞拉亚总统就是最好的佐证。倘若拉美国家不能从体制上解决军人干政的隐患，拉美“授权民主”体制有可能发生逆转。

（三）拉美“授权民主”体制的根基脆弱

拉美素有民主化模式的“理论坟场”之称，曾经践行过多种意识形态指导下的政治体制，各种政治势力也轮番登场。在众多的政治意识形态和政治体制中，威权主义一枝独秀，成为拉美地区存在时间最长、采用范围最广的政治体制。“授权民主”体制下的总统采取依靠行政资源和政治交换，形成裙带和庇护关系的方式，来推动政府部门的运转。行政部门将由立法、司法和政党制度组成的宪政结构视为行政部门推行国家决策的障碍。总统因行政决策的推动而提高声望和权威，赢得民众的支持和拥戴。而立法与司法部门却因为自身的软弱，未能阻止总统命令施行而导致权威受损，影响力下降而失去民众的支持，引起民众对宪政对民主的怀疑。这样一来，“授权民主”体制下的总统不仅是一位拥有广泛权力的超级总统，更是一位民选的君主，成为实际上的威权人物。长此以往，“授权民主”体制可能会名存实亡。

第三节　俄罗斯“主权民主”政体

“主权民主”论是俄罗斯普京总统在 2005 年《国情咨文》中首次完整阐述的民主思想。他指出，俄罗斯作为一个主权国家，应根据本国历史、地缘政治、国情和法律自主确定民主的道路。普京在 2006 年《国情咨文》中又重申捍卫国家主权的必要性，由此，主权民主成为当下俄罗斯政治体制的一种新型民主政治模式。

一　俄罗斯“主权民主”政体的变迁

俄罗斯“主权民主”体制大体经历了从苏联解体之初的自由民

主，到叶利钦的总统与议会之争的可控民主，再到普京的“主权民主”三个阶段，反映俄罗斯不断寻找适合本国国情的民主体制探索过程。

（一）俄罗斯的自由民主

苏联解体后，为彻底摆脱苏联集权统治的阴影，俄罗斯选择了以三权分立、多党制、自由选举等为标志的西方民主政治制度，一夜之间就由极权国家转变为西方民主式的国家。但是，自由民主并没有给俄罗斯带来政治稳定和经济繁荣，反而加剧俄罗斯国内的不稳定。1993 年，俄罗斯围绕着总统与议会的权力争夺白热化，最终通过政变的方式才将问题化解。此后，俄罗斯开始对所谓的西方自由民主进行反思，并通过全民公决的形式确立了 1993 年的宪法。在这部宪法中，强化总统的权力，限制议会的权力，把总统的权力扩大到“超级总统”的程度。从此，俄罗斯的民主模式开始由自由民主向“可控民主”转变。

（二）俄罗斯的“可控民主”

俄罗斯的叶利钦执政时期，俄罗斯就建立起“可控民主”。该民主是一种留存西方民主外部特征，又受到国内政权深刻干预和控制的民主类型，它拥有包括保障宪法的实施，立法、司法、行政、监督等方面的权力，职权已经凌驾于整个权力机构之上。例如，1993 年宪法明文规定，俄罗斯为联邦国家，确立人民主权、共和制、普选制、三权分立、多党制等原则，还规定人民有自由迁徙、游行示威、言论自由等权利。尽管宪法已有明确规定，但俄罗斯的“超级总统制”又使宪法中的民主权利和自由，受到国家政权和统治机构的严格控制和限制。例如，在俄罗斯的选举过程中，选民的选择受到实权机构、寡头势力等严重干扰。1996 年俄总统大选，叶利钦在选情不利于己的情况下，联合寡头，通过他们提供的金钱支援与舆论宣传支持，击败在民调中领先自己的俄共候选人久加诺夫。

普京执政初期，加强“可控民主”的实施操作。在行政上，通过建立七大联邦区，派驻总统全权代表对各联邦主体进行监督，加强垂直政权体系等措施，加强俄联邦的稳定性，并通过任命技术性内阁与提拔“自己人”相结合的方式，普京就牢牢掌握了俄国家政权的所有强力部门。在经济上，放弃“休克疗法”的自由市场经济，加强对市场的干预，打击寡头，加快重大企业国有化进程，利用石油价格上涨为俄经济复苏提供资金。在军事上，重铸俄国防体系，打击分裂势力和极端主义，维护统一与稳定。在政党建设上，利用新制定《政党法》，限制反对派进入议会的机会，建立政权党，将俄政党体制由形式上的多党制变为实质上的一党独大制，并牢牢控制议会。

（三）俄罗斯的“主权民主”

随着普京的执政风格与执政理念日趋成熟，俄经济开始复苏，人民生活得到改善，国力显著增强。而此时，西方国家大肆指责俄罗斯缺乏民主、侵犯人权，不断对俄罗斯施加各种压力。美总统布什曾责难俄罗斯的民主指出："民主拥有一些共同特点，法治、保护少数民族，新闻自由和独立的政治反对派，我担心俄罗斯是否愿意履行这些全球通行的原则。"[①]面对西方的政治压力，以及国内反对派的指责，普京政权面临巨大挑战。2005 年，俄罗斯的苏尔科夫第一次提出"主权民主"概念，他认为"主权民主"是"俄罗斯将成为主权民主的国家，也就是说，俄罗斯将走上持续发展的道路，它将是经济繁荣、政治稳定和高度文明的国家，它将拥有对世界政治施加影响的杠杆，它将作为自由国家，将与其他国家一起建立公正的世界秩序"[②]。俄国防部长伊万诺夫发表文章，认为"主权民主是俄国内制度的精髓，它指的是公民有权自己决定本国的政策，可用包括武力在内的任何方式保护这种权利，使之不受外来的压力"[③]。统一俄罗斯党认为，主权民主含义包括五个方面：人民根据自己的传统与法律做出自己选择的权利；有效参与公正的世界秩序的形成的可能性；国家的外部和内部安全的同义词；我们历史竞争力的条件，也就是公开表达和捍卫自己的民族国家利益的权利；无条件地承认民主的普遍价值，在实现这些价值时必须考虑到民主模式的多样性。[④]

2005 年，俄普京发表俄罗斯国情咨文指出，每个主权国家有权

---

① 参见卫青："普京的俄式民主"，载《时事报告》2004 年第 2 期。

② 参见"主权民主——普京治国战略的新变化"，载《国外理论动态》2006 年第 10 期。

③ 参见赵龙庚："主权民主：普京对俄罗斯民主理论与实践的探索"，载《和平与发展》2007 年第 2 期。

④ 参见李兴耕："以主权民主为基础的发展战略——统一俄罗斯党第七次代表大会综述"，载《国外理论动态》2007 年第 2 期。

根据本国的历史、文化传统和法律自主地选择民主的道路。他说："俄罗斯按照本国人民的意愿，选择了自己的民主制度。它遵守所有通行的民主规则，走上了民主之路。它将就如何贯彻自由和民主原则做出独立的决定，这必须从本国的历史、地缘政治及其他国情出发。作为一个主权国家，俄罗斯能够也将自主地决定民主道路上的一切时间期限，以及推进民主的条件。"①与此同时，普京强调，俄罗斯持续增长的经济是主权民主的物质基础。俄罗斯在当代世界上的地位只取决于它是否强大和是否发展顺利，在激烈的国际竞争条件下，国家的经济发展主要取决于它的科技优势。为此，俄罗斯要克服各种障碍，积极创造条件在宣布的时间内完成规定的目标。他重申，在俄罗斯发展民主的必要条件是建立有效的法律和政治体系，必须采取切实措施消除腐败，才能实现民主。此外，普京也认为，加强国防建设，反击潜在的外部侵略，反对国际恐怖主义是俄罗斯主权民主的重要保证。他在2006年《国情咨文》中特别强调武装力量的建设。他指出，世界军备竞赛已经达到新的技术水平，有可能出现破坏性的新武器。俄罗斯的武装力量必须做好准备。俄军将装备新型武器，以保持全球武装力量的战略平衡。俄军应能同时在世界性冲突和地区性冲突中作战，一旦有必要，也能同时在几个局部冲突中作战。但是，不应重犯冷战时期的错误，军事建设问题的解决不应当损害发展经济和社会的任务。他宣布：我们永远准备反击潜在的外部侵略和打击国际恐怖主义，反击对俄罗斯施加外交压力的任何企图，包括靠牺牲我国利益来谋求巩固自己阵地的企图。②

普京的上述主权民主思想反映了普京的一种政治哲学，在俄罗斯的政治转型时期，要实现政治稳定，必须通过政治治理、完善体制、巩固国家，民主化要有序进行。普京执政期间，俄罗斯民主没有倒退，而是为更好实现民主创造了条件。在风云变幻的国际局势下，俄罗斯为应对国际上在政治、经济等方面的竞争压力，维护俄罗斯民族利益，客观上要求俄罗斯政治精英携起手来，在民主和政治发展等重大问题上达成共识。同时，主权民主论也是针对近年来西方不断批

---

① 参见《2005年俄罗斯国情咨文》。

② 参见《2006年俄罗斯国情咨文》。

评俄罗斯“压制民主、控制传媒、损害人权、打压反对派、破坏司法独立”声音的有力驳斥，努力探索出一条适合俄罗斯民主政治发展的道路。

二　俄罗斯“主权民主”政体的特征

（一）权威主义是“主权民主”的思想内核

俄罗斯没有民主传统[①]，历史上俄罗斯的政治形态，从农奴制的沙皇国家到共产主义的苏联，中央政府一直控制着权力的来源和权力的行使。欧亚主义影响下的集权行政模式造就俄罗斯国家整体崇尚权威，崇尚强人政治的政治文化，对权力与权威的服从是俄罗斯政治的常态，主权民主同样承袭这一传统。[②] 自苏联解体后，俄罗斯政治动荡不断，政局也呈现出总统权力很大，却不足以成为国家稳定的掌控者；国内政党众多，却没有形成西式的政党政治；选举定期举行，但各种政治势力对选举的操纵和影响带来的是选举的种种不公；经济全面私有化、市场化，但寡头经济规模庞大，经济下滑严重，人民生活水平相对于苏联时期有所降低等情况愈加严重；解体后强调将西方的自由民主作为核心价值观，但思想道德危机仍旧严重，社会价值观缺失；全面融入西方的政策早已实施，但欧美对俄的打压一刻不曾停止，俄罗斯的战略空间不断缩小；对国内少数民族和部分联邦主体的授权极大，但国家分裂势头和分裂行为依旧存在等。这一切都与历史上强大并统一的俄罗斯形象不相符合，在一定程度上都是权威缺失，权威危机造成的。因此，树立国家权威，树立总统个人的权威，就成为主权民主运行过程中必须强调的一点。为此，权威在俄罗斯的重塑也成为主权民主运行的核心内涵。

（二）统一俄罗斯党是“主权民主”模式运行的非官方渠道

作为俄罗斯的政权党，统一俄罗斯党在国家杜马中占据主导地位，拥有 300 余席位。2007 年，该党占有 69 个地方行政首脑位置和

---

① ［美］霍华德·威亚尔达：《民主与民主化比较研究》，榕远译，北京大学出版社 2004 年版，第 66 页。

② 关于欧亚主义的争论参见栗瑞雪的“欧美学者关于欧亚主义的研究综述”，载《俄罗斯中亚东欧研究》2008 年第 2 期。

11000 多个市级首脑位置，在 65 个地区议会中占据多数，并在所有的联邦区中建立了地方分部。还积极支持普京总统和梅德韦杰夫总统掌控的政治体制。与此同时，俄罗斯行政部门也为统一俄罗斯党的进一步发展创造条件。2004 年，俄罗斯国家杜马通过《俄罗斯政府法》修改案，允许政府官员参加党派活动，此后有许多政府官员加入统一俄罗斯党。2005 年，俄罗斯根据普京提议，修改了地方行政长官提名程序，允许在地方议会选举中获得多数席位的政党向总统提出地方行政首长的人选，这一提案加强统一俄罗斯党对地方议会和地方政府的控制力。此外，统一俄罗斯党把“主权民主”作为该党的意识形态，并在政党的日常活动中对其进行贯彻。正如该党主席格雷兹洛夫在 2006 年 12 月召开的统一俄罗斯党第七次代表大会上指出的那样，“只有善于并且做好准备捍卫自己主权的国家，才能够实行有利于本国公民利益的政策。主权和民主在当今世界上比以往任何时候都更加紧密地联系在一起，正因为如此，‘主权民主’的概念在我们的纲领性声明中得到反映”①。

（三）“主权民主”贯穿于普京执政合法性的始终

普京执政期间，强力弹压经济寡头，恢复公共秩序，坚决打击车臣非法武装，对外强硬反对北约东扩等。这一系列极具强人色彩的政治举措为他带来巨大声望。同时也引起俄国内外对普京执政风格和执政方针的争议和反对，滥用武力、扩大强力部门权力、任用“圣彼得堡帮”、限制公民自由、压缩反对派活动空间、打压媒体等攻击普京执政方式的声音也从未消失过。为此，普京用“主权民主”理论来加以回应。在他看来，“有着强大权力的国家对于俄罗斯人来说不是什么不正常的事，恰恰相反，它是秩序的源头和保障，是一切变革的倡导者和主要推动”②。并认为，“民主原则和标准的贯彻不应该让国家解体或让人民受穷，在俄罗斯土地上实施并加强民主不应危及民主理念，它应使国家更加安定团结并提高人民生活水平”，俄罗斯要

① 参见李兴耕：“以主权民主为基础的发展战略——统一俄罗斯党第七次代表大会综述”，载《国外理论动态》2007 年第 2 期。

② 参见赵龙庚：“主权民主：普京对俄罗斯民主理论与实践的探索”，载《和平与发展》2007 年第 2 期。

"独立发展民主,不屈从于任何压力"①。也就是说,普京借助主权民主理论,回击那些对他所谓的限制民主,搞集权的谬论,维护了普京执政合法性的基础。

第四节　三种转型地区国家民主政体对中亚的渗透

东南亚威权主义、拉美"授权民主"、俄罗斯"主权民主"三种转型地区国家的民主政体,是在这些地区国家的政治文化、历史变迁、经济转型、社会结构分化等基础上形成和发展起来的,具有明显的地域性和时代性特征。这些政体尽管在美国学者福山看来都是一种"违约"的意识形态②,但作为转型地区国家的发展模式,无疑对中亚国家的政治变革产生重大影响。

一　强人政治对中亚"铁腕人物"的示范效应

由于三种转型地区国家都实行威权统治,精英长期掌控政权,精英统治呈现常态化趋势。这种权力的高度集中,造成各国强人始终站在改革最前沿,使他们的政治回旋余地受限。这就要求各国强人必须高瞻远瞩,尽可能排除一切干扰,保证改革顺利实现。为此,他们往往肩负着国家兴亡的历史重任,公开站在改革前台。在俄罗斯,"主权民主"为普京打击经济寡头,恢复经济秩序,维护国内统一稳定,防止颜色革命,加强中央对地方的控制,恢复俄在国际上的大国地位起到良好助推作用。在东南亚和拉美,政治强人有时为强行推动改革政令的实施不惜动用军队。这样一来,其政策主张变得鲜明而又强硬,而民主政治中的监督和制衡机制似形同虚设,在一定程度上加重三种转型地区国家政治制度的刚性色彩,弱化民主制度的弹性成分,不免给人留下"不成功则成仁"的政治赌博之嫌。倘若任其延续,三种威权主义政治走势将不再取决于政治制度的优劣,而更多由各国强人的治国能力和个人威望来决定,降低该地区的政治承

---

①　参见赵龙庚:"主权民主:普京对俄罗斯民主理论与实践的探索",载《和平与发展》2007 年第 2 期。

②　[美]弗朗西斯·福山:"历史的未来",载《外交》(美)2012 年第 1 期。

受力。

随着三种威权主义的不断发酵，势必传导到中亚的民主化进程当中。从目前中亚政治格局看，中亚已开始全方位的民主进程，各国在从完全封闭的专制社会向开放民主的社会转型过程中，往往要经历一个半开放的权威统治时期，即允许反对派存在，同时又不允许其威胁自己的统治，在统治和民主之间，执政者往往首选前者。① 其结果，中亚国家选择了个人权威的传统。哈萨克斯坦总统纳扎尔巴耶夫指出："国家强大的政权和民主不是对立的两极"②，"当一个国家领导人就是改革的领导者，而他对于积极改革的坚定信念得到这个国家大多数人民的支持的情况下，才能采取文明的独裁模式。"③这样，它就可以"保持总统权力制、改革的阶段性、通过决议的平衡性，全民对话和基本政治力量的团结"④。他甚至还宣称："我们曾经被别人的权力所俘虏，但现在让我们的思想不要再被俘虏。"⑤塔吉克斯坦总统拉赫莫诺夫在谈到民主、法律的至高无上、纪律和责任的关系时，也认为："我们都生活在塔统一的政治和民主体制中，我们之间都是相互紧密联系，所有权力机构的领导都必须牢记，你们要向总统和法律机构负责。"⑥当然，他们执政期间的任何失误，都会产生"多米诺骨牌"效应，给中亚国家带来不利影响。

---

① 参见赵常庆：《"颜色革命"在中亚》，社会科学文献出版社 2011 年版，第 165 页。

② 参见哈萨克斯坦 2007 年国情咨文，http://www.crc.mofcom.gov.cn/crweb/scoc/info/Article.jsp? a_no=63795&col_no=235。

③ [俄]罗伊·麦德维杰夫：《无可替代的总统纳扎尔巴耶夫：哈萨克斯坦腾飞的组织者和欧亚方案的倡导人》，王敏俭等译，社会科学文献出版社 2009 年版，第 15 页。

④ 参见哈萨克斯坦 2007 年国情咨文，http://www.crc.mofcom.gov.cn/crweb/scoc/info/Article.jsp? a_no=63795&col_no=235。

⑤ [俄]罗伊·麦德维杰夫：《无可替代的总统纳扎尔巴耶夫：哈萨克斯坦腾飞的组织者和欧亚方案的倡导人》，王敏俭等译，社会科学文献出版社 2009 年版，第 16 页。

⑥ 参见塔吉克斯坦 2004 年国情咨文，http://tj.mofcom.gov.cn/aarticle/ztdy/200406/20040600231401.html。

二　军人干政传统会助长中亚各国强力部门势力的进一步膨胀

三种转型地区国家民主政体是一个军队占主导地位的军政合一形态。在东南亚，军队不仅扮演着参与国家政治、维护国内秩序稳定的角色，而且掌控着国民经济发展的大权，在国家经济生活中占有绝对地位。在拉美，拉美军队充当着法律和秩序"监护人"角色，他们对国家秩序有一种天然的责任，即便民主转型后，许多拉美国家的军队仍保有诸如赦免军政府时期一些侵犯人权的事件和军警，维持军队预算在国民经济中的固定比例，军方保持对军队高层的推荐和任免权等许多特权和利益，具有强大的操控能力。可以说，军队的势力已深入到东南亚和拉美各国政治、经济、社会的各个领域，成为强人政权的坚强后盾。在俄罗斯，也普遍存在强力部门职权扩大、新闻媒体受到干预的现象。这些地区国家军人干政传统对中亚各国政府有一定借鉴作用。

为保证民主化的顺利推进，中亚国家先后建立了隶属本国的军队和治安警察队伍，保留和完善原有的安全系统，使其职能得以充分发挥。即便在国家经济最困难时期，中亚各国政府也都千方百计地通过改善这些部门人员的工作条件，提高他们的生活待遇，保持强力部门的正常运转。在乌兹别克斯坦，甚至出现军警的工资最高，而普通知识分子的工资则较低的怪现象。随着强力部门权力的增大，它们越来越不满足于现有既得利益，强烈要求重新分配利益。在强国战略推动下，中亚政府与强力部门的利益诉求不谋而合，强力部门在不同利益集团竞争中脱颖而出，成为各国最具影响力的势力集团。这种依靠强力部门来维系国家现有秩序的治国策略，短时期内可以解决一些社会时弊，但从长远看也会引发新的矛盾和问题。因为"依靠以暴力为威胁的政府是鼓励反对自己的势力进行暴乱，这种暴乱危险的增长就促使政府预先武装自己来对付任何武装抵抗"①，从而加剧中亚社会陷入新的不公正替代旧的不公正现象的恶性循环

① [美]卡尔·科恩：《论民主》，聂崇信等译，商务印书馆 1988 年版，第 187 页。

怪圈。

三　民主政体的本土精神有助于中亚本土价值观的塑造

三种转型地区国家民主政体非常重视本土化意识形态，在东南亚长期的威权主义统治过程中，把西方民主观念与东南亚地区现实相结合，逐渐探索出“亚洲价值观”、“潘查希拉民主”、“民主革命论”等一系列具有东南亚特色的威权主义价值观，为东南亚的强人政权协调国内各社会阶层的关系、整合社会价值理念、维护政权稳定、避免社会冲突创造了条件。俄罗斯“主权民主”也强调，在俄罗斯政治转型期，只有通过政治治理、完善体制、巩固国家，民主化才能有序发展。针对西方不断批评俄罗斯“压制民主、控制传媒、损害人权、打压反对派、破坏司法独立”声音，俄罗斯倡导“主权民主”论，努力探索出一条适合俄罗斯民主政治发展的道路。

中亚国家自独立以来，各国既没有提出与本国实际相适应的发展战略，也没有形成一套具有本国特色的本土价值观，导致各国政治局势动荡，经济发展缓慢，社会分化严重。为扭转危局，中亚国家可能会借鉴三种转型地区国家的经验，并结合各国的实际情况，目标是把民主理念与中亚本土精神相融合，努力构建具有中亚特质的民主价值观。价值观作为社会成员用来评价行为、事物以及从各种可能的目标中选择自己的特定目标的准则，它通过人们的行为取向及对事物的评价、态度反映出来，是世界观的核心，是驱使人们行为的内部动力，它支配和调节一切社会行为，涉及社会生活的各个领域。价值意味着一种判断，价值观也意味着一种取向。核心价值观具有整体性特征，其中包括超越阶级，无论社会精英还是普通大众，要把他们作为一个整体来考察。同时还要包括超越民族和族群的差异，从整体上考察地区的性格。

中亚社会的核心价值观与该地区民族发展和传承的历史密切相关，中亚作为一个整体，其超越国内阶级和民族、族群之间差异的凝聚力是共同的宗教信仰。伊斯兰教不仅是一种宗教，还是一种显著的政治意识形态，在中亚的政治系统中起到一种凝聚功能。在中亚政治文化里，政治和文化紧密结合，伊斯兰教既是政治又是文化。伊斯兰教政治文化代表了中亚社会整体的核心价值观念，即赞颂真主、服从领袖、尊重社会秩序，其背后体现着平等、协商、公议、人性和谐等观念。哈总统纳扎尔巴耶夫指出："我们的民主化要符合西方国家民主的传统和原则及东南亚主导国家的经验，也要符合我们多民族和多宗教信仰人民的传统。"①乌总统卡里莫夫也认为，"正是我们传统的价值观同现代民主社会价值观相结合才是我们未来繁荣的保证，才是我们社会同国际社会一体化的保证"②。具体而言，就是树立民主法治、平等参与、社会公正、族际和睦、宗教自由的社会风尚和道德情怀，实现中亚的民主与富强，更好维护各国的长治久安。

中亚国家独立以来，各国也一直致力于制定独具特色的价值观。在哈萨克斯坦，早在1993年，纳扎尔巴耶夫就认识到在哈国有很多危机：民族的、经济的、政治的、生态的、道德的以及因循守旧的危机都在发展，对此他指出："分析现代哈萨克斯坦的政治和思想方向，证明必须寻找建立自己的意识形态纲领的道路。我们不否定社会主义的、传统的和自由主义的见解自身都积累了有价值的东西。然而，在我看来，摆在哈萨克斯坦面前的任务要求我们思考稍有不同的全民族优先的意识形态。"③1997年，哈萨克斯坦国情咨文就指出，我们应该在全体哈萨克斯坦公民中培养爱国主义情感和对自己国家的热爱。2007年，哈萨克斯坦国情咨文强调把"爱国主义和政治意愿是建设新哈萨克斯坦的最重要的因素"④作为其治国的核心理念。2011年，哈萨克斯坦的国情咨文再次提出"自由、统一、稳定、繁荣"⑤的价值理念，为哈萨克斯坦的核心价值观的确立奠定基础。

---

① 参见哈萨克斯坦2005年国情咨文，http://kz.mofcom.gov.cn/aarticle/ztdy/200503/20050300023649.html，2005-03-07。

② [乌]卡里莫夫：《临近21世纪的乌兹别克斯坦：安全的威胁、进步的条件和保障》，国际文化出版公司1997年版，第118页。

③ [俄]罗伊·麦德维杰夫：《无可替代的总统纳扎尔巴耶夫：哈萨克斯坦腾飞的组织者和欧亚方案的倡导人》，王敏俭等译，社会科学文献出版社2009年版，第124—125页。

④ 参见哈萨克斯坦2007年国情咨文，http://www.crc.mofcom.gov.cn/crweb/scoc/info/Article.jsp? a_no=63795&col_no=235。

⑤ 参见哈萨克斯坦2011年国情咨文，http://kz.mofcom.gov.cn/aarticle/ztdy/201102/20110207388266.html。

在乌兹别克斯坦，乌政府把唤起主体民族意识和传统价值观作为打造本国价值观的主要内容。乌总统卡里莫夫指出："从我们独立之初起，作为一项国策，我们最重要的一项任务就是恢复我们的先辈在许多世纪里所创造的巨大的极其宝贵的精神和文化遗产。我们把复兴精神财富看成是民族意识增长和民族精神"，"唯有独立给了我们人民可能性，使其在自己的祖国感到自己是自由的，恢复真正的民族价值，建立自己的国家制度。"①同时还积极汲取伊斯兰教义中的文化精髓。乌总统卡里莫夫认为："宗教能增强人们的信念，净化他们的灵魂和美化他们的心灵，给他们经受生活考验、解决问题和克服困难的力量，而有时是保存全人类财富和精神财富的唯一形式，是把这些财富一代一代传下去的唯一形式。正因为如此，宗教是人类的可靠伴侣，是人类生活的一部分。"②

在土库曼斯坦，土政府一方面强调民族传统价值观的重要意义。土前总统尼亚佐夫就认为："在国家制度中最重要的因素是考虑民族特征、人民的历史、人民的心理等所具有的特点这一因素"，"我们也要在今后在国家这一层次上开始尊重自己民族的价值观、习俗和传统。"③另一方面也注重民族团结，尽管在国家建设中什么都重要，而国家还是把争取社会稳定、保持民族和睦看作最重要的方面，"只有靠公民和谐和民族和睦，才能实现土库曼斯坦的建国思想"④。在塔吉克斯坦，塔总统拉赫莫诺夫在 2004 年的国情咨文中，把塔吉克斯坦未来的发展定位在建立民主、光明、法制的国家，全体公民都能充分享受到民主和自由，生活安定祥和，共同生活在文明和平的大家庭中。⑤

应该清醒地看到，中亚本土化的民主价值观的形成不是一朝一

---

① [乌]卡里莫夫：《临近 21 世纪的乌兹别克斯坦：安全的威胁、进步的条件和保障》，国际文化出版公司 1997 年版，第 107 页。

② 同上书，第 27 页。

③ [土]尼亚佐夫：《永久中立，世代安宁》，赵常庆等译，东方出版社 1996 年版，第 39 页。

④ 同上书，第 46 页。

⑤ 参见塔吉克斯坦 2004 年国情咨文，http://tj.mofcom.gov.cn/aarticle/ztdy/200406/20040600231401.html。

夕的事情，它需要中亚各国的自由市场价值观、国家社会价值观、民主价值观的有机结合，并需经过长期不懈努力方能实现。哈萨克斯坦总统纳扎尔巴耶夫指出："我们永远牢记，民主是我们的目的，而不是开端。我们知道，民主无法用法令获得，只有历尽艰辛才能得到。"[①]土库曼斯坦前总统尼亚佐夫也断言："我们选择了民主国家的道路，我们准备分阶段地推行民主制来达到这个目标。"[②]

四　政党体制建设推动中亚政权党的生成

三种转型地区国家在民主政体的构建过程中，都十分注重政党体制建设。在东南亚，各威权主义国家的强人们在加强其领导的政党地位的同时，也放开党禁，适当给予反对派一定的发展空间，允许他们在宪法和法律的规定范围内活动，以保持政权的合法性。在拉美，各国强人政权也利用"授权民主"体制刚刚建立之机，强化政党体制，组建自己的政党，建立新的政党体制，并借助一党独大政党参加竞选、动员大众，获取国家政治权力。在俄罗斯，普京执政时期，利用其总统位子，不断壮大统一俄罗斯党的势力，通过把"主权民主"作为统一俄罗斯党的意识形态，在该党日常活动中对其进行贯彻。还通过《俄罗斯政府法》修改案等手段，允许政府官员参加统一俄罗斯党的活动，允许在地方议会选举中获得多数席位的政党向总统提出地方行政首长的人选，加强统一俄罗斯党对地方议会和地方政府的控制力。这一系列举措，大大提升强人政权党在国家政治生活中的影响力和感召力，有利国家的政局稳定。这对于中亚各国的多党制建设有一定的借鉴意义。

现阶段，中亚的政治民主化尚不成熟、经济基础比较脆弱、社会结构分化严重，这些都不利于中亚多党制的发展。如果中亚的国家与社会生活在思想道德、政治、社会、媒介等领域没有同时和平行的转变，中亚国家可控民主化的成功就无法实现。因此，加强中亚国家

---

① 参见哈萨克斯坦 2005 年国情咨文，http://kz.mofcom.gov.cn/aarticle/ztdy/200503/20050300023649.html，2005-03-07.

② ［土］尼亚佐夫：《永久中立，世代安宁》，赵常庆等译，东方出版社 1996 年版，第 33 页。

政权党自身建设，加大政权党的宣传和教育力度，扩大政权党在各国民众中的影响力，提高其执政能力和水平，使民众懂得民主自由既是各国的奋斗目标，也是强国富民的重要手段。这是当下中亚各国民主政体维系的当务之急。

第八章　中亚可控民主化对中国的影响

第一节　中亚可控民主化对中国主权安全的挑战

一　对中国的和平崛起的挑战

独立以来，中亚国家的民主政治像雨后春笋般地发展壮大，民主的价值观也逐步深入人心。尽管中亚传统的威权主义政治和个人崇拜仍在现实政治生活中占据统治地位，但是“一个威权政权的经济成功也许更可能为一个民主政权铺垫基础，有助于最初设立民主政权的环境”①。近年来，中亚国家经济的快速发展已成为不争的事实，使得各国的可控民主化进程势不可当，在中亚这片古老的土地上涌动，并潜移默化地演绎着中亚社会的政治面貌，建构中亚可控民主化的崭新未来。中亚可控民主化的这种变化，不仅大大提升中亚国家的整体形象，而且也对中国的和平崛起提出更高要求。

早在20世纪80年代，邓小平在分析国际形势时就提出中国永不称霸、决不当头的发展方针。江泽民进一步发展和平发展思想，指出和平、稳定、发展、合作是世界人民的呼声，主张建立公正合理的国际政治经济新秩序，实现国际关系民主化。胡锦涛也向世界宣告：中国将坚定不移地高举和平发展合作的旗帜，坚定不移地走和平发展道路。提出努力建设持久和平，共同繁荣的和谐世界的主张。习近平强调，走和平发展道路，是我们党根据时代发展潮流和我国根本利

---

① ［美］亨廷顿：《第三波：20世纪后期民主化浪潮》，上海三联书店1998年版，第43页。

益作出的战略抉择。这一切表明，和平发展是中国自主选择的发展道路，是对中国和平崛起的郑重承诺。当然，我们也应该看到，中国的和平崛起是一个长期过程，实现这一美好夙愿并非一帆风顺。如果不能对中国和平崛起的麻烦有足够的认识，中国就不能用有效的国际战略来应付各种外在的压力，转而制约中国的和平崛起，使得中国的和平崛起变得不可持续。①

以美国为首的西方国家对中国的和平崛起不以为然，他们从历史上大国崛起的经验出发，认为中国的崛起会挑战美国的霸权地位、破坏现有的国际秩序，甚至会引发新的霸权国之间的冲突和战争。在这种冷战思维惯性的推动下，伴随中国崛起的过程中"中国威胁论"、"中国崩溃论"等妖魔化中国的言论也随之而起，中国的崛起遭到了西方大国别有用心的遏制。其中最具代表性的是美国政治学教授米尔斯海默的观点，他认为，中国崛起不可能和平，中国持续发展将导致美中的激烈竞争并可能引发战争，因此，中国的邻国会加盟美国以遏制中国。"最强大国家企图在本地区建立霸权，并力保无其他大国统治另一地区。各大国的终极目标是尽量扩大自身的世界实力并最终统治这一系统。"②来阻挠中国的和平崛起。更有甚者，一些西方媒体还别有用心地诋毁中国的形象，胡说中国政府利用孔子传播中华文化的目的，是"不仅要占领全球经济市场，而且还要赢得全世界的人心，以此来巩固其力量"③等。

值得一提的是，"9·11"事件后，美国通过反恐战略调整，重新把综合国家利益的实现放到首位，并加速推进世界民主化进程。美国深谙民主是消弭恐怖主义根源的利器，也坚信"中国的兴起，与美国接替英国成为世界强国的平和过程比较接近，而非如20世纪初德国

① http://www.zaobao.com/forum/expert/zheng-yong-nian/story20090916-55799.

② John Mearsheimer, "The Rise of China Will Not Be Peaceful at All", The Australian, November 18, 2005.

③ 参见"中国利用孔子开展集中攻势"，载《环球邮报》(加拿大)2007年5月29日。

在欧洲的强势兴起……中国经济快速增长的同时，也在朝美国的政治、社会体制迈进"①。为此，美国经常把反恐与民主两个不相干的问题相提并论，千方百计利用中美合作反恐的合法渠道，潜移默化向中国输送西方民主价值观和制度模式，图谋改造中国的现行政治制度。受此影响，一些西方势力和组织通过各种途径，煽动中国社会不满情绪，提出非法政治要求，寻机制造社会动荡。这无疑对中国的主权安全产生消极影响。

二 对中国国家经济利益的挑战

由于中亚可控民主中的个人权威明显，他们执政期间的任何失误，都可能给各国带来不利影响，出现政局动荡。一旦中亚地区政局持续不稳，甚至引发更大的冲击和危机，必然引起世界石油、粮食等战略物资价格大幅波动，对中国经济发展及社会生活产生较大消极影响，加剧社会矛盾。

一方面，对中国国家调控经济与自主决策的能力造成冲击。随着经济全球化的发展，中国已经加入许多国际组织，以适应现有的占主导地位的国际经济规则和秩序。为此，中国不断深化经济体制改革，减少对微观经济活动的干预，消除民族国家壁垒的限制。当然，全球范围内生产要素的自由流动，也限制中国国家调节、干预经济的作用。中亚政局动荡所引发的地区和世界性的波动，必然会传导到中国的经济领域，并直接冲击中国的国家经济利益。

另一方面，对中国防范国家金融安全的能力构成挑战。金融安全是当今世界经济安全的核心。各国金融市场因经济全球化的发展而变得不能保持平衡，金融危机因不对称的市场发展、各自不同的市场基础以及不均衡的货币资源分布格局等被助长，市场因信息的不完整而过于敏感，在政府与投资者之间产生了博弈，形成市场冲击效应。中亚地区不稳定，会引起能源价格的巨大波动，加之西方国家不可告人的打压和攻击，自然对中国政府对金融控制能力、驾驭风险的能力提出考验。

---

① 参见徐琳："2004年中国全球影响力相对于美国上扬"，载《华盛顿观察》周刊2004年第47期，http://www.washingtonobserver.org/showtemp.cfm.

三　对中国“和平演变”的影响

随着信息全球化的发展，文化传播的形式、速度和力度都出现前所未有的变化。境外势力凭借其经济实力、科技优势、营销手段以及政治推动，对中国进行文化渗透，严重影响中国的文化安全。近年来，中亚等地区的“颜色革命”中，突出显示了当今社会动荡的一些特点，诸如隐蔽性、突发性、扩散性、冲击性、内外联动性等空前增强，一旦麻痹大意、认识不够、准备不足、能力缺失、处置不当，都会对中国造成难以想象的后果，甚至直接危及中国的政治稳定。这一切的始作俑者就是近年来在网络上出尽风头的“推特”和“脸谱”等新兴社交媒体。“推特”和“脸谱”之所以能突破这些国家的屏蔽与封堵，为街头抗议推波助澜，就是因为这种社交网站的独特性，人们无须访问主站点就能发布帖子，并通过手机等在第一时间把发生在身边和现场的有关抗议活动的视频、照片和文字信息传送出去，在社会公众中迅即造成严重的信息混乱，产生广泛的舆论影响，从而引发社会的动荡。由此可见，中国能否自主掌控“文化边疆”的安全，不仅关系到人心安定、社会和谐、政局稳定和经济发展，而且直接影响到中国的国家安危和存亡。

第二节　中亚可控民主化对中国执政安全的冲击

一　对中国执政党的执政地位的冲击

中亚可控民主化的执政理念是突出多党制，这与西方的民主政治一脉相承。随着中亚可控民主道路的影响力的不断扩大，境外势力大打多党制牌，诋毁中国共产党的执政地位，反对中国特色社会主义道路。他们利用所谓的三权分立、多党制，对中国执政党进行西化和分化，实施和平演变的图谋。他们一方面试图通过意识形态渗透，改变我国的核心价值体系。譬如通过学术交流、理论研讨等大力推行其新自由主义理论，削弱中国执政党的理论思考和原创力，企图使中国执政党按照他们的理论来指导当前的改革，使中国执政党最终放弃马克思主义为指导的社会主义。同时还通过互联网等新兴媒体大力宣传推销西方的价值观念、政治制度、生活方式，以及西方一些颓废、有害的思想观念，来影响中国共产党党员并改变其价值观念，削弱中国执政党的群众基础；另一方面，他们利用中国执政党在“战略机遇期”和“矛盾凸显期”重叠的历史条件下出现的突发事件、特殊时机、特殊人物等渠道进行渗透和颠覆活动，煽动街头政治，图谋“颜色革命”，推翻中国执政党的领导和中国社会主义制度。当然，也必须清醒看到，中国长期积累的社会矛盾和问题日益成为困扰国家发展、社会和谐的重要因素。如果不尽快加大解决这些问题的力度，控制和化解各种社会矛盾，就极易形成国家重大安全隐患，在一定条件下为境内外敌对势力所利用，成为引发危机的导火索。在这种形势下，胡锦涛在党的十七届六中全会上的讲话中就严肃指出：“必须清醒地看到，国际敌对势力正在加紧对我国实施西化、分化战略图谋”，我们要“警钟长鸣、警惕长存，采取有力措施加以防范和应对”。[①]

然而，面对境外势力的西化和分化图谋，中国执政党在防范和应对上未形成全党共识。在中国党内的政治精英中，还有极少数人打着改革开放和全球化的幌子，以西方的措辞和视角，大肆宣扬所谓“普世价值”，赞美西方的政治经济制度，鼓吹全球资本主义化、西方化、美国化。个别人甚至对马克思主义进行诋毁性解读，对社会主义进行“妖魔化”宣传，抓住中国在发展过程中出现的社会问题，大肆攻击、丑化社会主义制度，攻击执政党的领导，削弱中共党员的政治认同。与此同时，中国执政党对境外的一些机构和团体缺乏防范意识。例如，在我国的众多外国基金会和非政府组织中，不乏有一些团体和组织以资助学术研究为名，对我国知识界进行思想文化渗透，网罗持不同政见者，培植代理人，干扰甚至破坏中国执政党的统治。还有个别境外组织或团体与中国境内外的民族分裂势力、暴力恐怖势力和宗教极端势力纠合在一起，从事颠覆祖国统一、民族团结的丑恶活动，对此没有高度警觉不行。

二　对中国执政党的“人权”状况的干涉

中国共产党的十八大报告中，对当今国际形势有这样的描述：霸

---

① 参见胡锦涛：《坚定不移走中国特色社会主义文化发展道路 努力建设社会主义文化强国》，载《求是》2012 年第 1 期。

权主义、强权政治和新干涉主义有所上升。它不仅威胁和破坏相关国家和地区乃至世界的和平与稳定，而且对以《联合国宪章》为基础的国际秩序产生越来越大的冲击，对此，国际社会特别是广大发展中国家深感忧虑。这里的新干涉主义，就是境外势力常用的一种干涉中国人权状况的手段，它以人道主义和捍卫西方民主价值观为借口，通过政治恫吓、经济制裁、文化渗透、军事干涉等多种手段，对别国进行政权更迭。它以20世纪90年代的科索沃战争为标志，一直延续到21世纪初的伊拉克战争。阿富汗战争虽然打着反恐的名义，实质上也是借反恐之名用武力在阿富汗实现政权更迭的新干涉主义表现。从2011年起，西方势力利用西亚北非地区的政治和社会动荡，又以发动利比亚战争推行新干涉主义。

在中亚可控民主的推动下，境外的新干涉主义在中国主要打着"自由、民主、人权"等旗号，对中国的人权状况横加指责。他们通过炮制"中国威胁论"等舆论，挑拨甚至激化中国与周边邻国的关系，损害中国和平发展的形象，并插手中国台湾、西藏、新疆等地方问题，鼓动不法分子滋事生非，影响威胁国家稳定与和谐，同时还歪曲中国执政党人为扩大"人道主义灾难"、"没有法治"等，污蔑中国是一个"专制的国家"、"完全没有人权的国家"。在国际社会上，他们利用舆论工具和话语霸权，多次制造恶意攻击中国人权的事件。在联合国人权会议上，先后十余次抛出"人权"这根大棒，提出反华议案。在中国的司法、反腐败以及民族宗教方面，以双重标准借题发挥，肆意攻击中国执政党的"人权"状况，挑战中国共产党的执政安全。

第三节 中亚可控民主化对中国意识形态安全的威胁

一 对中国主流意识形态的威胁

苏联解体，社会主义阵营迅速瓦解，国际共产主义运动陷入低潮。苏东剧变堪称当代世界社会主义运动的转折点，具有里程碑的意义。此前，尽管苏联的国际影响力持续下降，但整个世界社会主义阵营的根基未出现动摇，仍然是抗衡资本主义的主要力量。苏东剧变后，以苏联为首的社会主义集团惨遭厄运，引起许多社会主义国家和政党的剧烈震荡，世界社会主义运动转入低谷。受此影响，一些西欧国家的社会主义政党，开始反思社会主义的理论和实践，涌现出“新社会主义”[①]、“第三条道路”等各种社会主义观点和学说，试图用全球化来改良现行资本主义制度，实现社会主义目标。原苏东地区的共产党势力，在经历短暂的“震荡期”后，其元气也有所恢复。但由于这些社会主义政党尚处于襁褓阶段，无法在其国家政治生活中发挥主导作用。发展中国家非执政的共产党，经过动荡和分化，大多数党坚持下来。只有中国、越南、古巴、朝鲜等少数坚持社会主义的国家顶住压力，成为世界社会主义运动的“中流砥柱”。[②] 在它们当中，除中国外，其他社会主义国家的经济社会发展水平较为落后，难以承担世界社会主义运动的大任，而中国的崛起也只是近三十年来的事情，其综合国力与对外影响力远未到达前苏联的水平，不具备成为世界社会主义运动中心的条件，这在一定程度上削弱马克思主义主流价值观的主导作用，使社会主义主流意识形态遭遇冲击和淡化。

随着中亚可控民主化的演进，西方的民主价值理念与中亚本土精神相契合，形成具有中亚特质的民主政治意识形态。这种中亚本土化的主流意识形态在向周边地区外溢过程中，不可避免与中国的主流意识形态发生碰撞，时刻威胁着中国意识形态的安全。况且，当下中国，由于其社会结构正处于转型期，这在一定程度上导致人们的生活方式、行为方式和价值观念等出现变异，集中反映在社会主义价值观与拜金主义价值观的根本对立上。加之中国经济体制的深刻变革、社会结构深刻变动、利益格局深刻调整，多种所有制的并存、阶级阶层的变化和利益的分化等诸多因素的叠加驱动，使得人们更易受中亚等周边地区意识形态的影响，更关心和维护自己所属社会群体的利益，关注和重视个体的利益和感受，并以此作为价值评判尺度，好坏优劣皆依主体自身加以判断。久而久之，人们的思想观念和价值取向逐渐从马克思主义的一元观，向以马克思主义为主体、多元价

---

① [加]艾伦·伍德:《新社会主义》，尚庆飞译，江苏人民出版社 2008 年版，第 21 页。

② 参见蒲国良:《世界社会主义运动概论》，中国人民大学出版社 2006 年版，第 344—365 页。

值观并存的方向转变。这种在价值观上呈现出的独立性、选择性、多变性、差异性的意识形态，势必对中国的主流意识形态造成潜在威胁。

二 对中国意识形态话语权的争夺

冷战后，中亚等地区先后发生一系列的“颜色革命”，这是继20世纪60年代第三波民主化浪潮以来最大的一次民主化运动，其参加国家之多、影响力之深远，可谓“空前绝后”，也使得中国的内外敌对势力看到通过和平演变颠覆中国的希望。他们幻想借助文化渗透，争夺中国意识形态领域的话语权，以达到“不战而屈人之兵”的目的。

中国境内外敌对势力经常使用直接的文化宣传，利用现代传媒手段对中国进行长期思想渗透。最典型和常用的就是广播电台和电视的覆盖式宣传。例如，作为传媒大国，美国十分看重借助媒体宣传其文化价值观，美国的CBS、CNN等媒体发布的信息量，超过世界其他国家发布的总信息量的100倍。美国通过这种大规模、低成本、广覆盖面的文化渗透，逐渐掌控了世界意识形态的话语权，对中国的意识形态阵地构成直接威胁。对此，美国主流媒体《华盛顿邮报》津津乐道：“西方世界在寻找瓦解共产主义方法，花费了近半个世纪的时间和亿万美元，却发现答案就在电视新闻里。”随着“大数据”时代的到来，各国在意识形态领域的宣传拥有了更便捷、高效、广泛、强势的高科技平台的支持，对中国意识形态话语权的争夺将更加激烈。

与此同时，中国境外敌对势力还试图通过文化商品、教育和学术交流等手段，向社会的精英和大众灌输境外的各种价值观，抢占中国意识形态的制高点。例如，美国通过输出好莱坞电影等，来推广美国的价值观，成效显著，有媒体甚至把美国好莱坞电影称为“铁盒里的大使”。可见，用这种方式传播文化价值观，具有较强的隐蔽性和迷惑性，往往能达到“无为而治”、“润物无声”的潜移默化的效果。而用教育和学术交流为诱饵，向中国的学者和知识分子等社会精英进行价值观渗透，也是境外势力惯用手法。他们通过名目众多的基金会，如福特基金会、洛克菲勒基金会、福布赖特基金会等，拉拢和利用中国的精英分子，培植瓦解社会主义的“文化基因”，并借助这些社会精英的传导来影响社会大众，削弱中国执政党掌控意识形态的社会基础。

此外，中国境外敌对势力善于依据中国国情的变化，改变对中国意识形态渗透的策略。境外势力经常抓住中国的突发事件、敏感时期、特殊人物、宗教等个案兴风作浪，大肆进行渗透活动。例如，他们在“法轮功”邪教组织、“党内腐败”案件、“民运分子”、“八九政治风波”等问题上大做文章，攻击和诋毁中国政府，颠覆社会主义制度。并对“台独”意识形态、“东突”分裂势力意识形态、达赖集团的“藏独”意识形态等民族分裂主义意识形态采取同情和支持的态度，以此来对抗中国政府。近年来，一些境外敌对势力利用互联网对中国进行意识形态渗透活动。他们打着“民主”、“人权”的幌子，鼓吹资产阶级人生观、价值观和西方资产阶级腐朽生活方式，非法搜集境内电子信箱地址，投入反动刊物，对中国网民大搞“网络民主”，进行反社会主义的宣传和煽动，挑战中国社会主义核心价值体系的底线。

三　对中国意识形态的网络空间进行渗透

对意识形态的传播来说，网络化的意识形态传播具有自由性、快捷性、交互性、开放性、海量性等独特优势，是一种新型意识形态的传播工具，得到各国争相追捧。近年来，中国政府也开始借助这一网络平台，传播社会主义的意识形态，增强了社会主义意识形态的传播力、吸引力和凝聚力。应该指出，由于网络空间的虚拟和无国界，为境外势力攻击中国意识形态话语提供一个天然的避风港，其强大的非对称性和渗透性，又为境外势力的意识形态输出提供便利，对中国意识形态的传播和防御能力构成很大挑战，严峻考验着中国意识形态的控制力。2013 年美国“棱镜门”事件，就是美国企图通过网络监听，来控制中国的信息安全、影响中国意识形态话语权的明证。

2013 年 6 月，美国中央情报局原雇员斯诺登辞职，随后向媒体披露美国大规模监听项目(棱镜计划)。据披露，美国对超过 38 个国家、国际组织、国际政要、跨国公司乃至普通民众实施监听。事件发生后，国际社会一片哗然。美国的“棱镜计划”监听范围广泛，美国不仅监听所谓的“假想敌”国家，还对联合国、欧盟等国际组织进行监听，就连盟友国家也不例外。当然，斯诺登在披露中也承认该计划主要针对俄罗斯、中国、南美等国家。另外，美国还以 38 个驻美使馆和外交办事处为目标，包括欧盟机构、法国、意大利、希腊等欧洲国家，以及日本、韩国、土耳其、墨西哥等盟友实施监听，甚至把一些国家的政要、知名公司、普通民众也纳入其监听范畴。不仅如此，该计划的参与面众多，除了美国职能部门如中情局、国安局外，还有多达上千家科技、金融和制造业公司与之相配合，向其提供敏感信息，获取机密情报。美国还广泛发动盟国参与监听活动，如英国电信集团、沃达丰等多家电信公司与情报部门秘密合作，为其提供用户的个人信息。英国在中东的秘密网络监控基地对中东地区的电子邮件、电话及网络活动实施监控，并把监控结果与美国共享。

美国对中国的网络监听由来已久。据斯诺登披露，早在2007年美国就把中国列入"重点监听国家"。美国国安局从2009年开始入侵中国内地和香港的电脑和网络系统，数百个目标受到监视。在香港的目标中，多数是大学、政府官员、商人和学生。2011年，美国情报部门实施了231次网络攻击，其中近75%的是针对中国等国家。据德国《明镜》周刊报道，2010年的一份美国"监听世界"地图，包含了世界90个大小国家和地区的监控点，其中中国作为东亚的首要监听对象，香港、北京、上海、成都、台北等城市均在其中。[①] 在对中国监听方式上，美国利用其强大的信息技术和庞大网络优势监听中国。斯诺登对香港媒体透露，美国国安局曾入侵中国电讯公司以获取手机短信信息，并持续攻击清华大学的主干网络以及拥有区内最庞大的海底光纤电缆网络的电讯公司香港总部。斯诺登称美国国安局通过思科路由器监控中国的网络和电脑，作为美国政府和军方的主要通信设备和网络技术设备供应商的思科公司几乎参与了中国所有大型网络项目的建设。安全专家担心一旦战争爆发，美国政府极有可能利用思科在全球部署的产品，发动网络战，对敌国实施致命打击。美国还联合盟国参与对中国监听活动，2011年，美国曾要求日本政府提供合作，对通过光缆通讯的电话和个人邮件实施监控。因中国连接亚太地区的国际光缆大多通过日本，美国要求日本合作，显然是收集中国的情报，只不过这一要求被日本拒绝了。

由此可见，美国的"棱镜门"事件对中国的意识形态安全造成巨

---

① 参见陈印昌、朱新光："棱镜门事件及其对我国政治安全的影响和启示"，载《云南社会科学》2014年第3期。

大的危害。由于网络信息传播具有高效性、广泛性、渗透性，可能导致中国对主流意识形态控制力的减弱，网络逐渐成为美国等西方国家敌对势力侵害中国意识形态的重要渠道，使得中国在维护国家主流意识形态的难度加大，从而导致中国意识形态的防御能力面临挑战。“阿拉伯之春”、“郁金香革命”、“茉莉花革命”等事件的背后，都有以美国为首的西方网络渗透的身影。近年来，中国互联网发展迅速，网民超过6亿，网络已成为中国意识形态斗争的主战场。由于互联网信息80％是美国提供的，90％以上使用的是英语，在网络中占据话语权。他们利用这种优势，培育中国国内的“公共知识分子”、“意见领袖”等，插手甚至炮制舆情，诋毁中国政府形象，煽动对立和暴力，扰乱社会和谐稳定。

第四节　中亚可控民主化对中国民族和宗教关系安全的制约

中国西北地区、特别是新疆民族众多，与中亚各国统属穆斯林地区。各民族在长期的交往过程中形成了许多跨国民族，诸如哈萨克族、乌孜别克族、塔吉克族、吉尔吉斯族（柯尔克孜族）、东干族（回族），这些生活在中国境内的跨国民族在语言文化、宗教习俗、社会心理、价值理念等方面与境外的跨国民族有着与生俱来的认同感。随着中亚可控民主化的突飞猛进，可能会进一步促进各国民族凝聚力的增长。这种强大的民族内聚力一旦被“泛伊斯兰主义”①、“泛突厥主义”②等地区民族主义思潮所取代，并转化为中亚国家的主流意识形态的话，势必对中国境内的同源民族产生巨大的感召力和吸引力，人为造成跨国民族躁动的民族情绪、盲动的离境倾向、以及大规模的“回归”逆流滋生等现象，极易引发所在国族际间的矛盾和冲突，对中

---

①　泛伊斯兰主义产生于19世纪中期的西亚，其基本主张是全世界穆斯林联合起来，组建一个统一实体，以求伊斯兰世界生存和振兴，并与西方势力相抗衡。

②　泛突厥主义，亦称为“泛奥斯曼主义”、“土兰主义”、“乌古斯主义”。是一种妄图将土耳其、俄罗斯、伊朗、阿富汗、中国以及中亚诸国境内所有操突厥语的民族联合为一体，建立“大突厥斯坦”的跨国民族主义思潮和运动。

国西北地区的安定团结和长治久安十分不利。

中国的新疆和西藏是民族聚居较集中的地区，受“三股势力”的毒害较深。在中国境外敌对势力的操纵和影响下，“三股势力”利用宗教在西藏和甘肃、青海、四川、云南四省藏区及新疆进行破坏民族团结、社会稳定、祖国统一的活动不断加剧，严重扰乱该地区民族和宗教关系安全。在西藏，达赖集团利用藏族群众虔诚的宗教信仰，以宗教形式煽动一些不明真相的群众与政府作对，妄图以宗教的力量实现西藏独立。为此，他们极力宣扬和美化达赖，策划和鼓动宗教上层人士以旅游、探亲等名义回国活动，在藏区一些地方煽动宗教狂热情绪，其言论挑动民族仇恨，造成民族隔阂，破坏民族团结，使藏族群众对汉族的援助产生怀疑，不利于民族关系和谐。近年来，在达赖集团的煽动下，藏区发生多起暴乱事件。2013 年初，西藏一些地方发生喇嘛自焚事件，进行非法聚集活动和打砸事件，破坏民族团结，严重扰乱藏区民众的正常生活秩序。

在新疆，受周边局势的影响，泛伊斯兰主义和泛突厥主义思潮蔓延，新疆的“三股势力”打着民族、宗教的旗号，以分裂新疆、建立“东突厥斯坦伊斯兰教共和国”为目的，竭力向穆斯林群众灌输“东突”分裂思想，利用穆斯林群众对宗教的虔诚，挑动民族仇恨，煽动民族情绪和宗教狂热，从事恐怖活动，制造民族分裂。1986 年 10 月至 1989 年 10 月，新疆维吾尔自治区文联干部吐尔贡·阿勒玛斯公开出版了《维吾尔人》、《匈奴简史》、《维吾尔古代文学史》三本书（以下简称“三本书”）。与 20 世纪 40 年代初在境外出版的《东突厥斯坦历史》一样，“三本书”站在“泛突厥主义”、“泛伊斯兰主义”立场上，打着学术研究的旗号，以歪曲、杜撰和篡改历史的手法，散布了诸多破坏祖国统一、损害民族团结的错误观点，搞乱了一部分干部和群众的思想。

20 世纪 90 年代初，全球分离主义兴起，新疆民族分裂势力乘势走向前台，他们变本加厉进行“双泛”思想渗透，再祭“东突厥斯坦独立”大旗。国际恐怖主义势力在这一时期涉足新疆，与之里应外合，勾结为患。此后发生的一系列震惊中外的暴力事件使新疆民族分裂主义势力彻底实现了从民族分裂到暴力恐怖的蜕变，沦为集民族分裂、宗教极端、恐怖主义三位一体的“东突”恐怖势力。这一时期一个新的特点是各种分裂组织和政党日益增多，分裂势力进入有组织的活动时期。除 20 世纪 60 年代末至 70 年代初新疆出现的“东突厥斯坦人民革命党”之外，20 世纪 80 年代初只破获了两起分裂政党案，即“东突厥斯坦燎原党”与“中亚细亚维吾尔斯坦青年星火党”。

20 世纪 90 年代，新疆有组织、有纲领的分裂政党和分裂团伙案急剧上升。1990—1995 年，新疆公安部门共破获分裂政党组织和分裂团伙 109 起。其中，1995 年全疆公安机关共破获 32 起分裂组织及团伙案件，是 20 世纪 80 年代以来新疆地区破获分裂组织、团伙案件最多的一年，比上年增长近一倍。“巴仁乡暴乱”是进入 1990 年代后发生在新疆的第一起恐怖事件，是新疆解放 40 年最为严重的一场武装暴乱。它是一个信号，也是一个开始。此后，暴力恐怖活动在新疆相继发生。1990 年，为筹集经费，“东突厥伊斯兰改革党”的暴力组织曾制造了解放以来全国最大的银行运钞车抢劫案，劫走农行棉花款 50 万元。然后转移到了一千多公里外的喀什叶城县，建立了新疆第一个恐怖训练基地。

近年来，新疆“三股势力”在各地制造上百起爆炸、暗杀、袭警、抢劫、投毒、劫机等暴力恐怖事件，残忍杀害少数民族基层干部、爱国宗教人士、公安武警战士、无辜的汉族和少数民族群众等数百人，受伤无辜群众数千人，造成新疆民族间的仇恨与隔阂，破坏各民族团结。2009 年 7 月 5 日，“三股势力”在乌鲁木齐市人民广场进行非法集会，散布民族分裂的谣言，遭到当地公安机关的驱赶。之后，数千名暴徒喊着口号，挥着木棒、铁锨，拿着石块和砖头，在市区多处地方进行打砸抢恐怖暴力活动，造成 156 人死亡、1080 人受伤，成为新中国成立以来新疆发生的最严重的一起恐怖暴力事件。“7.5 事件”严重伤害新疆各民族的感情，颠覆了新疆社会的和谐稳定。

新疆“7.5 事件”后，新疆的民族矛盾不但没有缓解的迹象，反而更加激化，民族情绪公开对立，民族间的不信任感有所抬头，这客观上为民族分裂势力搞恐怖活动培育了温床。加之周边地区的原教旨主义势力的泛滥，伊斯兰向保守回归，且政治色彩日趋浓厚，新疆伊斯兰教的瓦哈比教派死灰复燃，在南疆地区发展迅速，负面影响逐步显现。在一些地区，越来越多的维族妇女不再穿着艳丽的民族服饰，取而代之的是一袭宽大黑罩袍。一位在新疆霍尔果斯口岸工作的维族人士披露，他见到由境外进口到新疆的“吉里巴甫”（具有穆斯林原教旨色彩的黑色长袍面罩，是女性服装）一个批次就有5万件。这些黑色罩袍用料考究，做工精湛，价格不菲。在乌鲁木齐的高阶人士中，偶尔也能看到穿着这种衣服的年轻维吾尔女性，只露出两只眼睛，黑色罩袍的丝绸面料闪耀着光泽，脸上蒙的黑色面纱甚至与名牌手包一样成为时尚的象征。南疆某些地区甚至禁止音乐、传统歌舞、绘画、雕塑等社会文化活动，并指责维族婚丧习俗违反伊斯兰教义等。

受此影响，新疆的宗教极端主义势力暗流涌动，他们以开办经文学校为名招揽学员，在学习《古兰经》为基本内容的同时，灌输民族分裂思想，宣传恐怖暴力，鼓动学经者在未来为“圣战”奉献自己的一切，使得宗教极端、民族极端、分裂主义融为一体，成为越来越多人的意识形态和价值观，从而导致宗教极端主义势力膨胀。正如新疆社科院的吐尔文江·吐尔逊所言：“随着伊斯兰原教旨主义思潮在穆斯林世界的影响日益扩大，借助大量非法宗教宣传出版物以及录音带、光盘、移动存储介质和飞速发展的互联网等传播手段，加之维吾尔族社会在从计划经济向市场经济转变和传统社会向现代社会转型过程中不可避免地出现了一系列矛盾和问题，伊斯兰原教旨主义思潮在维吾尔族中的传播和影响迅速升温，主要在维吾尔族农民、商贩、城乡灵活就业人员中传播，在新疆南部地区大有成为主流社会价值观的趋势。”①

据报道，在2013年，境外的“东伊运”组织共制作发布暴恐音视频107部，超历年总和，其中部分传入境内，煽动性极强。近年来破获的多起暴恐案件，暴恐分子几乎都是参与非法宗教活动，他们大多通过互联网和多媒体卡等载体观看暴恐音视频，传播宗教极端思想，学习“制爆方法”和“体能训练方式”，借助聊天群、短信、微信以及非法讲经点等交流制爆经验，宣扬“圣战”思想，密谋袭击目标等，最终实施暴恐活动。② 2013年在新疆巴楚县色力布亚镇发生的两起恐怖爆炸案就是宗教极端主义势力泛滥的典型例证。

---

① http://news.sina.com.cn/c/2014-06-16/152930370787.shtml.

② http://news.163.com/14/0526/01/9T4PS8CA00014AED.html.

色力布亚镇位于新疆巴楚县，是新疆远近闻名的繁华之地，素有“南疆第一镇”的美誉。该镇总面积 280 平方公里，辖 19 个行政村、4 个社区，镇城总户 11907 户，总人口 5.1 万人，其中农业户籍 4 万人，非农业户籍 1.1 万人。近年来，这里与南疆其他地方一样，穆斯林的宗教气氛渐浓，最明显的标志之一就是本地年轻人进清真寺的越来越多，同时街上出现年轻女孩蒙面纱，男孩留大胡子现象也增多了。据该镇的学区主任阿布力克木·巴拉提介绍，该镇的年轻人对宗教感兴趣，很大一部分是基于一种逆反心理。另外还有一个原因就是，很多学生初中毕业就回家，一开始都喜欢先去外地闯两年，在外地手机电脑等消费越来越高，回来后很多家长管不了，听话的能跟父母种地，但计划生育政策实施前，很多家庭子女很多，孩子长大了分到的地很少，土地上的收入小于消费，入不敷出。于是有人开始偷盗吸毒，即使不学坏的孩子，思想很容易受到冲击而对现实不满。但了解色力布亚历史的人并不赞同巴拉提的“保守”说法，他们认为这是一次由世俗回归宗教的过程。当地的 80 后阿卜杜拉说，现在村里 20 多个同龄人，以前有四五个抽烟，但现在基本上没有抽烟的了。同样，女孩子蒙面纱的在村庄里很普遍，他自己的老婆平时就蒙面纱，当地人特别在意蒙面对于女孩子贞洁的象征意义，嫁女儿时习惯把新娘蒙面交给男方。①

对此，新疆社科院吐尔文江·吐尔逊在其《南疆原教旨主义思潮调查笔记》中也有相关描述：“在南疆一个比较大的变化是蒙面女性明显增多。蒙面女性在和田、喀什可说是随处可见，特别是和田市更多，在和田市艾提卡大巴扎，营业的女店主们几乎都只能看到一双眼睛。据我们观察，在街面上，蒙面女性至少占到 10％的比例。当然这比外界听到的传言要轻得多，我在到和田之前，听到的说法让我以为和田满大街都是蒙面女性，事实不是那么回事。当然这也与地方政府采取的社会干预措施有关，我们看到的蒙面女性中有相当部分是用头巾把头包住，然后戴一个大口罩。因为和田风沙大，你也不能不让别人戴口罩，这是一个具有地方特点的新现象，看起来很像双方

① http://www.guancha.cn/XinJiangBaoKongXiJi/2014_06_16_238224.shtml.

妥协的结果。毫无疑问，这种变化反映出的是内在精神信仰的变化，反映出南疆维吾尔族社会的伊斯兰教信仰在从传统的世俗化向保守主义逐渐转变。”①

随着色力布亚宗教氛围的日益浓厚，境外的许多思潮开始影响镇上的年轻人。受原教旨思想影响的年轻人开始质疑长辈们的传统信仰，认为很多老人在民间传教过程中有迷信成分，很多都不是伊斯兰教的东西，是远古萨满教遗留下来的，而他们认为正确引导宗教就是他们的责任。由于一些年轻人接受了非法的传教录像带和光盘，而这些内容多是鼓动人们要按照《古兰经》去做。一般年轻人如果脑子不清醒，大是大非不明确，很容易就被洗脑。被洗脑的年轻人思想极端，甚至连父母做的饭都不吃，因为他们认为父母如果不做乃麻孜(念经、祷告)，做的饭就不清真。他们经常利用互联网直接接收来自伊斯兰教的信息。他们接受传统，也喜欢向传统挑战，一部分人因此变得狂热，甚至把原本温和的伊斯兰教改变成带有暴力色彩的东西。最令人担忧的是，这些由宗教狂热到极端思想再到暴恐行动的过程几乎不需要任何过渡，因此导致色力布亚镇的暴恐事件频发。

统计资料显示，仅 2013 年 3 月至 2014 年 9 月间，新疆“三股势力”就在各地制造了 18 起恐怖暴力事件，伤亡 391 人。其中包括：2013 年 3 月 7 日的新疆库尔勒市恐怖爆炸案(伤亡 5 人)；4 月 23 日的新疆巴楚县色力布亚镇恐怖爆炸案(伤亡 21 人)；6 月 26 日的新疆鲁克沁镇恐怖爆炸案(伤亡 35 人)；6 月 28 日的新疆和田恐怖爆炸案(伤亡 6 人)；8 月 20 日的新疆叶城县恐怖爆炸案(伤亡 16 人)；8 月 23 日的新疆泽普县恐怖爆炸案(伤亡 12 人)；10 月 28 日的北京长安街恐怖事件(伤亡 5 人)；11 月 16 日的新疆巴楚县色力布亚镇恐怖爆炸案(伤亡 11 人)；12 月 10 日的新疆洛浦县恐怖事件(伤亡 1 人)；12 月 15 日的新疆疏附县萨依巴格乡恐怖爆炸案(伤亡 16 人)；12 月 30 日的新疆莎车县恐怖事件(伤亡 8 人)；2014 年 3 月 1 日的昆明火车站恐怖杀人案(伤亡 33 人)；4 月 30 日的乌鲁木齐火车站恐怖爆炸案(伤亡 82 人)；5 月 22 日的乌鲁木齐市公园北街恐怖爆炸案(伤亡 125 人)；5 月 29 日，新疆伽师县米夏乡暴恐袭警案(伤亡

---

① http://news.sina.com.cn/c/2014-06-16/152930370787.shtml.

1人);6月15日,新疆和田恐怖袭击案(伤亡2人);6月21日,新疆叶城县公安局办公大楼恐怖袭击案(伤亡13人);9月21日,新疆轮台县的阳霞镇农贸市场、阳霞镇派出所、铁热克巴扎乡派出所、轮台县城一商铺门口等处的连环恐怖爆炸案(伤亡106人,其中,6名群众死亡,54名群众受伤,击毙和自爆身亡暴徒40名,抓获2名,2名公安民警和2名协警牺牲)①。这一切表明,恐怖主义势力的恐怖活动的强度和频度明显增加,他们不仅在新疆疆内频频制造恐怖事件,而且还把恐怖活动延伸到了疆外其他地区。恐怖事件的规模也从伤亡个位数,发展到伤亡百位数,其攻击对象多以政府为主,政治目的昭然若揭,无疑对中国民族聚居区的民族宗教关系安全造成严重危害。对此,我们应高度警惕!

---

① 据调查,轮台县的连环恐怖爆炸案的首犯买买提·吐尔逊(已被击毙)2003年中专学校毕业后,逐渐产生极端思想,2008年以来,宗教极端思想更加浓厚,嫌其父母是公职人员,做饭不清真,不在家吃饭,甚至不参加其父亲的葬礼,认为弟弟结婚领取了政府发的结婚证,不参加其婚礼。在承包工程中聚集发展组织成员,形成以其为头目的爆恐团伙并实施犯罪。

参考文献

一　中文著作

[美]约瑟夫·熊彼特:《资本主义、社会主义和民主》,吴良健译,商务印书馆 1999 年版。

[英]戴维·赫尔德:《民主的模式》,燕继荣等译,中央编译出版社 2004 年版。

[美]罗伯特·达尔:《民主理论前言》,顾昕译,东方出版社 2009 年版。

[美]罗伯特·达尔:《现代政治分析》,王沪宁译,上海人民出版社 1987 年版。

[美]乔万尼·萨托利:《民主新论》,冯克利等译,上海人民出版社 2009 年版。

[意]加埃塔诺·莫斯卡:《政治科学要义》,任军锋等译,上海世纪出版集团 2005 年版。

[意]帕累托:《普通社会学纲要》,田时纲译,生活·读书·新知三联书店 2001 年版。

[法]古斯塔夫·勒庞:《乌合之众——大众心理研究》,冯克利译,中央编译出版社 1998 年版。

[美]迈克尔·罗斯金:《政治科学》,林震等译,华夏出版社 2001 年版。

[美]科恩:《论民主》,聂崇信、朱秀贤译,商务印书馆 1988 年版。

[德]阿伦特:《公共领域和私人领域:文化与公共性》,张旭东等译,北京三联书店 1998 年版。

[美]加布里埃尔·阿尔蒙德:《比较政治学》,曹沛霖等译,上海译文出版社 1987 年版。

[法]托克维尔:《论美国的民主》(上卷),董果良译,商务印书馆 2004 年版。

[美]霍华德·威亚尔达:《新兴国家的政治发展——第三世界还存在吗?》,

刘青等译,北京大学出版社 2005 年版。

[法]孟德斯鸠:《论法的精神》,张雁深译,商务印书馆 1963 年版。

[美]玛莎·布瑞尔·奥卡特:《中亚的第二次机会》,李维建译,时事出版社 2007 年版。

[美]塞缪尔·亨廷顿:《第三波——20 世纪后期民主化浪潮》,刘军宁译,上海三联书店 1998 年版。

[苏]加富罗夫:《中亚塔吉克史》,中国社会科学出版社 1985 年版。

[苏]巴托尔德:《巴托尔德文集》卷一,莫斯科,1973 年版。

[美]加文·汉布里:《中亚史纲要》,商务印书馆 1994 年版。

[俄]米·谢·戈尔巴乔夫:《戈尔巴乔夫回忆录》(上册),述弢等译,社会科学文献出版社 2003 年版。

[俄]叶夫根尼·普里马科夫:《大政治年代》,焦广田等译,东方出版社 2001 年版。

[美]卡扎米亚斯:《教育的传统与变革》,福建师范大学教育系等译,文化教育出版社 1982 年版。

[俄]尼·雷日科夫:《大国悲剧——苏联解体的前因后果》,徐昌翰等译,新华出版社 2008 年版。

[俄]罗伊·麦德维杰夫:《无可替代的总统纳扎尔巴耶夫:哈萨克斯坦腾飞的组织者和欧亚方案的倡导人》,王敏俭等译,社会科学文献出版社 2009 年版。

[俄]瓦列里·季什科夫:《苏联及其解体后的族性、民族主义及冲突》,姜德顺等译,中央民族大学出版社 2009 年版。

[美]罗伯特·康奎斯特:《最后的帝国——民族问题与苏联的前途》,刘靖北等译,华东师范大学出版社 1993 年版。

[美]罗伯特·帕斯特:《世纪之旅:七大国百年外交风云》,胡利平等译,上海人民出版社 2001 年版。

[美]查尔斯·库普乾:《美国时代的终结》,潘忠岐译,上海人民出版社 2004 年版。

[美]兹比格纽·布热津斯基:《第二次机遇——三位总统与超级大国美国的危机》,陈东晓等译,上海人民出版社 2008 年版。

[法]托克维尔:《旧制度与大革命》,冯棠译,商务印书馆 1992 年版。

[德]哈拉尔德·米勒:《文明的共存》,郦红等译,新华出版社 2002 年版。

[美]爱德华·萨义德等:《文化与抵抗》,梁永安译,上海世纪出版集团 2009 年版。

[美]塞缪尔·亨廷顿:《变化社会中的政治秩序》,王冠华等译,上海世纪出版集团 2008 年版。

[法]莫里斯·迪韦尔热:《现代国家中的政党组织及其活动》,伦敦出版社1954年版。

[日]冈泽宪芙:《政党》,耿小曼译,经济日报出版社1989年版。

[美]乔万尼·萨托利:《政党与政党体制》,王明进译,商务印书馆2006年版。

[美]格林斯坦:《政治学手册精选》(下卷),商务印书馆1996年版。

[日]浦岛郁夫:《政治参与》,经济日报出版社1989年版。

[美]罗纳德·奇尔科特:《比较政治学理论》,潘世强等译,社会科学文献出版社2001年版。

[法]迪韦尔热:《政治制度》,法国大学联合出版社1981年版。

[美]阿尔蒙德:《政治发展史》,波士顿大学出版社1970年版。

[哈]托卡耶夫:《中亚之鹰的外交战略》,赛力克·纳雷索夫译,新华出版社2002年版。

[哈]托卡耶夫:《哈萨克斯坦:从中亚到世界》,赛力克·纳雷索夫译,新华出版社2001年版。

[英]巴兹尔·戴维逊:《现代非洲史——对一个新社会的探索》,舒展等译,中国社会科学出版社1989年版。

[波兰]杜比茨基:《土库曼斯坦的不忠分子》,纽约出版社1954年版。

[美]扎尔米·卡利扎德等:《21世纪的政治冲突》,张淑文译,江苏人民出版社2000年版。

[德]恩斯特—奥托·岑皮尔:《变革中的世界政治》,晏扬译,华东师范大学出版社2000年版。

[美]彼得·卡赞斯坦:《地区构成的世界——美国帝权中的亚洲和欧洲》,秦亚青等译,北京大学出版社2007年版。

[美]约翰·米尔斯海默:《大国政治的悲剧》,王义桅等译,上海人民出版社2003年版。

《列宁全集》,第20卷,人民出版社1984年版。

[美]胡安·林茨、阿尔弗雷德·斯泰潘:《民主转型与巩固的问题:南欧、南美和后共产主义欧洲》,孙龙等译,浙江人民出版社2008年版。

《马来西亚总理马哈蒂尔讲演集》,世界知识出版社1999年版。

[美]卢西恩·派伊:《东南亚政治制度》,刘笑盈等译,广西人民出版社1993年版。

[印尼]苏哈托:《苏哈托自传——我的思想、言论和行动》,居三元译,世界知识出版社1991年版。

[美]禹贞恩:《发展型国家》,曹海军译,吉林出版集团有限责任公司2008

年版。

[美]西摩·李普塞特:《政治人——政治的社会基础》,张绍宗译,上海人民出版社 1997 年版。

[美]霍华德·威亚尔达:《民主与民主化比较研究》,榕远译,北京大学出版社 2004 年版。

[土]尼亚佐夫:《永久中立,世代安宁》,赵常庆等译,东方出版社 1996 年版。

[乌]卡里莫夫:《临近 21 世纪的乌兹别克斯坦:安全的威胁、进步的条件和保障》,国际文化出版公司 1997 年版。

王浦劬:《政治学基础》,北京大学出版社 1995 年版。

王绍光:《民主四讲》,生活·读书·新知三联书店 2008 年版。

白钢等:《宪政通论》,社会科学文献出版社 2005 年版。

何华辉等:《市场经济与社会主义宪政建设》,武汉大学出版社 1997 年版。

李亦园:《观念史大辞典》,台北幼师文化事业有限公司出版社 1987 年版。

李步云:《宪法学比较文集》,中国民主法制出版社 1993 年版。

孟楠:《俄国统治中亚政策研究》,新疆大学出版社 2000 年版。

曹长盛:《苏联演变进程中的意识形态研究》,人民出版社 2004 年版。

高峰:《美国政治社会化研究》,首都师范大学出版社 2004 年版。

高洪涛:《政治文化论》,中国广播电视出版社 1990 年版。

赵常庆:《"颜色革命"在中亚》,社会科学文献出版社 2011 年版。

宇剑:《超级大国的裂变——从戈尔巴乔夫到叶利钦时代》,红旗出版社 1993 年版。

赵常庆:《中亚五国概况》(东方文化集成),经济日报出版社 1999 年版。

焦一强:《从"民主岛"到"郁金香革命":吉尔吉斯斯坦政治转型研究》,兰州大学出版社 2010 年版。

赵常庆等:《苏联民族问题研究》,社会科学文献出版社 1996 年版。

吴云贵等:《近现代伊斯兰教思潮与运动》,社会科学文献出版社 2000 年版。

安维华等:《中亚穆斯林与文化》,中央民族大学出版社 1999 年版。

陈尧:《难以抉择——后发展国家的政治发展战略研究》,上海人民出版社 2008 年版。

吴辉:《政党体制与政治稳定——东南亚经验的研究》,世界知识出版社 2005 年版。

王长江:《政党论》,人民出版社 2009 年版。

高鹏怀:《比较政党与政党政治》,知识产权出版社 2008 年版。

朱新光:《上海合作组织视角下的中亚地区治理理论与实践》,黑龙江人民出版社2009年版。

刘庚岑等:《吉尔吉斯斯坦——列国志》,社会科学文献出版社2005年版。

王沛:《中亚四国概况》,新疆人民出版社1993年版。

汪金国:《多种文化力量作用下的现代中亚社会》,武汉大学出版社2006年版。

高狄:《毛泽东周恩来刘少奇朱德邓小平陈云著作大辞典》(下卷),辽宁人民出版社1991年版。

孙国华:《中华法学大辞典》(法理学卷),中国检察出版社1997年版。

廖盖隆等:《马克思主义百科要览》(上卷),人民日报出版社1993年版。

施玉宇:《土库曼斯坦》,社会科学文献出版社2005年版。

邢广程:《上海合作组织发展报告(2009)》,社会科学文献出版社2009年版。

张新平:《世界各国政治制度概论》,兰州大学出版社2006年版。

古洪能:《比较政治制度》,武汉大学出版社2010年版。

王鸣野:《美国的欧亚战略与中南亚五国》,新疆人民出版社2003年版。

孙壮志:《列国志:乌兹别克斯坦》,社会科学文献出版社2004年版。

徐亚清:《中亚五国转型研究》,北京民族出版社2003年版。

刘明:《街头政治与"颜色革命"》,中国传媒大学出版社2006年版。

国家宗教事务局宗教研究中心编:《国外宗教法规汇编》,宗教文化出版社2002年版。

朱新光:《英帝国对中亚外交史研究》,江苏人民出版社2002年版。

马曼丽:《中亚研究》,民族出版社1995年版。

傅立民:《论实力》,清华大学出版社2004年版。

万雪玉等:《柯尔克孜族:历史与现状》,新疆大学出版社2005年版。

潘志平:《民族自决还是民族分裂》,新疆人民出版社1999年版。

俞可平:《治理与善治》,社会科学文献出版社2000年版。

赵常庆:《十年巨变·中亚和外高加索卷》,上海东方出版社2003年版。

吴恩远:《俄罗斯东欧中亚国家发展报告(2010)》,社会科学文献出版社2010年版。

张宏莉:《当代哈萨克斯坦民族关系研究》,世界知识出版社2007年版。

罗荣渠:《现代化新论:世界与中国的现代化进程》,商务印书馆2004年版。

卢正涛:《新加坡威权政治研究》,南京大学出版社2007年版。

任一雄:《东亚模式中的威权政治》,北京大学出版社2002年版。

世界银行编:《世界发展报告》,中国财经出版社1993年版。

张凡:《当代拉丁美洲政治研究》,当代世界出版社 2009 年版。

董经胜:《拉丁美洲的殖民化与全球化》,江西人民出版社 2010 年版。

钱承旦:《世界现代化历程·拉美卷》,江苏人民出版社 2010 年版。

二　中文论文

刘燕明:"俄罗斯学者关于'可控民主'的讨论",载《国外理论动态》2004 年第 7 期。

许志新:"可控的民主及其风险",载《俄罗斯中亚东欧研究》2005 年第 5 期。

白千文:"从自由民主到可控民主:俄罗斯政治体制改革的经济学解析与启示",载《俄罗斯研究》2009 年第 4 期。

孙凌齐:"普京政治体制的特征:可控民主——主权民主",载《当代世界与社会主义》2006 年第 1 期。

李兴耕:"关于俄罗斯可控民主的若干思考",载《俄罗斯中亚东欧研究》2004 年第 5 期。

杨进:"俄罗斯:强人政治与可控民主",载《同舟共进》2008 年第 1 期。

许志新:"可控的民主及其风险",载《俄罗斯中亚东欧研究》2005 年第 5 期。

万春生:"乌兹别克斯坦:政治经济改革的理论与实践",载《东欧中亚研究》1996 年第 6 期。

朱新光:"中亚共同体:成长与挑战",载《新疆社会科学》2006 年第 4 期。

张树华:"转轨期俄罗斯社会的分层与结构转型",载《东欧中亚研究》1997 年第 4 期。

杨恕:"分裂主义产生的前提及动因分析",载《世界经济与政治》2011 年第 12 期。

吴云贵:"伊斯兰教法与伊斯兰复兴",载《中国社会科学院研究生院学报》2001 年第 5 期。

潘志平:"中亚国家政治体制的选择:世俗、民主、威权、无政府",载《俄罗斯中亚东欧研究》2011 年第 1 期。

朱新光:"中亚吉尔吉斯斯坦的多党制评析",载《新疆师范大学学报》2013 年第 5 期。

朱新光:"'可控民主':中亚民主化道路的理性选择",载《现代国际关系》2008 年第 1 期。

施玉宇:"土库曼斯坦民主党",载《东欧中亚研究》1996 年第 5 期。

吴茜:"论苏联解体后中亚五国的左翼政党",载《国际论坛》2009 年第 1 期。

徐晓天:"乌兹别克斯坦民族宗教概况",载《国际资料信息》2002 年第 10 期。

杨恕等:“中亚各国制度变迁的政治文化动因”,载《俄罗斯中亚东欧研究》2007年第6期。

吴宏伟:“哈萨克斯坦的多党政治体制”,载《东欧中亚研究》2000年第4期。

古洪能:“论分权总统制与超级总统制的区分”,载《太原师范学院学报》2008年第7期。

包毅:“简析中亚国家总统制及其发展趋势”,载《俄罗斯中亚东欧研究》2007年第6期。

孙壮志:“当前中亚五国政治形势及未来走向”,载《新疆师范大学学报》2012年第3期。

于洪君译编:“哈萨克斯坦共和国宪法(1993年宪法)”,载《外国法译评》1994年第1期。

于洪君译编:“哈萨克斯坦共和国宪法(1995年宪法)”,载《外国法译评》1996年第1期。

陈明山:“塔吉克斯坦签署和平协定”,载《国际资料信息》1997年第8期。

徐晓天:“2005年的中亚形势”,载《国际资料信息》2006年第2期。

张宁:“土库曼斯坦新总统别尔德穆罕穆多夫”,载《俄罗斯中亚东欧研究》2007年第3期。

常庆:“中亚五国独立以来政治经济形势述评”,载《东欧中亚研究》1996年第6期。

苏萍、朱新光:“美国反恐战略的调整及其对中美关系的影响”,载《世界经济与政治论坛》2012年第3期。

俞可平:“善治和幸福”,载《马克思主义与现实》2011年第2期。

孙力:“中亚合作忙协调”,载《人民日报》2003年1月3日第三版。

朱新光:“全球化时代发展中国家的‘边缘化’现象刍议”,载《社会主义研究》2003年第1期。

钱平广:“吉尔吉斯骚乱原因分析:政治体制方面不断冲突”,载《第一财经日报》2010年4月8日。

张宏明:“论黑非洲国家部族问题和部族主义的历史渊源——黑非洲国家政治发展中的部族主义因素之一”,载《西亚非洲》1995年第5期。

李保平:“传统文化对黑非洲政治发展的制约”,载《西亚非洲》1994年第6期。

张宁:“吉尔吉斯斯坦‘颜色革命’中的选举因素”,载《俄罗斯中亚东欧研究》2005年第5期。

包毅:“简析中亚国家政治转型中的部族政治文化因素”,载《俄罗斯中亚东欧研究》2009年第5期。

朱新光:“独联体中亚五国民族关系多元化格局刍议”,载《新疆大学学报》1997年第1期。

谢奕秋:“吉尔吉斯斯坦为什么放弃总统制?”,载《南风窗》2010年第24期。

王联:“论巴基斯坦部落地区的塔利班化”,载《国际政治研究》2009年第2期。

吴大辉:“美俄中三国在中亚利益诉求的比较分析”,载《欧亚社会发展研究》(论文集)2003年版,第74页。

“亨廷顿谈权威主义”,载《世界经济导报》1989年2月27日。

尤洪波:“国际环境对东南亚威权政治的影响”,载《南洋研究》2006年第2期。

许开轶:“东亚威权主义体制下的政治权力谱系”,载《理论导刊》2009年第10期。

许开轶:“东亚威权主义意识形态的特征解析”,载《暨南学报》2009年第5期。

孙景峰:“世界民主浪潮下的新加坡威权体制”,载《吉林大学学报》2007年第4期。

冯秀文:“世界政治史研究中的威权主义及其历史定位”,载《世界历史》2005年第2期。

江时学:“第三波民主化浪潮后拉美政治发展进程的特点”,载《国际政治研究》2009年第1期。

卫青:“普京的俄式民主”,载《时事报告》2004年第2期。

“主权民主——普京治国战略的新变化”,载《国外理论动态》2006年第10期。

赵龙庚:“主权民主:普京对俄罗斯民主理论与实践的探索”,载《和平与发展》2007年第2期。

李兴耕:“以主权民主为基础的发展战略——统一俄罗斯党第七次代表大会综述”,载《国外理论动态》2007年第2期。

[美]格里芬:“美国宪政:从理论到政治生活”,载《法学译丛》1992年第2期。

[俄]罗塔里:“中亚是否能爆炸?”,转引自《东欧中亚问题译丛》1993年第1期。

[哈]斯班诺夫:《中亚经济一体化及对华经济合作潜力巨大》,新华网2002年9月12日。

[哈]阿曼基利迪·塔热诺夫:“哈萨克斯坦与区域合作组织”,载《现代国际关系》2006年第1期。

[吉]伊马纳利耶夫:"中亚:区域合作与外部世界",载《东欧中亚研究》1996年第2期。

[俄]尼古拉·米古诺夫:"俄罗斯20年改革的结果分析",载《参阅稿》(上海市委宣传部内刊)2013年6月20日。

[美]帕特里克·J·孔奇:"政治参与概念如何形成定义",载《国外政治学》1989年第4期。

[美]弗朗西斯·福山:"历史的未来",载《外交》[美]2012年第1期。

《哈萨克斯坦共和国宪法》。

《吉尔吉斯共和国宪法》。

《乌兹别克斯坦共和国宪法》。

三　西文著作和论文

Dawson and Prewitt, Political Socialization, Boston: Little Brown, 1969.

D. Easton and J. Dennis, Children in the Political System, New York: Magraw Hill, 1969.

A. Lamboton, State and Government in Medieval Islam, Oxford University Press, 1981.

Alan Ware: 〈Political Party and Partysystem〉, Oxford University Press, 1996.

S. Rokkan, Citizens, Elections, Parties: approaches to the study of comparative development, Olso: Universitets for laget, 1970.

Michael. G. Roskin et al., Political Science: An Introduction Englewood Cliffs, New Jersey: Prentice Hall, 1991.

Richard Hofstadter: 〈The Idea of a Party System: The Rise of Legitimate Opposition in the United States〉, University of California Press, 1969.

Andrew Heywood, Key Concepts in Politics, N. Y. St. Martin's Press 2000.

Robert Eigie. *Semi-Presidentialism in Europe*. London: Oxford University Press, 1999.

Nohlen, D., Grotz, F. & Hartmann, C. (2001) *Elections in Asia: A data handbook, Volume I*.

The National Security Strategy of the United States of America, Washington: The White House, 2002, http://www.whitehouse.gov/nsc/nss/2002/.

The National Security Strategy of the United States of America, Washington: The White House, 2010, http://www.whitehouse.gov/nsc/nss/2010/.

Alexander Motyl:〈Nations in Transit,2004:Democratization in East Central Eurasia〉,New York,Freedom House,2004.

Suchandana Chatterjee,Society and Politics in Tajikistan in the Aftermath of the Civilwar,New Delh:I Hope India Publications & Puris Business Center Ltd. ,2002.

Benjamin R. Barber, Jihad Vs. McWorld: Terrorism ' s Challenge to Memocracy,New York:Ballantine Books,2001.

Нурбек Амуралиев, АйнураЭлебае Ра: " Баткенские Сщбытия Р Қыргызстане",//"ЦентральнаяАзияи Қавказ", Швеция,02,2000.

УранБотобеков:"Внедрениеидейпартии", ХизбАт-ТахрирАл-Ислами"наюге Ки Р гизии"//" Исламнапостсоветскомпространст Ре: Рзгладизнутри", Московскийцентр Қарнеги,Москва,2001, С. 106.

Э. Курманов: деятельность " Хизб-Ут-Тахрир", Р Қыргы стане// "Центральная Азияи Қавказ", Швеция,No. 3(21),2002, С. 139.

Gershom Gorenberg: Israel, Foreign Policy, May-Jun, 2008.

N. J. Spykman: The Geography of the Peace, Harcourt Brace & Co. NY, 1944.

Guillermo O'Donnell,"*Reflection on the patterns of change in Bureaucratic-Authoritarianism state*",Latin American Research Review,13-1,1978.

http://www. xjftec. gov. cn/Family/zhongyaxinxiTL/hasakeST/hasakeST-Guojiagaikuang/4028c2841bb21971011bd3a1ddcd07 98. html.

http://www. mofcom. gov. cn/aarticle/s/200609/20060903082 528. html.

http://euroasia. cass. cn/news/132894. htm.

http: //eng. gateway. kg/business_small.

http://www. state. gov;www. usaid. gov.

http://news. xinhuanet. com/world/2010-04/08/c_1221829. htm.

http://news. xinhuanet. com/2010-06/29/c_12276854. htm.

http://www. chinanews. com/gj/gj-yt/news/2010/06-29/2368 565. shtml.

http://www. china. com. cn/international/txt/2010-10/12/co-ntent _21102519. htm.

http://world. people. com. cn/GB/57507/13105076. html.

http://www. xjkunlun. gov. cn/xinwen/szyw/guojiyw/2010/2056644. htm.

http://www. gazeta. kz/art. asp? aid=50379.

http://www. npc. gov. cn/npc/xinwen/2011-05/20/content_1656409. htm.

http://www. xjjjb. com/html/news/83665. html.

Динара Дултаева:〈Парламенскиевыборыв Узбекистане заверши лись〉,(http://news. ferghana. ru/detail. php? id =7102011361 2. 06,2060,5797699).

http://www. npc. gov. cn/npc/xinwen/2011-05/20/content_1656404. htm.

http://news. qq. com/a/20100113/000025. htm.

http://www. npc. gov. cn/npc/xinwen/2011-05/20/content_1656407. htm.

http://www. fmprc. gov. cn/chn/pds/gjhdq/gj/yz/1206_29/.

http://news. xinhuanet. com/world/2010-11/01/c_12726447. htm.

http://www. xjjjb. com/html/news/2008/6/23332. html.

http://www. xjjjb. com/html/news/2008/11/30859. html.

http://www. xjjjb. com/html/news/detail. aspx? id=83456.

http://bio-visa. com/program/com/kzembassyc/index. php? file = detail. php&nowdir=&id=5335&detail=1.

http://news. cntv. cn/20110330/112447. shtml.

http://www. people. com. cn/GB/channel2/18/20001101/294947. html.

http://news. sohu. com/81/24/news206212481. shtml.

http://news. sohu. com/61/56/news147835661. shtml.

http://world. people. com. cn/GB/6685992. html.

http://news. ifeng. com/world/other/200712/1225_1396_341976. shtml.

http://intl. ce. cn/specials/zxgjzh/201112/06/t20111206_22896223. shtml.

http://news. 163. com/12/0213/13/7Q57REPO00014JB5. html.

http://news. xinhuanet. com/world/2007-02/11/content_572 7178. htm.

http://bio-visa. com/program/com/kzembassyc/index. php? file = detail. php&nowdir=&id=5335&detail=1.

http://tj. mofcom. gov. cn/aarticle/ztdy/200406/20040600231401. html.

http://iwpr. net/report-news/economic-strategy-sets-over-am-bitious-goals.

http://www. xjjjb. com/html/news/70954. html.

http://www. xjjjb. com/html/news/78788. html.

http://www. cetin. net. cn/cetin2/servlet/cetin/action/HtmlDocumentAction? baseid=1&docno=423458.

Noam Chomsky Interviewed by Gabriel Mathew Schivone,"United States of Insecurity", Monthly Review, http://www. chomsky. info/interviews/20080519. htm, May,19/2008.

Simone Nella, "Pakistan's Tribal Areas: Achilles Heel or Strategic Outpost?", http:// www. Argoriente. It/-modules/ dow-nload/ download/ Pakistan/ Pakistan-ots-tribalareas-eng pdf.

http://www.globalview.cn/ReadNews.asp? NewsID=3688.

http://big5.xjass.com/zy/content/2010-10/21/content_17 0442.htm.

http://qnck.cyol.com/content/2010-10/08/content_3855182.htm.

http://www.xjjjb.com/html/news/64498.html.

http://rusnews.cn/eguoxinwen/eluosi_duiwai/20100628/42 820926.html.

http://www.crc.mofcom.gov.cn/crweb/scoc/info/Article.jsp? a_no=63795&col_no=235.

http://www.crc.mofcom.gov.cn/crweb/scoc/info/Article.jsp? a_no=63795&col_no=235.

http://tj.mofcom.gov.cn/aarticle/ztdy/200406/20040600231 401.html.

http://kz.mofcom.gov.cn/aarticle/ztdy/200503/20050300023 649.html, 2005-03-07.

http://www.crc.mofcom.gov.cn/crweb/scoc/info/Article.jsp? a_no=63795&col_no=235.

http://kz.mofcom.gov.cn/aarticle/ztdy/201102/2011020738 8266.html.

http://tj.mofcom.gov.cn/aarticle/ztdy/200406/20040600231 401.html.

http://kz.mofcom.gov.cn/aarticle/ztdy/200503/2005030002 3649.html, 2005-03-07.

图书在版编目(CIP)数据

中亚可控民主化研究/朱新光,苏萍著.

—上海:上海三联书店,2015.

ISBN 978-7-5426-5253-9

Ⅰ.①中…　Ⅱ.①朱…②苏…　Ⅲ.①民主政治—研究—中亚　Ⅳ.①D736.021

中国版本图书馆 CIP 数据核字(2015)第 168651 号

中亚可控民主化研究

著　　者　朱新光　苏　萍

责任编辑　钱震华

特约编辑　杨丽明

装帧设计　鲁继德

责任校对　童蒙志

出版发行　上海三联书店

(201199)中国上海市都市路 4855 号

http://www.sjpc1932.com

E-mail:shsanlian@yahoo.com.cn

印　　刷　上海昌鑫龙印务有限公司

版　　次　2015 年 8 月第 1 版

印　　次　2015 年 8 月第 1 次印刷

开　　本　640×960　1/16

字　　数　285 千字

印　　张　18.75

书　　号　ISBN 978-7-5426-5253-9/D·291

定　　价　48.00 元